# O BULLYING E A VIOLÊNCIA ESCOLAR: REFLEXÕES

ADAILSON SILVA MOREIRA
SILVIA ARAÚJO DETTMER

Organizadores

Editora Meraki

Copyright © 2020 Editora Meraki Ltda

Todos os direitos reservados.

ISBN: 978-65-991584-4-5

*Acompanhamento editorial* Leonam Liziero
*Diagramação* Mateus Souza
*Capa* Rafael Colthi

Editora Meraki
*Conselho Editorial*
Alexandre Walmott Borges (UFU)
Alessandra Silveira (UMinho)
Ari Marcelo Solon (USP)
Dawid Bunikowski (UEF)
Diva Julia Safe Coelho (PNPD-CAPES/UFU)
Felipe Magalhães Bambirra (UniALFA)
Gonçal Mayos (UB)
José Carlos Remotti (UAB)
Osvaldo Alves de Castro Filho (UFMS)
Saulo Pinto Coelho (UFG)

M838    Moreira, Adailson Silva; Dettmer, Silvia Araújo.

O Bullying e a Violência Escolar: Reflexões / Adailson Silva Moreira, Silvia Araújo Dettmer (Coord.). Andradina: Meraki, 2020.

Bibliografia

ISBN 978-65-991584-4-5

1. Educação 2. Bullying 3. Pedagogia 4. Saúde

1. Título

CDU – 37.06  CDD – 371.46

# SUMÁRIO

# AUTORES

ADAILSON SILVA MOREIRA
Graduação em Direito (UNIRP) e Psicologia (UNORP). Mestrado em Direito Público (UNIFRAN). Doutorado em Psicologia Clínica (PUC-SP). Professor Adjunto na Universidade Federal de Mato Grosso do Sul – UFMS/CPTL. E-mail: adailsonsm@hotmail.com.

ANA PAULA NAVARRO DE VASCONCELLOS
Graduação em Psicologia (Universidade São Marcos). Mestrado e doutoranda em Psicologia Clínica (PUC-SP). E-mail: anapaula.navarro.v@gmail.com.

ANDRÉ MASAO PERES TOKUDA
Graduação em Psicologia (UNESP), Mestre em Psicologia (UNESP). Professor na Associação de Ensino e Cultura de Mato Grosso do Sul – AEMS, mantenedora das Faculdades Integradas de Três Lagoas. E-mail: andremasao@hotmail.com.

ANDRÉA SANCHEZ
Graduada em Biologia (UNESP-Bauru). Doutora em Química Analítica (Instituto de Química – UNIFESP/Araraquara). Professora Associada do curso de Enfermagem da UFMS-CPTL. E-mail: andrea-ufms@hotmail.com.

ANTÔNIO RODRIGUES NETO
Graduação em Direito (UFMS). Mestre em Direitos Humanos (UFMS). Professor de Direito da Universidade do Estado de Minas Gerais (UEMG). E-mail: antonio.neto@uemg.br.

CARLA ARAUJO DE SOUZA
Universidade Estadual Paulista – UNESP, Faculdade de Engenharia de Ilha Solteira, Ilha Solteira – SP. E-mail: carla.souza@unesp.br.

CLAUDIMAR PAES DE ALMEIDA
Graduação em Letras (UFGD). Mestre em Letras (UFGD). Instituto Federal de Educação, Ciência e Tecnologia de Rondônia - IFRO. E-mail: claudimarpaes@hotmail.com.

CLÉBER AFFONSO ANGELUCI
Graduação em Direito (FADAP). Mestre em Direito (Fundação
Eurípides Soares da Rocha – UNIVEM). Doutor em Educação
(UFMT). Doutorando em Direito (Centro Universitário de Bauru –
ITE). Professor de Direito da Universidade Federal de Mato Grosso
do Sul (UFMS). E-mail: cleber.angeluci@ufms.br.

CLEIRY DE OLIVEIRA CARVALHO
Graduação e mestrado em Letras (UEM). Doutora em Literatura e
Práticas Sociais (UnB). E-mail: cleirycarvalho@yahoo.com.br.

DÉBORA GÓES SILVA
Graduação em Psicologia (UNIP – Ribeirão Preto/SP). Mestrado
em Ciências (EERP/USP). Psicóloga do Centro de Avaliação e
Desenvolvimento Humano – CADH. E-mail:
deboragoes@yahoo.com.br.

DURVAL LUIZ DE FARIA
Psicólogo e Professor Associado do PEPG em Psicologia Clínica da
PUC-SP. Email: dl.faria@uol.com.br.

EVELYN YAMASHITA BIASI
Graduação em Psicologia (FAI – Faculdades Adamantinenses
Integradas), Mestra em Estudos Linguísticos (UFMS). Professora no
Centro Universitário de Adamantina. E-mail:
evelynbiasi@gmail.com.

FABIANA FERRARI
Graduação em Psicologia (FAI – Faculdades Adamantinenses
Integradas), Mestra em Estudos Linguísticos (UFMS). Professora na
Associação de Ensino e Cultura de Mato Grosso do Sul – AEMS,
mantenedora das Faculdades Integradas de Três Lagoas. E-mail:
psicoferrari@hotmail.com.

HARRYSON JÚNIO LESSA GONÇALVES
Graduação e mestrado em Educação (UnB). Doutor em Educação
Matemática (PUC-SP). Livre-Docente em Didática e Currículo
(UNESP). Professor Associado da Faculdade de Engenharia de Ilha
Solteira (FEIS) da UNESP – Câmpus de Ilha Solteira. Docente no

*Programa de Pós-Graduação em Ensino e Processos Formativos e no Programa de Pós-Graduação em Educação para a Ciência.* Líder do *Grupo de Pesquisa em Currículo: Estudos, Práticas e Avaliação* – GEPAC da FEIS/UNESP. E-mail: harryson.lessa@unesp.br.

ICLÉIA CAIRES MOREIRA
Graduação em Letras (UFMS). Mestrado em Letras (UFMS). Doutoranda em *Estudos Linguísticos*, na linha de pesquisa *Discurso, Subjetividade e Ensino de Línguas*, na UFMS-CPTL. E-mail: icamoreira@hotmail.com.

IDA ELIZABETH CARDINALLI
Psicóloga e Professora doutora do PEPG em Psicologia Clínica da PUC-SP. Email:icardinalli@pucsp.br.

IGOR NEVES DE SOUZA
Graduação Ciências Biológicas (IBILCE-UNESP). Mestrando no Programa de Pós-Graduação em Ensino e Processos Formativos (UNESP) – Bolsista CAPES. Membro do *Grupo de Pesquisa em Currículo: Estudos, Práticas e Avaliação* – GEPAC da FEIS/UNESP. E-mail: igor.nsouza@gmail.com.

IZOLDA MARIA CARVALHO BALDO E GUIMARÃES RESENDE
Graduação em Direito (Universidade Camilo Castelo Branco – UNICASTELO). Mestre em Ciências Ambientais (Universidade Brasil). Professora na Faculdade Cidade Luz – FACILUZ – Ilha Solteira/SP. E-mail: izoldaresende@yahoo.com.br.

JAQUELINE RODRIGUES STEFANINI
Graduação em Enfermagem (CESUMAR). Mestrado em Ciências (EERP/USP). Doutorado em Ciências (Escola de Enfermagem – Universidade de São Paulo de Ribeirão Preto – EERP/USP). Coordenadora do curso de graduação em Enfermagem (FACUNICAMPS). E-mail: jaquestefanini@gmail.com.

JULIA JIACOMETI MARCONDES
Universidade Estadual Paulista – UNESP, Faculdade de Engenharia de Ilha Solteira, Ilha Solteira – SP. E-mail: julia.marcondes@unesp.br.

JULIANA FERNANDA DE BARROS
Graduação em Psicologia (UFMS), Mestra em Psicologia (UNESP).
Professora na Associação de Ensino e Cultura de Mato Grosso do
Sul – AEMS, mantenedora das Faculdades Integradas de Três
Lagoas. E-mail: julianafernanda@msn.com.

LEONÉ ASTRIDE BARZOTTO
Doutora em Letras (UEL). Professora Adjunta - Nível III, na
UFGD. E-mail: leoneastridebarzotto@gmail.com.

LIARA RODRIGUES DE OLIVEIRA
Graduação em Psicologia (UNIP-Bauru). Mestre em Psicologia da
Educação (PUC/SP). Docente no Centro Universitário Católico
Salesiano Auxilium de Lins/SP e na Faculdade Nove de Julho de
Bauru/SP. E-mail: liara_ro@hotmail.com.

LILIANA LIVIANO WAHBA
Graduação, Mestrado e Doutorado pela PUC-SP. Professora na
PUC-SP. E mail: lilwah@uol.com.br.

LILIANE SANTOS CAMARGOS
Universidade Estadual Paulista – UNESP, Faculdade de Engenharia
de Ilha Solteira, Ilha Solteira – SP. E-mail:
liliane.camargos@unesp.br.

LUCILENE CARDOSO
Graduação em Enfermagem (EERP-USP) e Direito (UNIP-
Ribeirão Preto). Doutora em Enfermagem Psiquiátrica
(EERP/USP). Professora Associada do Departamento de
Enfermagem Psiquiátrica e Ciências Humanas da EERP/USP. E-
mail: lucilene@eerp.usp.br.

MARCIANA GONÇALVES FARINHA
Graduação em Psicologia (UFU). Mestrado em Ciências (Faculdade
de Filosofia, Ciências e Letras de Ribeirão Preto da Universidade
Federal de São Paulo). Doutorado em Enfermagem Psiquiátrica
(EERP/USP). Pós-doutorado em Ciências (Faculdade de Filosofia,
Ciências e Letras de Ribeirão Preto da Universidade Federal de São
Paulo). Professora do Instituto de Psicologia da Universidade

Federal de Uberlândia (UFU). E-mail: marciana@ufu.br.

## MARCO ANTÔNIO MOREIRA CARRASCO
Graduando em Direito (UFMS). E-mail: marco.antonio.carrasco@hotmail.com.

## MARIA HERMÍNIA LAGE FERNANDES LAFFIN
Graduação em Pedagogia (Associação Catarinense de Ensino). Mestrado em Educação (Universidade Estadual de Campinas). Doutorado em Educação (Universidade Federal de Santa Catarina). Pós doutora em Educação (Universidade do Estado da Bahia). Professora da Universidade Federal de Santa Catarina – UFSC. E-mail: herminialaffin@gmail.com.

## MÁRIO MÁRCIO ESTREMOTE
Graduação em Fisioterapia (Centro Universitário de Santa Fé do Sul – FUNEC). Graduando em Direito (Faculdade Cidade Luz – FACILUZ). Mestre em Engenharia Elétrica (UNESP-Ilha Solteira/SP). Professor na Faculdades Integradas Urubupungá – FIU – Pereira Barreto-SP. E-mail: mmestremote@hotmail.com..

## MAYANNA DE VASCONCELOS VIEIRA
Universidade Estadual Paulista – UNESP, Faculdade de Engenharia de Ilha Solteira, Ilha Solteira – SP. E-mail: mayanna.vasconcelos@unesp.br.

## MAYARA CAROLINE RIBEIRO ANTONIO-VIEGAS
Graduada em Enfermagem (UFMS-CPTL). Mestre em Enfermagem (UFMS). Doutoranda em Enfermagem Psiquiátrica (EERP/USP). Professora Assistente do curso de Enfermagem da UFMS-Coxim. E-mail: Mayara-ribeiro@hotmail.com.br.

## MICHELLE SOUSA MUSSATO
Graduação em Letras (UFMS). Mestrado em Letras (UFMS). Doutoranda em *Estudos Linguísticos*, na linha de pesquisa *Discurso, Subjetividade e Ensino de Línguas*, na UFMS-CPTL. E-mail: michellemussato@hotmail.com.

## MORGANA ZARDO VON MECHELN
Graduação em Pedagogia (Universidade Paulista). Mestrado em

Educação (Universidade Federal de Santa Catarina). Doutoranda em Educação (Programa de Pós-graduação em Educação da UFSC). Auxiliar de Ensino na Rede Municipal de Educação do Município de Biguaçu. E-mail: vonmecheln@gmail.com.

ROBERTA DE OLIVEIRA BARBOSA
Universidade Estadual Paulista – UNESP, Faculdade de Engenharia de Ilha Solteira, Ilha Solteira – SP. E-mail: oliveira.barbosa@unesp.br.

SAMIRA DE MORAES MAIA VIGANO
Graduação em Pedagogia (Universidade do Estado de Santa Catarina). Mestrado em Educação (Universidade Federal de Santa Catarina). Doutora em Educação (Universidade Federal de Santa Catarina). Professora do Instituto Federal de Santa Catarina – IFSC. E-mail: samirammvigano@gmail.com.

SILVIA ARAÚJO DETTMER
Graduação em Direito (UNIVEM). Mestrado em Direito Constitucional (UniToledo-Bauru). Doutora em Direito Constitucional (PUC/SP). Professora Associada do curso de Direito da Universidade Federal de Mato Grosso do Sul, campus de Três Lagoas. Email: silvia.dettmer@ufms.br.

SOFIA MARQUES VIANA ULISSES
Graduação em Psicologia (Universidade Federal de Pernambuco). Mestrado em Psicologia Clínica (PUC-SP). E-mail: sofiamarquesulisses@gmail.com.

ZEYNE ALVES PIRES SCHERER
Graduação em Enfermagem e Obstetrícia, (UFES). Mestrado em Ciências (EERP/USP). PhD em Ciências (EERP/USP). Professora Associada da Escola de Enfermagem da Universidade de São Paulo de Ribeirão Preto (EERP/USP). E-mail: scherer@eerp.usp.br.

# APRESENTAÇÃO

A maioria de nós sabe o que é o *bullying*.

No passado já o usamos para agredir, ou fomos a vítima da agressão, ou assistimos a agressões dessa espécie com bastante frequência, principalmente na escola, mas também na vizinhança, provocado e vivenciado por alunos, já que geralmente eles acabam residindo próximo do núcleo escolar.

Nesse nosso passado, tais agressões eram vistas, entendidas e aceitas como *brincadeiras*, coisas de crianças, ocorrências naturais da idade, etc., nunca levado a sério pelos adultos, pais e professores, porque reinava a ignorância da extensão dos danos causados às vítimas, e até mesmo aos agressores, que não aprendiam a lição do limite e do respeito ao outro.

O que sempre caracterizou a vulnerabilidade de algumas crianças e adolescentes, em todas as épocas, foram as diferenças: físicas, étnicas, religiosas, econômicas, nacionais e de orientação sexual, dentre outras que destoam do modelo tradicional branco, heterossexual, rico e masculino predominante.

O fato de que tais vítimas frequentemente se isolam, permanecendo a maior parte do tempo sozinhas, não se encaixando nos grupos existentes, muitas vezes não é percebido como relevante, podendo ser atribuído à *natural* timidez ou condição da criança e adolescente.

Além disso, existem aqueles casos em que crianças e adolescentes que apresentam, desde cedo, elementos que discordam do gênero esperado para seu sexo, como meninos afeminados ou meninas masculinizadas, são agredidos e desrespeitados pelos colegas com a conivência, explícita ou implícita, de professores e funcionários, adultos que deveriam proteger a todos, em razão de crenças pessoais.

Contudo, com o desenvolvimento de pesquisas nas áreas da Pedagogia e da Psicologia, cada vez se consolida mais a posição de que tal violência acarreta inúmeras repercussões na saúde física e mental, além de prejuízos no processo de aprendizagem, comprometendo, inclusive, a permanência na escola e a conclusão dos estudos.

Preocupados com essa realidade, e observando os vários efeitos deletérios dessa conduta em alunos, e também em adultos que viveram essa experiência dolorosa, reunimos um grupo de profissionais das mais diferentes áreas para pensar e debater o tema do *bullying* e da violência na escola.

Começamos a nossa reflexão, com o texto de Igor Neves de Souza e Harryson Júnio Lessa Gonçalves, da UNESP, com o título *Gênero, masculinidades e escola: subsídios para discussão*. Os autores informam que o gênero deve ser entendido como uma *estrutura* social histórica e mutável com estreitas relações entre corpo, sexualidade e as diferentes relações de poder que nos atravessam. Nesta perspectiva, os espaços sociais e as estruturas institucionais estão marcadamente inseridos em uma ordem de gênero normativa e desigual. A escola, como instituição normalizadora e espaço público de convívio não foge a esta dinâmica, sendo marcadamente o ambiente escolar responsável por vigiar, punir e reproduzir preconceitos, estereótipos e desigualdades de gênero pautadas em uma matriz heterossexista. Partindo de uma perspectiva da formação docente faz-se necessário a ampliação do debate e a compreensão da complexidade em torno destas temáticas. Assim, propõem uma breve introdução a conceitos como *gênero* e *masculinidades*, buscando proporcionar ao leitor um primeiro contato mais aprofundado com estas questões.

O capítulo 2, de autoria de Ana Paula Navarro de Vasconcellos, Durval Luiz de Faria, Ida Elizabeth Cardinalli, Liliana Liviano Wahba e Sofia Marques Viana Ulisses, da PUC/SP, com o título *A violência e o bullying*, do ponto de vista da saúde mental, procura esclarecer o *bullying* como uma forma de violência, assim como identificar o sofrimento que pode acarretar, podendo ser entendido como uma violência interpessoal comunitária, na escola e entre alunos, provocando efeitos deletérios no perpretador e na vítima, que podem ser intercambiáveis, assim como no espectador, podendo desencadear sofrimentos e patologias psíquicas na idade atual e futura. Eles consideram também que o *bullying* constitui uma prática de poder sobre o outro e é exercida de forma disruptiva e constante. Consideram também que os educadores podem cultivar outras formas ou concepções de poder e que o poder só é construtivo quando as palavras e os atos não destroem, mas criam novas realidades.

Ainda na área da saúde mental, o capítulo 3 apresente o *Bullying como fator preditor ao desenvolvimento de transtornos mentais*, das autoras Andréa Sanchez, Mayara Caroline Ribeiro Antonio-Viegas, Liara Rodrigues de Oliveira e Lucilene Cardoso, da UFMS, afirmando que o espaço escolar, quando é permeado pela violência, pode se configurar como um local de risco para o desenvolvimento físico e psíquico de crianças e adolescentes. O tipo de violência mais comum nesse ambiente é o *bullying*, que tem sido apontado mundialmente como um problema de saúde pública, devido às consequências que provoca nas vítimas. É considerado um evento estressor importante dessa população, com alto potencial de trauma. A literatura identifica que a exposição ao *bullying* pode trazer prejuízos a curto, médio e longo prazos, e que o desenvolvimento de alguns transtornos mentais têm como fator preditor esse evento traumático. A ansiedade, o transtorno de estresse pós-traumático, a depressão e a ideação suicida, são alguns dos transtornos mais frequentemente relatados. Termina identificando a necessidade de ampliação da discussão acerca dessa temática, a fim de subsidiar maior integração das áreas de saúde e educação, para a construção de estratégias de prevenção.

Adentrando na área das modalidades do *bullying*, o capítulo 4, *Sujeitos LGBTQIA+ e as vivências e violências escolares*, das autoras Samira de Moraes Maia Vigano, Maria Hermínia Lage Fernandes Laffin e Morgana Zardo Von Mecheln, da UFSC, traz importante debate sobre os sujeitos LGBTQIA+ e as suas vivências nos espaços escolares, no que se refere aos aspectos das violências. Em geral, muitos sujeitos com a orientação sexual ou com a identidade de gênero diferente do que é atribuído socialmente nos padrões homem e mulher, acabam sofrendo exclusões nas instituições de ensino. Ao percebermos que essas violências geram diversos problemas nessas pessoas, foram atrás de ouvi-los e ouvi-las, trazendo a fala de alguns sujeitos. O objetivo foi debater e analisar as falas desses sujeitos, buscando reconhecer os processos de violência orquestrados nas instituições escolares. A coleta de dados foi realizada em uma Organização não Governamental, na cidade de Florianópolis, e fez parte da pesquisa de doutoramento defendida em 2019, pela primeira autora. Elas perceberam, por meio das falas dos sujeitos, que, a escola ainda perpetua práticas de violência e que há uma falta de acolhimento para com os alunos e alunas LGBTQIA+, fazendo com que, muitas vezes, eles e elas sintam-se invisíveis.

Na sequência, André Masao Peres Tokuda, Evelyn Yamashita Biasi, Fabiana Ferrari e Juliana Fernanda de Barros, da AEMS, apresentam o capítulo 5, *O bullying na escola: violências contra pessoas com tea e população LGBTQIA+*, em que desenvolvem uma breve discussão acerca da violência no espaço escolar contra populações vulnerabilizadas, mais especificamente, o *bullying* sofrido por crianças e adolescentes com *Transtorno do Espectro Autista* – TEA e como expressão da LGBTQIA+fobia, ou seja, violências contra pessoas que não se enquadram dentro da matriz de inteligibilidade imposta pelo sistema sexo/gênero/desejo/prática sexual *normal*. Para isso realizaram breve revisão teórica sobre a prática do *bullying*, como forma de violência constante dirigida a uma pessoa, proporcionando danos psíquicos, emocionais, morais e físicos, que é exercido em grande parte das vezes contra aqueles e aquelas que não se enquadram dentro das ideologias hegemônicas da corponormatividade e heteronormatividade, reforçando a intolerância ao que foge dos padrões cristalizados e estereotipados dos tempos atuais. Essa discussão é necessária e urgente, pois pode levar a danos psicológicos, morais, emocionais e físicos a quem vivencia essas violências (vítima, agressor e espectador), chegando a casos extremos de suicídios e massacres.

Ainda nessa mesma linha, Adailson Silva Moreira, da UFMS, no capítulo 6, intitulado *Homofobia, racismo e bullying na escola*, discute a questão da escola, que deveria estar imune ao preconceito e à discriminação, em razão de seus objetivos e fins, porém, acaba não se dissociando dos preconceitos da sociedade e, em alguns casos, contribui para perpetuar violências. Pessoas vulneráveis (gays, pretos, transexuais, etc.) geralmente vivenciam essa realidade já na escola e nos primeiros anos de vida, o que significa que a experiência do preconceito é central na vida delas e pode acompanhá-las por todo o ciclo vital. O estudo do *bullying* tem se tornado comum, não apenas por se tratar de problema educacional, mas, principalmente, social e de saúde, uma vez que afeta diretamente a qualidade de vida e o bem-estar das vítimas. Se somarmos à categoria de exclusão (a etnicidade) outra, a da orientação sexual, as consequências podem ser piores. Ser preto é muito difícil; ser preto e homossexual se torna quase uma situação insuportável para muitos. Assim, foi *objetivo* deste trabalho fazer uma reflexão a respeito das diferenças, preconceitos sociais e violência na escola contra crianças e adolescentes pretos e homossexuais, na forma de homofobia e *bullying*, protagonizados por outros jovens e adolescentes, por meio do método de *revisão bibliográfica*, a partir de buscas em bases de dados. Os resultados evidenciam que as categorias homofobia, racismo e *bullying* podem provocar: desregulação do funcionamento emocional e fisiológico por meio de respostas mais estressadas; alto risco de problemas comportamentais; indicadores de depressão e ansiedade (com impacto no sono, na saúde mental e na pressão arterial); risco de doenças cardiovasculares; obesidade; asma e transtorno do estresse pós-traumático que pode manifestar-se por anos. Além disso, também é destacado o alto índice de evasão escolar.

No capítulo 7, *O entre-lugar do estudante surdo indígena: o bullying como prática constitutiva da exclusão da exclusão*, de Icléia Caires Moreira e Michelle Sousa Mussato, da UFMS, o objetivo geral é problematizar a dupla condição de exclusão do sujeito surdo indígena no cenário educacional. De maneira específica, interessa-nos observar as relações de saber-poder constitutivas da prática do *bullying* para com este sujeito e analisar as marcas de sua dupla exclusão frente a hostipitalidade que o ambiente escolar lhe confere. Partiram da hipótese de que este sujeito tem sua representação identitária erigida a partir de um entre-lugar que o subjetiva sob o rastro da estereotipação excludente, na escola indígena, por ser surdo e sob espectro colonial excludente, na escola urbana, por ser indígena. Para tanto, valeram-se do aporte teórico transdisciplinar da *análise do discurso discursivo-desconstrutiva*, da *arqueogenealogia foucaultiana* e das pesquisas decoloniais, com a finalidade de promover uma reflexão sobre o delineamento das práticas (transgressoras) de exclusão entre sujeitos e culturas. Resultados preliminares apontam que a relação dos surdos indígenas com a língua materna e a língua do outro, com a cultura materna e a cultura do outro, permite a emergência de sua condição de (in)visibiliade alicerçada na exclusão da exclusão, que o torna estrangeiro em seu território Terena e estrangeiro dentro dos liames do que se considera ser brasileiro e ser surdo.

Claudimar Paes de Almeida e Leoné Astride Barzotto, da UFGD, no capítulo 8, *As fraturas pedagógicas: violência no ambiente escolar*, discutem as representações sociais de violência contra professores no contexto escolar, apresentado diversas situações reais de algumas regiões do Brasil e evidenciando os múltiplos atos violentos e as consequências acarretadas a esse profissional. Nesse sentido, abordam sobre apontamentos teóricos acerca do termo violência no contexto escolar e retratos da violência contra docentes. O estudo é de cunho bibliográfico, apoiando-se em exposição descritiva e análise de notícias de *sites*, divulgadas nos jornais televisivos nos últimos dez anos. Constatou-se que a violência contra docentes em suas diversas modalidades tem se tornado uma prática constante no contexto escolar, causando consequências físicas, morais e psicológicas a esse profissional.

*Educação em sexualidade para uma cultura antibullying: reflexões jurídicas sobre cidadania e homotransfobia nas escolas*, é o título do capítulo 9, de autoria de Antônio Rodrigues Neto, Marco Antônio Moreira Carrasco e Cléber Affonso Angeluci, da UFMS, que tem o escopo de demonstrar de que forma o *bullying* homotransfóbico, enquanto prática discriminatória, impede a plena realização da cidadania e do respeito à igualdade que reconhece as diferenças, bem como de que forma a *educação em sexualidade* pode promover a transformação social do ambiente escolar, tornando-o mais inclusivo. Desse modo, a partir de pesquisa bibliográfica e documental e aplicando-se o método dedutivo, demonstrou-se que o *bullying* homotransfóbico, entre outros, pode lesar o pleno desenvolvimento da pessoa, seu preparo para o exercício da cidadania e sua qualificação para o trabalho.

Ainda no âmbito jurídico, Mário Márcio Estremote e Izolda Maria Carvalho Baldo e Guimarães Resende, da FACILUZ, no capítulo 10, *Evolução do processo legislativo na questão do bullying no brasil*, informam que no Brasil a discussão e a legislação na resolução do conflito gerado pela prática do *bullying* é recente, não tendo ainda estabelecido uma política nacional de forma continuada principalmente no que tange à prevenção. A Lei Federal n. 13.185/2015 é um importante marco legal no enfrentamento à questão, embora alguns estados e municípios tenham se adiantado no intuito de legislar e sistematizar ações principalmente no âmbito escolar. Nota-se um olhar de atribuição à escola, e tão somente a ela, na resolução do *bullying*, e a incipiência da responsabilização civil com raras tutelas jurisdicionais. Conclui-se que o avanço da legislação brasileira precisa buscar o envolvimento de todos os diferentes atores sociais apontados na lei de forma a se tornar eficaz em sua propositura legal.

O capítulo 11, de autoria de Julia Jiacometi Marcondes, Roberta de Oliveira Barbosa, Carla Araujo de Souza, Mayanna de Vasconcelos Vieira e Liliane Santos Camargos, da UNESP, com o título *Experiência pedagógica: projeto de extensão: a articulação entre a universidade e a escola como caminho de enfrentamento a violência escolar*, busca relatar uma importante experiência de extensão, intitulada *Mulheres na ciência: desconstruindo estereótipos de gênero*. O projeto foi desenvolvido em uma escola de ensino médio integral do interior paulista no período de dois anos, baseado na premissa da autonomia juvenil proposta pelo projeto de formação das escolas de ensino integral paulista. Desenvolvido nos espaços das disciplinas de *Mundo do trabalho* e *Preparação acadêmica*, foi possível mapear os problemas que os alunos vivenciavam no contexto escolar por meio do relato dos próprios estudantes e dos professores, e criar o espaço para comunicação e discussão dessas temáticas. Foram discutidos temas como inclusão de mulheres no mercado de trabalho e por área de conhecimento nos cursos de graduação, homofobia, racismo, relacionamentos abusivos, privilégios sociais, entre outros. As autoras acreditam que experiências dessa natureza que aproximem a universidade da escola e naturalizem tais discussões, são um caminho para ampliar redes de apoio e trazer à tona discussões que deveriam ser coletivas e do interesse de todos da comunidade escolar.

No âmbito da prevenção, o capítulo 12, *Estratégias de prevenção da violência escolar: revisão integrativa*, de Débora Góes Silva, Jaqueline Rodrigues Stefanini, Marciana Gonçalves Farinha e Zeyne Alves Pires Scherer, da EERP/USP, discute a violência escolar como um fenômeno mundial que afeta negativamente o desempenho acadêmico, saúde e bem-estar emocional tanto da vítima, quanto de perpetradores e testemunhas, gerando ansiedade, medo e insegurança. Buscou-se analisar as estratégias de prevenção da violência escolar utilizadas por profissionais da educação. O método utilizado foi *revisão integrativa* da literatura nas bases de dados: *National Library of Medicine National Institutes of Health* (PubMed), *Educational Resources Information Center* (ERIC), *American Psychological Association* (APA PsycInfo) e *Literatura Latino-Americana e do Caribe em Ciências da Saúde* (LILACS), utilizando os principais descritores: *school teachers, teacher educators,* professores escolares, *prevention, strategies,* estratégias, *violence, schools*. Foram selecionados 17 estudos. Dentre os principais achados da pesquisa o desenvolvimento de programas multidimensionais de prevenção da violência escolar foi a principal estratégia apresentada. Embora os estudos tenham utilizado técnicas multivariadas, houve convergência no que se refere ao desenvolvimento das habilidades sociais dos estudantes, promoção da autoestima e autoconhecimento. Os estudos destacaram também a importância do envolvimento dos estudantes, da família, da escola e da comunidade nos programas de prevenção para o enfrentamento da violência escolar. Os programas de prevenção da violência escolar propõem ações multidimensionais e aponta a necessidade da articulação intersetorial para sua efetividade.

O capítulo 13, intitulado *O Ateneu: um microcosmo de bullying escolar*, de Silvia Araújo Dettmer, da UFMS, analisou o fenômeno do *bullying* e da violência na escola com a interface da narrativa literária de *O Ateneu*, de Raul Pompéia. Nesse romance, Sérgio, o personagem principal, conta o que ocorre na convivência dentro do internato, possibilitando a representação na implicação do espaço caótico em que se estabelecem as relações de poder e de violência. A obra apresenta um ambiente carregado da prática de *bullying* e retrata os costumes e conflitos sociais adjacentes que enxameam nos dias atuais. Dentre os motivos que estruturam a importância da análise para a compreensão da realidade destaca-se o projeto *Unidos no Combate da Prática do Bullying – Jornal, Literatura, Comunidade e Cidadania, Uma Grande Parceria!*, que surgiu após a constatação de que a escola estava sendo palco para o *bullying* e que o seu combate despertou o interesse dos alunos, pais e professores. Dessa forma, entende-se que a literatura aludida permite elencar catálogos de caracteres humanos e ampliar o campo para identificação e problematização das mazelas decorrentes da violência na escola. Aplicou-se a esse texto o método exploratório, bibliográfico e qualitativo no convívio com o princípio da dignidade de respeito e tolerância no processo de humanização da pessoa humana.

Por fim, fechando o livro, temos o trabalho de Cleiry de Oliveira Carvalho, da UnB, capítulo 14: **Das marcas da violência escolar real e das marcas da violência escolar representada na literatura brasileira**, em que apresenta um estudo da violência escolar inserida em nossa sociedade e representada na nossa literatura. Visando estabelecer um panorama da representação da escola no Brasil a autora selecionou obras de diferentes contextos históricos e com esse critério fez um sobrevoo que captura, em linhas gerais, um conjunto bem mais numeroso de obras, para, com isso, verificar a suficiência do *corpus* na caracterização da *escola* no Brasil, e que permitiu traçar linhas de comunicação entre as obras analisadas. Essas fundamentam o estudo da violência escolar e trazem o sentido e o significado histórico das inúmeras vivências e experiências representadas e que em alguns casos foram recompostas e reconstruídas apenas *a posteriori* por seu autor. De acordo com a constituição desse olhar lançando para o passado, essas narrativas foram capazes de compor uma imagem clara e distinta do momento passado, outrora presente e, de colocar essa mesma imagem ao lado de outras que a história da educação tornou legíveis ou visíveis, apresentando um panorama de algumas obras, pertencentes a produção literária brasileira, em busca de mediações que permitam estabelecer nexos entre a representação da violência escolar e as relações histórico político-sociais em torno da escola.

Assim, esperamos apresentar a nossa contribuição para esse debate tão importante e ainda tão incipiente em nosso país e nossa sociedade.

Boa Leitura!!

ADAILSON SILVA MOREIRA
SILVIA ARAÚJO DETTMER
Outono/2020

# 1

# GÊNERO, MASCULINIDADES E ESCOLA: SUBSÍDIOS PARA DISCUSSÃO[1]

IGOR NEVES DE SOUZA
HARRYSON JÚNIO LESSA GONÇALVES

## Introdução

O objetivo deste capítulo é fornecer reflexões iniciais a respeito das relações de gênero e sexualidade e o papel da escola como instituição normalizadora e reprodutora de uma ordem heterossexista. Neste sentido é proposto atentarmos para a centralidade das questões do corpo na teoria de gênero; o papel fundamental das construções masculinas e as masculinidades na manutenção da ordem de gênero; e os reflexos destes arranjos sociais no espaço escolar, materializado em ações, discursos e insultos.

A escola como espaço coletivo funciona como produtora e fiscalizadora da heterossexualidade. Como veremos, dentre as inúmeras possíveis posições de gênero, a norma define como *natural* a relação sexo-genital-sexualidade heterossexual, como a *única* existência válida. Nota-se, portanto, na vivência escolar um conjunto de posturas que prejudicam, pressionam e violentam os atores destes espaços que conflitam com a norma hetero: *pênis-homem-masculinidade* e *vagina-mulher-feminilidade*. Dessa forma a escola reafirma uma hegemonia masculina além de pôr em prática uma constante vigilância de gênero e da masculinidade, em práticas frequentes e repetitivas de *bullying* e perseguição (OLIVEIRA JUNIOR; MAIO, 2017; SEFFNER, 2013; BENTO, 2011; CÉSAR, 2009; BUTLER, 2003; CARVALHO, 2001). Neste sentido, para se compreender os motivos que fazem da escola o espaço destinado,

[1] O presente trabalho foi realizado com apoio da Coordenação de Aperfeiçoamento de Pessoal de Nível Superior – Brasil – CAPES – Código de Financiamento: 001.

fundamentalmente, a reproduzir os valores hegemônicos, é necessário, primeiro, sair desse espaço, ampliar nosso olhar e investigar como são constituídos os valores a serem reproduzidos nesta instituição (BENTO, 2011).

## 1 Corpo e gênero

A maioria das discussões sobre gênero na sociedade enfatiza uma dicotomia. As concepções de gênero no imaginário comum costumam partir de uma visão pautada na diferença, especificamente uma divisão biológica entre homens e mulheres, ou seja, popularmente define-se gênero como o conjunto de diferenças, sociais ou psicológicas construídas sobre ou causadas pelas diferenças corporais (CONNELL, 2013).

Assume-se como *natural* na construção do senso comum, sobretudo na mídia e no consumo, que há uma diferença inata entre homens e mulheres, suas maneiras de pensar, agir, aprender e comunicar-se são específicas: homens são guerreiros por excelência, com predisposição corporal para os esportes e atividades de estresse físico; são naturalmente promíscuos e infiéis, ousados e competitivos; as mulheres são altamente emocionais e maternas, desenvolvem-se mais rapidamente que os homens, possuem predisposição a atividades de gerenciamento e administração geralmente relacionados com o cuidado, enfermeiras, cozinheiras, mães e professoras, são fiéis e com menos interesse sexual e libido que os homens.

Homens e mulheres seriam inegavelmente diferentes, até mesmo de mundos distintos, afinal *os homens são de Marte e as mulheres são de Vênus* não fosse a realidade completamente oposta. O consenso científico refuta por evidências massivas a hipótese de diferenças inatas entre os sexos (CONNELL; PEARSE, 2015). Neste discurso exclui-se as diferenças entre homens e mulheres do conceito de gênero, o que é problemático visto que as diferenças internas a cada grupo são altamente relevantes para os padrões de relações entre *homens e mulheres e mulheres e homens*. Dessa forma é comum a esta narrativa, assumir e estender as supostas diferenças corporais para quaisquer outros tipos de diferenças: habilidades físicas, caráter, intelecto, libido, vida sexual, etc.

O gênero deve ser entendido como uma *estrutura* social, isto é, um sistema semiordenado de posições onde há a manutenção de padrões comportamentais amplamente difundidos em nossos arranjos sociais. Mais do que isso, o gênero é uma estrutura social relacionada especificamente com o corpo (CONNELL; MESSERSCHMIDT, 2013).

O corpo humano possui uma diferença reprodutiva. Nós – assim como muitas outras espécies – nos reproduzimos de forma sexuada, ou seja, para produzirmos novos indivíduos é necessário um processo de combinação da informação genética de dois indivíduos progenitores. Neste aspecto, na reprodução sexuada, não é necessário que os corpos sejam necessariamente diferenciados por sexo, uma vez que existem espécies hermafroditas, mas no caso humano ocorre dimorfismo, isto é, há dois tipos de corpos, machos e fêmeas.

Dentre a informação genética presente no novo ser humano fruto da reprodução sexuada existem os cromossomos sexuais, que guiam o processo biológico de desenvolvimento das características corporais e reprodutivas de machos e fêmeas. Os machos possuem os pares de cromossomos sexuais X e Y, enquanto as fêmeas os cromossomos X e X. Conforme as informações genéticas e condições de desenvolvimento do indivíduo, os corpos, ainda em gestação, desenvolvem órgãos especializados para a reprodução, ovário, útero e testículos.

Mesmo que não haja dúvidas em relação as diferenças reprodutivas entre machos e fêmeas, os corpos humanos, vistos por este prisma biológico, ainda não são completamente dimórficos. Existem diversas categorias intersexo com padrões hormonais, cromossômicos e anatômicos que não se enquadram neste panorama, provando a diversidade de existências corporais possíveis e as limitações das categorias classificatórias que utilizamos. Que há diferenças *reprodutivas* em nossa espécie é um consenso científico, no entanto, o significado e uso dessa diferença é que diverge.

A ideia de uma diferença natural dos corpos como base para padrões de gênero será utilizada para justificar a dominância dos homens sobre as mulheres na sociedade. Deste pensamento derivam uma infinidade de teorias que inferem arbitrariamente comportamentos e valores que legitimam arranjos desiguais de gênero. Efetivamente estes argumentos são totalmente baseados em especulação, conforme uma série de estudos em metanálise comprova, somos muito mais similares do que diferentes (HYDE, 2005). Dessa forma:

> Está claro que os corpos são afetados por processos sociais. O modo como nosso corpo cresce e funciona é influenciado pela distribuição de comida, costumes sociais, guerras, trabalho, esporte, urbanização, educação e medicina, para citar apenas as influências mais óbvias. Todas essas influências são estruturadas pelo gênero. Então não podemos pensar em arranjos sociais de gênero como mero efeito que flui de propriedades do corpo. Eles também precedem o corpo, formando as condições em que este se desenvolve e vive. (CONNELL; PEARSE, 2015, p. 93)

Historicamente, com o efervescer do movimento feminista norte-americano na década de 1970, a militância feminina propõe uma distinção entre *sexo* e *gênero* no debate acadêmico, restringindo as diferenças reprodutivas, ou seja, a diferença biológica ao campo da própria biologia. A categoria gênero passa a ser entendida como uma construção social e como tal, possuidora de caráter histórico (CONNELL, 2013).

A historicidade do gênero nos permite compreender que apesar dos avanços no debate sobre a dinâmica generificada das relações sociais, ainda estamos sobre um discurso normativo sistemático. Os arranjos de gênero tanto atravessam quanto precedem o corpo em sua historicidade. Deste ponto, se estabeleceu uma cultura ocidental de massa que condiciona, por meio da descrição do sujeito em modelos (de gênero e sexual), sem importar-se com as construções singulares do próprio sujeito (SILVA, 2006). Há uma amarração dentro do modelo heteronormativo, no sentido de que o corpo reflete o sexo e o gênero só pode ser entendido quando referido a essa relação, limitando a categoria *humanidade* apenas a duas possibilidades excludentes: ou você tem pênis ou vagina. Ou você é mulher ou é homem. Ou você é masculino ou feminino, mas sempre heterossexuais. As performatividades de gênero que se articulam fora dessa amarração são colocadas às margens, anormais, aberrações da natureza (BENTO, 2011).

Assim, os gêneros inteligíveis nesse sistema, ou seja, os gêneros reconhecidos como categorias dentro da *normalidade* se manifestam antes mesmo do nascer. A materialidade do corpo só adquire vida inteligível quando se anuncia o sexo do bebê. Toda a representação simbólica voltada para a definição da vida da criança como uma menina ou um menino gera expectativas que serão materializadas posteriormente em um imaginário essencialista que se estende e se manifesta em brinquedos, cores, roupas e projetos para o futuro da criança antes mesmo de o corpo vir ao mundo. O tão aguardado ritual de revelação do sexo da criança é uma manifestação e celebração do minucioso sistema de controle heteronormativo dos corpos, onde o gênero deve obedecer a lógica: *vagina-mulher-feminilidade* versus *pênis-homem-masculinidade*. A heterossexualidade daria coerência a essas diferenças binárias entre os gêneros (CONNELL; PEARSE, 2015; BENTO, 2011; BUTLER, 2003).

Conforme observa a socióloga Berenice Bento a tão esperada revelação *É um menino!* não está descrevendo um menino, mas criando um conjunto de expectativas para aquele corpo que será construído como *menino*. Quando se revela *menino/menina*, não se está descrevendo uma situação, mas produzindo masculinidades e feminilidades condicionadas ao órgão genital (2011). A autora continua:

> ... como é possível afirmar que todas as crianças que nascem com vagina gostam de rosa, de bonecas, de brinquedos que não exigem muita força, energia e inteligência? Aquilo que evocamos como um dado natural, o corpo-sexuado, é resultado das normas de gênero. Como afirmar que existe um referente natural, original, para se vivenciar o gênero, se ao nascermos já encontramos as estruturas funcionando e determinando o certo e o errado, o normal e o patológico? O original já nasce "contaminado" pela cultura. Antes de nascer, o corpo já está inscrito em um campo discursivo. (2011, p. 550)

Através das performances de gênero, a sociedade controla as possíveis sexualidades desviantes. Entretanto, há corpos que escapam a este processo de produção heteronormativo. Os indivíduos em conflito com as normas de gênero se põem em risco ao confrontá-las, mas ao mesmo tempo, revelam as fragilidades e possibilidades de transformação dessas mesmas normas. Atualmente se reconhece um amplo espectro de variações de gênero de forma que

> ... Para qualquer indivíduo, o gênero se compõe de: categoria sexual; identidade de gênero; status marital e procriativo de gênero; orientação sexual generificada; personalidade generificada; processos de gênero (em interações cotidianas); crenças de gênero; expressão de gênero. (LORBER, 2005 *apud* CONNELL; PEARSE, 2015, p. 101)

Tendo em vista a complexidade da categoria gênero e a infinidade de posições de gênero possíveis é impossível, portanto, conceber um modelo dicotômico, biológico e restritivo como factível e aplicável, o sistema de controle de corpos baseado em uma cultura heteronormativa é artificial, sem comprometimento com as realidades sociais, materiais e subjetivas dos sujeitos.

## 2 Masculinidades

Se o gênero, como vimos, é uma estrutura social, este possui caráter histórico. Se reconhecemos a historicidade do gênero, ele está, portanto, aberto à mudança histórica.

A concepção de masculino pauta-se inicialmente nos modelos anatômicos arcaicos de pelo menos dois milênios atrás. O *one-sex-model,* modelo de descrição vigente até a virada do século XVIII para o XIX, baseava-se na concepção de que o corpo masculino é o símbolo máximo da perfeição, onde a regra fálica distinguia a superioridade dos homens sobre as mulheres, descritas como um homem invertido, inferior. A estrutura anatômica feminina era entendida, até então, como uma inversão literal do sistema reprodutor masculino, dessa forma a vagina era vista como "... um pênis interno, os lábios como o prepúcio, o útero como o escroto e os ovários como os testículos" (LAQUEUR, 2001, p. 16 *apud,* SILVA, 2006, p. 124).

Já no século XIX, as diferenças entre os sexos ganham novos contornos com o *two-sex-model,* uma vez que se reconhece as diferenças biológicas entre corpos distintos, não mais um mero espelhamento invertido e inferior do homem. No entanto, esse discurso será apropriado como justificativa natural da desigualdade de gênero, estabelecendo a diferença como fato originário nas dinâmicas sociais. Assim,

> Sob a ameaça de serem associados à figura da mulher, dado os "invertidos sexuais", os homens vitorianos recrudescerão mais do que nunca a sua masculinidade, tanto no aspecto físico como psicológico, construindo para si uma série de papéis e traços representativos da condição masculina. Ser homem, no século XIX, significava, então, não ser mulher, e sob hipótese alguma ser homossexual. Desse modo, passou-se a valorizar desde o vigor físico, a destreza, a coragem, a capacidade de raciocínio, até os modos de se vestir, andar, falar, a capacidade de conquistar mulheres. (SILVA, 2006, p. 125)

Estes conceitos masculinistas se sustentam, querendo ou não, até os dias de hoje no modelo heteronormativo posto em prática, o que não significa que não houveram movimentos de ressignificação e resistência. Sobretudo nos anos 1970, como reflexo do clamor por mudanças dos movimentos feministas norte-americanos em relação a desigualdade entre homens e mulheres, o modelo masculino de gênero é compreendido como o *papel do sexo masculino*. Esta perspectiva está atrelada a uma teoria dos papéis sexuais, popular até aquele momento, que definia as performances de gênero como um conjunto de práticas ideais a uma figura masculina essencial. Os movimentos políticos e a discussão cada vez mais ampla sobre a temática colocaram a masculinidade tradicional em desconforto, os homens e seus modelos de conduta enfrentavam naquele momento seu primeiro sinal de crise (SILVA, 2006). O obsoleto conceito de papéis sexuais significava, essencialmente, um conjunto de atitudes e expectativas que definiam a masculinidade apropriada/correta/ideal. Esta teoria apresenta claras fragilidades, uma vez que não nos permite compreender a real complexidade que envolve as multidimensionalidades que atravessam o gênero, como as relações de poder, a desigualdade material e a violência simbólica (BOURDIEU, 2019).

A crise da identidade masculina será, portanto, um reflexo dos ganhos dos movimentos feministas nas décadas de 1960 e 70 que alteraram a dinâmica social em direção a um aumento da participação das mulheres no mundo do trabalho, do compartilhamento da responsabilidade e poder entre os gêneros, da reconsideração feminista dos papéis tradicionais, da prática do celibato e do desmantelamento dos casais e da família nuclear tradicional (SILVA, 2006).

Neste ponto, os estudos feministas de caráter sociológico e antropológico compreenderam que a categoria feminina não compartilhava de uma mesma identidade, com problemas e opressões em comum. Entendeu-se que há diferenças internas entre as mulheres e que não existe uma categoria essencialista *mulher* que encerra todas as experiências da feminilidade. Esta perspectiva teórica não se ateve ao movimento feminista e rumou em direção aos *men's studies*[2], comprovando que os homens também estão sujeitos a mesma diversidade interna que as mulheres, sendo

---

[2] Área de estudo acadêmico voltada as questões referentes a masculinidade. Sua literatura surge logo após a crise da masculinidade dos anos 1970, em uma tentativa de desconstruir a identidade masculina tradicional do século XIX.

atravessados por outras dimensões sociais como pertencimento étnico e o embate de classes (SAAVEDRA, 2004). Em resposta as teorias de papel dos sexos surgem, a partir do entendimento das diferenças internas aos gêneros, modelos de masculinidade baseados em múltiplas relações de poder, as teorias do discurso crítico (OLIVEIRA, 1998). As fontes mais básicas foram as teorias feministas do patriarcado e os debates sobre o papel dos homens na transformação do patriarcado. Neste cenário, a socióloga Raewyn Connell estabelece o importante conceito de *masculinidade hegemônica.*

A *masculinidade hegemônica* é um fundamental avanço no entendimento das relações de gênero e masculinidade, já que considera as relações sociais de poder envolvidas na construção do masculino. Dessa forma, a masculinidade hegemônica é uma configuração de práticas que diferente dos *papéis sexuais* é de fato realizada na ação social e não apenas expectativas de papéis e identidade. Ao pensarmos em prática entende-se que estas se desenrolam no espaço social e, portanto, são variáveis conforme seu contexto, assim, existem diversas configurações possíveis que se posicionam ou não hegemonicamente conforme o contexto local. Neste sentido não só a vivência cotidiana, mas as diferentes variáveis sociais locais podem resultar em diversas posições generificadas. Entende-se, portanto, a existência de *masculinidades*, no plural. No entanto, é necessário cuidado com este plural do termo, já que não deve ser usado como uma multiplicidade de estilos de vida relacionados ao consumo. Como Connell ressalta: diferentes masculinidades são produzidas no mesmo contexto social, o modelo hegemônico de masculinidade possui outras masculinidades que se agrupam em torno dela (2013).

> Ao se denunciar e problematizar as relações de poder se assume que há masculinidades hegemônicas (homens de camada média, brancos, heterossexuais etc.) e masculinidades subalternas (indígenas, afro-brasileiros, de camadas populares, homossexuais etc.). (NOGUEIRA; MIRANDA, 2017, p. 126)

As *masculinidades hegemônicas*, neste sentido, podem ser construídas de forma que não correspondam verdadeiramente à vida de nenhum homem real, ou quando raramente se aproximam da materialidade real do espaço social, se correspondem a posições de poder e hegemonia. Esses modelos expressam um imaginário simbólico comum de ideais, performances, fantasias e desejos amplamente difundidos, narrados e fomentados pelas instituições normativas como a religião, as mídias de massa, as forças militares e o Estado. Assim,

> Apesar de ser própria a apenas um pequeno grupo concreto, a masculinidade hegemônica é sustentada e mantida por um amplo segmento da população masculina em função da gratificação fantasiosa de fazer parte do poder que ela proporciona, além, é claro, dos motivos concretos, tal como poder retirar daí benefícios (melhores salários e postos, por exemplo) através da dominação institucionalizada masculina em relação às mulheres. (OLIVEIRA, 1998, p. 105)

Entretanto, a sustentação dessa masculinidade não é um projeto consciente de um grupo objetivando alcançar um resultado determinado. É como uma referência a ser seguida, podendo ser, inclusive, relativizada pelas masculinidades adjacentes e subalternas na tentativa de (re)atualizar-se como hegemônica. Essa masculinidade é concretizada por meio de uma complexa trama de situações e condições que a favorecem mais ou menos, dependendo das circunstâncias (NOGUEIRA; MIRANDA, 2017). Essa dinâmica pauta as relações com as mulheres e contribui para a hegemonia na ordem de gênero.

## 3 Escola

Tendo em vista a importância das relações de gênero e sexualidade no cotidiano prático das sociedades modernas não é surpresa que a preocupação com a educação e essas temáticas não sejam de hoje e remontam uma história de pelo menos dois séculos (CÉSAR, 2009).

Atualmente a escola é um espaço obstinado na produção, reprodução e atualização dos parâmetros da heteronormatividade que regula não apenas a sexualidade, mas também o gênero. As disposições heteronormativas procuram naturalizar, impor e legitimar uma única sequência *sexo-gênero-sexualidade*: a centrada na heterossexualidade e rigorosamente regulada pelas normas de gênero (BUTLER, 2003). Neste aspecto,

> a observação e a análise do cotidiano escolar revelam situações e procedimentos pedagógicos e curriculares estreitamente vinculados a processos sociais por meio dos quais se desdobra e aprofunda a produção de diferenças, distinções e clivagens sociais que, entre outras coisas, interferem na formação e na produção social do

desempenho escolar. (JUNQUEIRA, 2012, p. 65)

Se relacionarmos o processo de escolarização à disciplinarização dos corpos de crianças e jovens, veremos que a educação do sexo encontrou seu lugar privilegiado na escola desde muito cedo. O *sexo bem educado* se apresentou como parte fundamental do processo de escolarização, estando muitas vezes acompanhado de uma forte intenção higienista eugenista. A escola, como instituição, tornou-se um espaço em que circulam preconceitos que reafirmam estruturas discriminatórias como o racismo, sexismo, heterossexismo e a homofobia no cotidiano escolar. Estes elementos não são, ao que parece, elementos intrusos à escola e possuem fácil entrada como estruturantes da vivência educacional como um todo.

Somente a partir dos anos de 1960, que os movimentos pelos direitos civis, materializado nas lutas feministas, nos movimentos gays e lésbicos e nas importantes reivindicações étnico-raciais, produziram discursos e narrativas que problematizavam gênero e sexualidade na escola.

Em um clima de *renovação pedagógica* e efervescência popular o tema da educação sexual adentrou de forma mais sistemática o discurso pedagógico no Brasil. Aqui, pouco antes da ditadura militar, se experienciavam novos contornos em relação às temáticas de gênero nas escolas, sobretudo em São Paulo e no Rio de Janeiro. Estas experiências, no entanto, foram reprimidas e fortemente suprimidas pela ditadura que veio a se instalar (CÉSAR, 2009).

No período ditatorial a *educação sexual* e a problematização sobre as estruturas sociais generificadas apareceram como uma reivindicação importante do movimento feminista brasileiro como projeto de luta pela redemocratização do país. Entretanto, esta ligação ideológica entre a educação sexual e o movimento feminista não perdurou e logo desapareceu. Neste espaço vago, a discussão sobre educação, escola e sexualidade se fortaleceu como campo específico da saúde sob o domínio biológico, empobrecendo as problemáticas sociais envolvidas e contribuindo para uma crescente patologização das identidades desviantes. Assim, no início dos anos 1980, a educação sexual ganhou traços médicos. Nesta esteira, já nos anos 1990, após a Constituição de 1988, o espaço escolar foi simbolicamente atribuído como lugar fundamental na estratégia e propagação de informações sobre o *sexo seguro*. A escola se torna espaço essencial na prevenção ao contágio do HIV/AIDS e outras DSTs, bem como a *gravidez na adolescência* e posteriormente ao uso de drogas (CÉSAR, 2009).

Como resposta as reinvindicações dos movimentos sociais e as demandas da nova Constituição, o Brasil cria os *Parâmetros Curriculares Nacionais* – PCNs como solução para grande parte dos problemas educacionais do país. Os PCNs apresentam a educação sexual como um tema transversal, nomeado de *orientação sexual*, a ser trabalhado nas escolas brasileiras. No entanto, os PCNs se apresentaram como uma proposta curricular sem atenção e investimento na formação profissional, motivo pelo qual foram criticados por instâncias acadêmicas e de militância social (ALTMANN, 2013, p. 74).

Já nos anos 2000, com o avanço sobre o entendimento de gênero e suas desigualdades e pensando na subversão da homofobia, a escola foi promovida a local propício para o desenvolvimento de políticas afirmativas do governo federal que visem à difusão da cultura do reconhecimento das diferenças, um grande avanço na área. No ano de 2009, inicia-se a implementação pelo MEC da ação intitulada *Escola Sem Homofobia*. O projeto foi elaborado e executado por um grupo de Organizações Não Governamentais – ONGs representativas do movimento LGBT (OLIVEIRA JUNIOR; MAIO, 2017, p. 125).

Entretanto, o andamento do projeto e sua efetivação enfrentou grandes dificuldades e enorme polêmica sobre o *Kit de Combate a Homofobia* também conhecido como *Kit Gay*, material educativo composto por um conjunto de instrumentos didático-pedagógicos com a proposta de desconstruir estereótipos sobre a população de educandos/as LGBTQIA[3] estabelecendo um convívio democrático com a(s) diferença(s) (OLIVEIRA JUNIOR; MAIO, 2017). No entanto, mostrou-se claro a resistência e protelamento sofridos pelas tentativas de incluir o discurso da diversidade no espaço escolar com o projeto *Escola sem Homofobia* por parte da sociedade, como as elites políticas do poder público, altamente conservadoras e estreitamente ligadas a uma bancada religiosa, que após articulação política e pressão conseguiram descontinuar o projeto, expondo claramente a organização estrutural da dinâmica de gênero e como a escola atende aos retrocessos e dispositivos da heteronormatividade.

A escola se apresenta, historicamente, como uma instituição

---

[3] Lésbicas, Gays, Bissexuais, Bigêneros, Travestis, Transexuais, Transgêneros, Queers, Questionadores, Intersexos, Assexuais e Aliados/as. Optamos por esta sigla por melhor sintetizar as múltiplas manifestações da sexualidade.

incapaz de lidar com a diferença e a pluralidade e funciona como uma das principais guardiãs das normas de gênero que são, sistematicamente, cultivadas e ensinadas, transformando o espaço escolar em um produtor e reprodutor da heterossexualidade (BENTO, 2011). Assim, é importante entendermos que a heteronormatividade está na ordem das coisas e no cerne das concepções curriculares; e a escola se mostra como instituição fortemente empenhada na garantia do êxito dos processos de vigilância dos corpos.

Na escola o heterossexismo e a homofobia agem instaurando um regime de controle e vigilância não só da conduta sexual, mas também das expressões e das identidades de gênero, como também das identidades raciais. Processos heteronormativos de construção de sujeitos masculinos obrigatoriamente heterossexuais se fazem acompanhar pela rejeição da feminilidade e da homossexualidade, por meio de atitudes, discursos e comportamentos. As pessoas identificadas como dissonantes em relação às normas de gênero serão postas sob a mira de uma pedagogia do insulto por meio de piadas, ridicularizações, apelidos, insinuações, expressões desqualificantes e desumanizantes (JUNQUEIRA, 2012). Assim, quando compreendemos a produção das identidades na escola como processo marcado por uma profunda violência, passamos a entender as práticas discriminatórias, sobretudo a homofobia, enquanto valor e práticas estruturantes que distribuem poder e regulam comportamentos pelas reiterações violentas do *bullying* e da perseguição.

> As reiterações que produzem os gêneros e a heterossexualidade são marcadas por um terrorismo contínuo. Há um heteroterrorismo a cada enunciado que incentiva ou inibe comportamentos, a cada insulto ou piada homofóbica. A cada reiteração, a cada "menino não chora!", "comporta-se como homem!", a subjetividade daquele que é o objeto dessas reiterações é minada. (BENTO, 2011, p. 551)

As *brincadeiras* heterossexistas e homofóbicas (não raro, acionadas como recurso didático) constituem-se poderosos mecanismos heterorreguladores de objetivação, silenciamento (de conteúdos curriculares, práticas e sujeitos) estreitamente relacionados a construção de subjetividades masculinizadas submetidas a masculinidade hegemônica. Processos heteronormativos de construção de sujeitos masculinos se fazem acompanhar pela rejeição da feminilidade e da homossexualidade, por meio de atitudes, discursos e comportamentos. As pessoas identificadas como dissonantes em relação às normas de gênero serão postas sob a mira de uma pedagogia do insulto que se traduz em uma pedagogia do armário, por meio de piadas, ridicularizações, apelidos, insinuações, expressões desqualificantes e desumanizantes (JUNQUEIRA, 2012).

A problemática da *pedagogia do armário* se desdobra em faces menos aparentes quando analisamos os dados sobre os educandos. Não existem indicadores para medir a homofobia de uma escola. As consequências desse regime regulador e produtor de heterossexualidade estão muitas das vezes escondidos sob um manto invisibilizante da evasão. Na verdade, uma quantidade significante de vidas está sendo privada ao direito universal a educação, uma vez que há um desejo efetivo de eliminar e excluir aqueles que *contaminam* o espaço escolar com diferentes construções de gênero, onde estão os alunos/as trans, travestis, não binário. A escola hoje passa não só por um processo excludente em relação a entrada da diversidade em seus espaços, mas como forçadamente impõe através da violência àqueles que de forma diversa já estão em seu interior a saída. Há de fato um processo de expulsão – e não de evasão (BENTO, 2011).

## Considerações Finais

Entendemos o gênero como uma *estrutura* social histórica e mutável multidimensional intimamente atravessada pelas relações de poder e especificamente relacionada aos corpos. Corpos estes, que possuem diferenças *reprodutivas*, características insuficientes para pautar a dominação e hegemonia masculina na desigual ordem de gênero.

É preciso reconhecer a fundamental contribuição dos movimentos sociais nas concepções de gênero atuais, sobretudo os movimentos feministas, que a partir das décadas de 1960 e 70 nos ajudaram a compreender a multidimensionalidade da categoria gênero. Superando o modelo de *papéis sexuais* e consolidando um novo discurso crítico que atualiza as relações de gênero, incluindo a diversidade de relações de poder como etnicidade e classe social na dinâmica, novas teorias e acréscimos as interpretações e leituras do mundo nos permitiram desvelar importantes detalhes sobre as dinâmicas sociais generificadas.

Nesta perspectiva, Connell – dentre suas diversas obras – cunha o importante conceito de *masculinidade hegemônica*, aprofundando o debate sobre as questões internas e externas do masculino e suas problemáticas. Nesta esteira, evidencia-se o papel das construções de masculinidade voltadas a um modelo comportamental que entende a heterossexualidade como norma, régua e padrão de normalidade das diferentes posições de gênero possíveis. Assim, fica claro qual o papel das instituições em vigiar e (re)produzir esta heterossexualidade, visão amplamente difundida e enraizada no imaginário comum, na mídia de massa, no consumo e na escola.

A escola tem cumprido historicamente o papel de reprodutora de uma visão naturalizada das relações sociais generificadas. Mais do que isso, ela desde muito cedo atendeu aos ideais de uma elite cujo discurso aponta para um rigoroso processo de vigilância e punição dos corpos e indivíduos que conflitam com a norma de gênero heterossexista. Esperamos aqui ter fornecido material suficiente para a inquietação e aprofundamento nas temáticas que envolvam gênero, sexualidade, identidade e, sobretudo, a escola como espaço em que todas as relações sociais se manifestam.

## Referências

ALTMANN, H. Diversidade sexual e educação: desafios para a formação docente. **Sexualidad, Salud y Sociedad-Revista Latinoamericana**, n. 13, p. 69-82, 2013.

BENTO, B. Na escola se aprende que a diferença faz a diferença. **Revista Estudos Feministas**, Florianópolis, v. 19, n. 2, p. 549-59, 2011.

BOURDIEU, P. **A dominação masculina**: a condição feminina e a violência simbólica. 16. ed. Rio de Janeiro: Bertrand Brasil, 2019.

BUTLER, J. **Problemas de gênero**: feminismo e subversão da identidade. Trad. Renato Aguiar. Rio de Janeiro: Civilização Brasileira, 2003.

CARVALHO, M. P. Mau aluno, boa aluna? Como as professoras avaliam meninos e meninas. **Revista Estudos Feministas**, Florianópolis, v. 9, n. 2, p. 554-74, 2001.

CÉSAR, M. R. A. Gênero, sexualidade e educação: notas para uma "epistemologia". **Educar em Revista**, Curitiba, n. 35, p. 37-51, 2009.

CONNELL, R. W. Políticas da masculinidade. **Educação e Realidade**, Porto Alegre, v. 20, n. 2, p. 185-206, jul./dez. 1995.

CONNELL, R. W.; MESSERSCHMIDT, J. W. Masculinidade hegemônica: repensando o conceito. **Revista Estudos Feministas**, Florianópolis, v. 21, n. 1, p. 241-82, jan./abr. 2013.

CONNELL, R.; PEARSE, R. **Gênero**: uma perspectiva global. Trad. Marília Moschkovich. São Paulo: nVersos, 2015.

HYDE, J. S. The gender similarities hypothesis. **American Psychologist**, v. 60, n. 6, p. 581-96, 2005.

JUNQUEIRA, R. D. A pedagogia do armário: heterossexismo e vigilância de gênero no cotidiano escolar. **Revista Educação On-line (PUC-Rio)**, Rio de Janeiro, n. 10, p. 64-83, 2012.

NOGUEIRA, C. G. M.; MIRANDA, M. H. G. A (re)produção das masculinidades hegemônicas. **Revista Interterritórios**, Caruaru , v. 3, n. 5, 2017.

OLIVEIRA, P. P. Discursos sobre a masculinidade. **Revista Estudos Feministas**, Florianópolis, v. 6, n. 1, p. 91-112, 1998.

OLIVEIRA JÚNIOR, I. B.; MAIO, E. R. "Não vai ser permitido a nenhum órgão do governo fazer propaganda de opções sexuais": o discurso inaugural no "desagendamento" do kit gay do MEC. **Revista e-Curriculum**, São Paulo, v. 15, n. 1, p. 125-52, jan./mar. 2017.

SAAVEDRA, L. Diversidade na identidade: a escola e as múltiplas formas de ser masculino. **Psicologia Educação e Cultura**, Braga, v. 8, n. 1, p. 103-20, 2004.

SEFFNER, F. Sigam-me os bons: apuros e aflições nos enfrentamentos ao regime da heteronormatividade no espaço escolar. **Educação e Pesquisa**, São Paulo, v. 39, n. 1, p. 145-59, 2013.

SILVA, S. G. A crise da masculinidade: uma crítica à identidade de gênero e à literatura masculinista. **Psicologia: Ciência e Profissão**, Brasília, v. 26, n. 1, p. 118-31, 2006.

# 2

# A VIOLÊNCIA E O *BULLYING*


ANA PAULA NAVARRO DE VASCONCELLOS
DURVAL LUIZ DE FARIA
IDA ELIZABETH CARDINALLI
LILIANA LIVIANO WAHBA
SOFIA MARQUES VIANA ULISSES


## Introdução

O fenômeno da violência é complexo e multifacetado; seu estudo solicita a investigação de suas diversas facetas como sua motivação, o comportamento violento, o impacto da violência e o sofrimento em suas vítimas.

Este capítulo pretende esclarecer uma das formas de violência entre as inúmeras presentes no Brasil: o *bullying*, focalizando também o sofrimento que ele pode acarretar.

Lembramos que a violência em si não é um problema de saúde, mas o seu impacto na vida humana a transforma em uma problemática grave, em especial para a saúde pública, pois afeta física e mentalmente grande parte da população mundial. Optamos por apresentar inicialmente um recorte histórico sobre o estudo da violência e suas consequências na vida física e emocional dos envolvidos.

Em 2002, a Organização Mundial da Saúde – OMS, publicou *World report on violence and health* em resposta à 49º *Assembleia Mundial da Saúde*, que reconheceu a violência como um dos principais problemas mundiais de saúde pública. Este documento constitui a primeira publicação sobre a violência em escala mundial e destaca a necessidade de estudos mais específicos sobre a violência e seu impacto na saúde das pessoas em cada país membro da OMS. Essa solicitação desencadeou o estudo sobre a violência em diversas partes do mundo e assim, no Brasil, a Secretaria de Vigilância, do Ministério da Saúde[1] publicou o livro *Impacto da violência na saúde dos brasileiros*, em 2005 (BRASIL, 2005).

No *World report on violence and health,* a violência é definida como "o uso da força física ou do poder, real ou em ameaça, contra si próprio, contra outra pessoa, ou contra um grupo ou uma comunidade, que resulte ou tenha qualquer possibilidade de resultar em lesão, morte, dano psicológico, deficiência de desenvolvimento ou privação" (OMS, 2002, p. 5). Neste documento, a definição de violência é ampla, ao procurar abarcar as suas diversas formas, e assim elas são classificadas a partir de suas manifestações empíricas, ou seja, violência dirigida contra si-mesmo (autoinfligida), violência interpessoal e violência coletiva.

As *violências autoinfligidas* são os comportamentos suicidas e os auto abusos. No primeiro caso, é contemplado o suicídio, a ideação suicida e as tentativas de suicídio, ao passo que o *auto abuso* refere-se às agressões a si próprio e às automutilações.

As *violências interpessoais* são classificadas em dois âmbitos: o intrafamiliar e o comunitário. Por *violência intrafamiliar* se entende a que ocorre entre os parceiros íntimos e entre os membros da família e ocorre principalmente no ambiente doméstico, incluindo as várias formas de agressão contra crianças, contra a mulher ou o homem e contra os idosos. Considera-se que a *violência intrafamiliar* é, em geral, uma forma de comunicação entre as pessoas e, quando numa família se detecta um tipo de abuso, com frequência, ali existe, rotineiramente, uma inter-relação que expressa de várias formas a violência. A *violência comunitária* é definida como aquela que ocorre no ambiente social e que pode ocorrer entre pessoas conhecidas ou desconhecidas. Nesta categoria, abarcam-se várias formas de expressão como a violência juvenil, agressões físicas, estupros, ataques sexuais e inclusive, a violência institucional que ocorre, por exemplo, em escolas, locais de trabalho, prisões e asilos. Finalmente, as *violências coletivas* correspondem aos atos violentos que acontecem nos âmbitos macrossociais, políticos e econômicos e caracterizam a dominação de grupos e do Estado. Aqui, incluem-se os crimes cometidos por grupos organizados, atos terroristas ou crimes de

---

[1] Em parceria com a *Organização Pan-Americana da Saúde* – OPAS, o *Centro Latino Americano de Estudos da Violência e Saúde Jorge Careli*/Claves/ENSP/Fiocruz.

multidões.

Considerando a classificação da OMS, o *bullying* e a violência na escola são entendidos como *violência interpessoal comunitária* por ocorrer na relação entre os alunos e no âmbito escolar. Nesse documento, a inclusão da palavra *poder* para definir a violência, além da força física, amplia a compreensão da natureza do ato violento, incluindo aqueles que resultam de uma relação de poder por meio de "ameaças e intimidação" (OPAS, 2003). Desse modo, os atos violentos não acarretam necessariamente *lesão física* ou *morte* conforme lembra Mandela:

> Menos visíveis, porém ainda mais difundido, é o legado do sofrimento individual e cotidiano: a dor das crianças maltratadas pelas pessoas que deveriam protegê-las, das mulheres feridas ou humilhadas por seus maridos violentos, dos anciãos maltratados por seus cuidadores, dos jovens intimidados por outros jovens e das pessoas de todas as idades que cometem violência contra si mesmo. (2003, p. xi)

No Brasil, a violência apresenta altos índices e traz grandes prejuízos financeiros e para a saúde dos brasileiros, o que ressalta a importância de seu estudo no quadro complexo dos problemas sociais. Segundo informações da *Secretaria de Vigilância em Saúde*, na realidade brasileira, os tipos de violência que apresentam maiores índices nas regiões metropolitanas e nos grandes centros urbanos são relativas aos homicídios e acidentes de trânsito (BRASIL, 2020).

Os últimos dados da violência no Brasil estão descritos no *Atlas da Violência*, que apresenta informações relativas ao ano de 2017, e mostra que os maiores índices continuam sendo *homicídio* e *acidentes de trânsito*. Naquele ano, ocorreram 65.602 homicídios no país. Como comparativo, podemos verificar que de 2016 para 2017 o número de assassinatos teve um crescimento de 4,2%. Ao mesmo tempo, este número foi superior ao correspondente de mortes no trânsito em 2017, que também aumentou cerca de 23%, totalizando 41.151 vítimas, conforme dados do DPVAT. Deste número total de homicídios que ocorreram em 2017, 35.783 dizem respeito a jovens de 15 a 29 anos de idade. Esse número representa uma taxa de 69,9 homicídios para cada 100 mil jovens no país, taxa recorde nos últimos dez anos, aponta a pesquisa (2020).

No contexto brasileiro, a violência é preocupante e tem sido cada vez mais urgente o seu estudo. É interessante salientar que as formas de manifestação da violência e sua incidência apresentam variações nas diversas regiões do país assim como apresentam especificidades nas diversas partes do mundo. Destacamos que a violência é o resultado da ação recíproca e complexa de fatores individuais, relacionais, sociais e ambientais. Compreender cada um destes fatores e como "estão vinculados com a violência é um dos passos importantes no enfoque da saúde pública para prevenir a violência." (OPAS, 2003, p. 13).

## 1 Violência e agressividade

A definição de violência abrange grande número de significados, dentre os quais se destacam a não garantia de direitos, a assimetria de poder, a opressão, a discriminação, o constrangimento físico ou moral, a submissão e a repreensão moral (HOUAISS; VILLAR, 2009). Todos esses termos estão intimamente ligados aos aspectos mais profundos do ser humano, pois tangem a experiência de *ser* no mundo, ou seja, dizem respeito às formas de relacionamento consigo mesmo, com o outro e com o mundo circundante. Essa temática com frequência nos envolve, pois a reconhecemos em nós mesmos e em nossas relações (CHAUI-BERLINCK, 2017).

Ainda que a violência acompanhe a história da humanidade, tende-se a diferenciar *agressividade* de *violência*; esta última entendida como agressividade destrutiva, dirigida a si mesmo ou a outro. Embora essas noções sejam intercambiáveis, elas descrevem fenômenos distintos do ponto de vista psicológico (BRAGA, 2019).

Storr vincula agressão à autopreservação e autoafirmação, que tende a se transformar em ódio e destrutividade – ou violência – quando a autopreservação é ameaçada ou a autoafirmação é negada. O autor menciona Winnicott, que considera que a agressividade reprimida ou deslocada tende a manifestar-se como violência. Entretanto, esta tem causas múltiplas e multivariadas entre as quais a personalidade sociopática ou decorrente de transtornos de controle de impulsos (1991).

Mizen aborda a violência e procura diferenciá-la da agressividade sob uma perspectiva clínica, apesar de constatar que é difícil traçar linhas claras entre ambas. A *agressão*, além de uma força de autoafirmação, teria a função de estabelecer diferenças e separações. A *violência*, por sua vez, expressaria um sentido de violação, de ser assaltado por conteúdos incomunicáveis e perturbadores que querem ser *evacuados*. O outro é canal de descarga da violação que pressiona internamente (2003). Assim, a *violência* seria uma descarga/evacuação da experiência ameaçadora de violação, isto é, "... uma resposta a um sentimento de violação, um estado afetivo insuportável, que ameaça se tornar uma experiência psíquica insuportável" (MIZEN, 2003, p. 297, tradução nossa). Portanto, a qualidade central da violência seria sua função evacuatória, transferindo a violação para o outro que a sofre. A experiência mental se desfaz na violência e não há possibilidade de integração dos afetos envolvidos. A *agressão*, por sua vez, pode ser integrada e orientar o senso de eu e a relação com o outro. Em suma, o autor considera que um aspecto importante da violência é a precariedade da mentalização e a impossibilidade de tolerar o sentido de violação, e então é descarregada no objeto.

Outro aspecto que distingue agressão e violência é importante para a discussão apresentada neste capítulo; trata-se da intencionalidade presente na violência, a qual é descrita por Costa como o emprego desejado da agressividade com fins destrutivos. Para este autor da psicanálise, o desejo destrutivo pode ser voluntário, deliberado e consciente, ou inconsciente, involuntário e irracional. A qualificação de um ato como violento está ligada à avaliação que o sujeito violentado (ou o observador/espectador externo à situação) faz a respeito do desejo de destruição presente no sujeito violentador (desejo de fazer o outro sofrer); é assim que a ação agressiva ganha significado de ação violenta. Já, o impulso agressivo é entendido como a agressão que não exprime desejo de destruição e não é assim avaliada nem pelo sujeito, nem pelo agente e nem pelos observadores da ação (1986).

Essa distinção embasa a discussão proposta neste capítulo, que aborda a temática da violência no ambiente escolar, especificamente o *bullying*.

## 2 Violências na escola

A escola se destaca como um ambiente institucional fundamental no desenvolvimento de crianças, adolescentes e jovens – um lugar de ensino e aprendizagem que possibilita estimular a criatividade, habilidades, conhecimento e, ainda, compartilhar experiências e tecer vínculos sociais. Diferentes expressões de violência perpassam a escola, muitas vezes de maneira acentuada, com preocupantes efeitos sobre aqueles que a praticam, sofrem e testemunham, potencializando sentimentos de insegurança e vulnerabilidade, onde deveria prevalecer uma ambiência de proteção e pertença. A violência, caracterizada como um fato social que se estende por toda a sociedade, atinge o espaço escolar cotidianamente e assume a forma de preconceitos, intolerâncias, exclusões e outras expressões (MALTA *et al.*, 2010). Como fenômeno multifacetado, deve ser considerado em sua complexidade e, assim, depreende-se a noção de *violências*, destacada por Abramovay, com seus diferentes significados, dimensões, culturalmente constituídas (2015).

Priotto e Boneti compreendem a violência escolar como um conjunto de violências praticadas por, e entre, a comunidade escolar no ambiente escolar (alunos, professores, funcionários, familiares e estranhos à escola), que incluem, entre outros, comportamentos agressivos e antissociais, conflitos interpessoais regulados de maneira violenta, discriminações, arbitrariedades e abuso de poder (2009). Pode-se distinguir, na perspectiva dos autores, a violência na escola, contra a escola e da escola.

A *violência na escola* assumiria expressões de atos de violência física auto e hetero dirigidas no ambiente escolar, incluindo agressões físicas, sexuais, suicídios e homicídios, roubos e destruição de pertences, e uso, venda e distribuição de substâncias (*drogas*); e, ainda, como incivilidades expressas como desacato, grosserias, humilhações, intimidações e desmoralização. A *violência contra a escola* é reconhecida em atos de vandalismo, depredações e roubos ao patrimônio da escola, praticados pela comunidade escolar (alunos e funcionários), comunidade do entorno e estranhos à escola. Quanto à *violência da escola*, revela práticas da instituição escolar que podem prejudicar seus membros, como arbitrariedades e regras impostas sem discussão e entendimento, abuso de poder assimétrico nos relacionamentos e/ou processos administrativos, métodos de avaliação e organização, rotatividade e absentismo de professores, assédios e desrespeito, negligência da instituição frente à violência na escola, dentre outras expressões.

Essas violências e microviolências devem ser visibilizadas e reconhecidas como tal, sob o risco de passarem despercebidas e naturalizadas, ou até mesmo banalizadas como se não fossem relevantes e prejudiciais a todos os envolvidos e à sociedade. A escola não apenas sofre os impactos da violência recebida, mas também as produz e reproduz em seu cotidiano. Destaca-se neste capítulo a violência entre pares, alunos que protagonizam e reproduzem as violências na convivência escolar, derivando sofrimentos e impactos psicológicos importantes.

## 3 Bullying

O termo *bullying* tem sua origem na língua inglesa derivando do vocábulo *bully*, o qual pode assumir significado de substantivo ou verbo – como substantivo, pode ser traduzido como valentão ou tirano, e como verbo brutalizar, tiranizar ou amedrontar (FANTE, 2011). Assim, a palavra traz em sua própria significação a ideia de poder, implicando que um indivíduo, ou vários deles, assumem uma posição de valentia ou tirania sobre outro(s) que, consequentemente, estarão submetidos às ações violentas dos primeiros. Sem uma tradução adequada para o português, termos correlatos como *violência entre pares* ou *intimidação sistemática* são usados para tentar se aproximar ao sentido desse subtipo de violência praticada *por e contra* crianças ou adolescentes em contextos escolares (TOGNETTA; VINHA, 2009).

O *bullying* entre estudantes é sem dúvida um fenômeno antigo – práticas de intimidação e humilhação entre crianças e adolescentes estão descritas em diversas obras literárias –, e vários adultos conhecem pessoalmente a experiência em suas vivências nos tempos de escola. Não obstante, a conceituação e estudos sistemáticos a respeito desse fenômeno são recentes, datando do início dos anos 1970 (com os estudos empreendidos por Dan Olweus na Noruega), e chegando ao Brasil a partir do final da década de 1990 (PIGOZI; MACHADO, 2015; TRINDADE; MENEZES, 2013).

Apesar de haver divergências na compreensão do *bullying*, a definição mais aceita no meio acadêmico foi proposta por Olweus, que considerou como *bullying* comportamentos empreendidos por um ou mais estudantes de forma intencional e repetitiva, com o objetivo de causar algum tipo de dano a colegas que têm dificuldade em se defender (1993, 2013). Intencionalidade, repetição e assimetria de poder representam três aspectos que delimitam conceitualmente o fenômeno do *bullying* sem, no entanto, constituir facetas unívocas ou de características precisas (ULISSES, 2019).

No cotidiano escolar, a identificação desse fenômeno é difícil, pois ele está entrelaçado a outros tipos de violências que promovem um contexto violento *per se* – atos violentos perpassam diversas esferas de relacionamentos de grande parte de crianças e adolescentes, de modo que os comportamentos de intimidação e humilhação entre pares (*bullying*) são por vezes considerados meras brincadeiras. De outro lado, a própria definição do termo torna difícil operacionalizá-lo, uma vez que envolve aspectos que não são facilmente observados, como a intencionalidade daquele que pratica o *bullying* ou mesmo a assimetria de poder entre os envolvidos.

A intenção de causar danos à vítima e uma possível recompensa social resultante dos comportamentos de *bullying* podem estar associadas à aquisição de um objeto ou *status* (muitas vezes os agressores são vistos no grupo como *bonzões* ou *descolados*). Segundo Tognetta e Vinha, o autor ou autores do *bullying* fazem uso de sarcasmos e ironias, escolhendo as vítimas por perceber nelas alguma característica que as façam diferentes ou frágeis. Ainda segundo estas autoras, no *bullying* os comportamentos agressivos "não se tratam de brincadeiras infantis ou explosões de raiva contra estranhos em episódios esporádicos, mas de metas a curto e longo prazo de causar um dano a outrem" (2009, p. 3). Todavia, os comportamentos de *bullying* também podem ser resultantes de uma resposta retaliatória a uma violência sofrida ou provocação percebida, de modo que devemos compreender o *bullying* como um fenômeno dinâmico, no qual os papéis de vítima e agressor muitas vezes se entrelaçam.

Quanto à assimetria de poder, que foi destacada por Olweus como um importante fator para diferenciar o *bullying* de outros tipos de violência escolar, esta deve ser considerada a partir das consequências sofridas pela vítima, pois é a sua dificuldade em responder à situação de maneira eficaz (física ou psicologicamente) que determina a assimetria de poderes entre os envolvidos. Observa-se, ainda, que para as vítimas nem sempre as consequências ou percepções acerca da agressão sofrida são claras e comumente se confundem com as zoações que podem ser introjetadas como uma forma de defesa, de modo que, por vezes, a avaliação cuidadosa de um observador externo e bem informado pode ser essencial para identificar a problemática.

O terceiro aspecto que caracteriza o *bullying*, a *repetição*, consiste em um critério complementar à intencionalidade que permite identificar, com mais precisão, a intenção do agressor de causar algum tipo de dano ou desconforto à vítima. Contudo, a repetição não é um critério absolutamente necessário para a classificação de um comportamento como *bullying*, pois muitas vezes um só comportamento agressivo pode assumir consequências graves e proporções de grande magnitude – é o caso do *cyberbullying*.

Esse tipo moderno de *bullying* ocorre por meios eletrônicos de contato, como os aplicativos de comunicação para celulares (WhatsApp) e as redes sociais virtuais (Facebook, MySpace, Instagram e outros). Nesses casos, uma única exposição à agressão é suficiente para ganhar proporções ilimitadas, pois, uma vez que atinge a rede virtual, um conteúdo direcionado a constranger, amedrontar, ridicularizar ou magoar é espalhado para um número muito grande de pessoas e pode ser acessado repetidamente (OLWEUS, 2013; STICCA; PERREN, 2013). Um conteúdo divulgado em redes sociais atinge rapidamente um caráter de fofoca e a sua origem é de difícil rastreio, permitindo ao agressor o anonimato que o exime de eventuais punições. É importante considerar que grande parte da vida social e dos relacionamentos das crianças e adolescentes na atualidade acontece no espaço da *internet*, dos celulares e das comunidades sociais virtuais (BRYCE; FRASER, 2013) exigindo maior atenção para essa forma de *bullying*, que conta com características específicas de anonimato e amplo alcance.

Assim como o *cyberbullying*, outras formas de intimidação assumem contornos menos observáveis configurando o que a literatura especializada chamou de *bullying* indireto. São assim classificados comportamentos como exclusão do grupo, isolamento, disseminação de rumores desagradáveis, entre outros. Outra forma de classificar os comportamentos de *bullying* é a direta, que se refere a agressões explícitas em relação à vítima, incluindo agressões físicas – chutar, bater, roubar, danificar objetos – e verbais – xingar, colocar apelidos pejorativos, insultar, ameaçar, constranger (FANTE, 2011; OLWEUS, 1993). Note-se que em ambientes nos quais formas agressivas e depreciativas de relacionamentos são naturalizadas ou normalizadas, dificilmente ações violentas – sejam elas diretas ou indiretas – serão assim classificadas pelos estudantes ou funcionários da escola, e permanecem, portanto, camufladas e negadas. Cabe ainda destacar que, conforme apontado por Ulisses, na dinâmica do *bullying* escolar humilhações são comumente travestidas de zoação, apontando defesas e modos de vinculação entre pares marcados pela destrutividade e que expressam, por vezes, sofrimento interno e derivado de relações familiares e sociais (2019).

Assim, os comportamentos de *bullying* e humilhações entre pares perpassam o cotidiano escolar revestidos de brincadeiras, num jogo que põe em xeque a autoafirmação frente ao outro e a si mesmo, no qual a agressividade (inerente ao humano) é atuada de maneira destrutiva, violenta e indiscriminada e as consequências incluem feridas identitárias com prejuízos de curto e longo prazo para os envolvidos, bem como reproduções de modos de vinculação pautados na violência. Quando a desconfiança e o medo se instauram como modos de relacionamento – cuja via são as defesas, a violência e a desqualificação do outro – a escola e os alunos necessitam assistência para desenvolver as necessidades básicas de apoio e vinculação.

## 4 *Bullying* e sofrimento

As diversas violências que perpassam o cotidiano escolar têm impacto direto na educação e na saúde – direitos fundamentais da criança e do adolescente –, e afetam alunos, professores e funcionários da escola, familiares e comunidade. O *bullying* tem consequências nocivas no contexto escolar como um todo, promovendo um ambiente educacional que é vivido por todos os alunos – e muitas vezes também pelos funcionários da escola – com ansiedade, insegurança e medo, por conseguinte, incompatível com a aprendizagem.

Estudos recentes apontam para um quadro preocupante que denuncia efeitos nocivos em vítimas, perpetradores e observadores, corroborando a compreensão de que o *bullying*, longe de ser ato inconsequente característico da infância e adolescência, emerge como uma problemática devastadora, com repercussões individuais e coletivas que potencializam o sofrimento.

Dentre as consequências para as vítimas o sofrimento é muitas vezes expresso em quadros de estresse, rebaixamento da autoestima, depressão, ansiedade, dificuldades de ajustamento escolar e comportamentos e ideações suicidas (KOYANAGI *et al.*, 2019; ALBDOUR *et al.*, 2017; UNESCO, 2017; COSTA *et al.*, 2015; KELLY *et al.*, 2015; OLWEUS, 1994). A vitimização por *bullying* também resulta em consequências compensatórias que configuram fator de risco para o envolvimento como agressor ou agressor/vítima em situações posteriores, de modo que prevalecem sentimentos de raiva, ódio e vingança sucedendo uma cadeia de (re)produção de violências e intimidações (ULISSES, 2019; RUNIONS *et al.*, 2018; LEREYA *et al.*, 2015). Verificou-se, ainda, a vitimização crônica durante a adolescência e seu impacto no desenvolvimento estrutural do cérebro, relacionando a sintomas psicopatológicos no início da juventude, notadamente ansiedade (QUINLAN *et al.*, 2018).

Destaca-se o sofrimento derivado do sentimento de humilhação, o qual é muitas vezes insuportável para aquele que a vive, pois ser humilhado é ser ferido na individualidade, na singularidade e no amor-próprio ou, em outros termos, na esfera do autoconceito (ULISSES, 2019). A noção de humilhação é central para a compreensão do *bullying* e da cadeia de consequências desastrosas que dele decorrem, pois se trata da vivência da anulação do eu, na qual o indivíduo "se sente como tendo sua afirmação vital negada, rejeitada, destruída, se sente excluído da relação de reciprocidade, experimentando vergonha de si mesmo" (ANSART, 2005, p. 15). Esta violação ou ameaça de violação ao eu pressiona internamente e quando não encontra meios de evacuação/descarga (sejam estes recursos internos ou externos) pode ser então descarregada no outro ou voltar-se contra si mesmo resultando num estopim de violência – como suicídio ou massacres em escolas.

Com relação aos agressores, alguns autores apontam como consequências a supervalorização da violência como meio de obtenção de poder e de solução de problemas, dificuldade de convivência social, porte de arma, envolvimento em condutas ilegais, indiferença com relação à realidade circundante e, ao longo prazo, maior risco de se engajar em comportamentos de risco como abuso de álcool e criminalidade (UNESCO, 2017; ABRAMOVAY, 2015; FANTE, 2011; OLWEUS, 1994).

Uma pesquisa realizada com estudantes brasileiros destacou fatores relacionados à prática do *bullying*. Embora o estudo não permitisse inferir fatores causais, demonstrou que dentre os agressores de *bullying* foram frequentes os relatos de solidão, insônia e de não ter amigos, e ainda, de sofrer violência no ambiente familiar, absenteísmo escolar e consumo regular de tabaco, álcool e outras substâncias (MELLO *et al.*, 2017).

Consequências do envolvimento no *bullying* como agressor/vítima (estudantes que exercem ambos os papéis) também são importantes de serem destacadas e para alguns autores este grupo apresenta maior risco para o desenvolvimento de consequências adversas na saúde mental na vida adulta, tais como experiências psicóticas e depressão. Agressores/vítimas são mais frequentemente excluídos do grupo de pares, demonstram maior risco de apresentar problemas de conduta e menos envolvimento na escola bem como depressão e solidão (THOMAS *et al.*, 2017; LEREYA *et al.*, 2015; COOK *et al.*, 2010; JUVONEN; GRAHAM; SCHUSTER, 2003).

O impacto do *bullying* também atinge os espectadores, com consequências como medo de ir à escola, dificuldade de concentração nas aulas, pouca participação nas atividades escolares, redução no desempenho acadêmico e evasão escolar (UNESCO, 2017).

Todas essas manifestações e impactos, observados nos diferentes atores, convergem em uma experiência compartilhada de sofrimento que abarca a experiência do indivíduo e da comunidade, afetando a sociedade como um todo.

Se os componentes e fatores que caracterizam o *bullying* são múltiplos, os efeitos psicológicos tendem a se repetir com padrões semelhantes, assim como certas defesas constituídas. Como salientado, vítimas e perpetradores podem constituir uma cadeia de alternações de papéis, ou seja, a vítima de outrora surge como o perpetrador de hoje, seja por vingança, retaliação, frustração, ódio. Nessa arena o sofrimento perpassa os distintos protagonistas, a vítima é abertamente agredida, o perpetrador se imbui de uma personalidade que o fere internamente em suas potencialidades e relacionamentos. A literatura pouco aborda o observador (ULISSES, 2019), testemunho passivo que perpetua a ação que é sempre triangular. Ainda que o observador não se encontre no campo dela, faz parte como palco, público a quem se dirige. O observador pode ser internalizado despertando profunda vergonha na vítima, e externalizado, causando brios no perpetrador de força e de poder.

Note-se que se trata de efeitos psicológicos a serem avaliados e cuidados; a normativa de conduta educacional precisa de meios de inibir esses comportamentos que ferem e machucam, mas estas práticas não serão suficientes se não houver uma compreensão psicológica e meios de intervir pela via de conscientização e atenção às motivações mais profundas assim como a detecção de transtornos operantes, por exemplo, o descontrole de impulsos.

## Considerações Finais

A violência constitui hoje um grande problema que afeta a saúde pública e mental de grande parte da população mundial; é um fenômeno complexo, assim como o *bullying*, que procuramos esclarecer neste artigo em vários âmbitos: o *bullying*, como um aspecto interpessoal entre jovens no contexto escolar, constitui uma forma de violência e possui efeitos deletérios no perpretador e na vítima, que podem ser intercambiáveis, assim como no espectador, podendo originar quadros psíquicos e psicopatológicos na idade atual e futura.

É importante assinalar que este sofrimento causado pela prática do *bullying* se espalha por todo o contexto escolar, afetando as relações interpessoais, o ensino e a aprendizagem.

Os educadores e gestores educacionais devem estar atentos a este fenômeno, para criarem um espaço de reflexão entre os atores da escola para que este tipo de violência possa ser esclarecido, numa postura profilática, preventiva.

Consideramos também que se o *bullying* constitui uma prática de poder sobre o outro e é exercida de forma disruptiva e constante, outras formas ou concepções de poder podem se contrapor a ela.

Lembramos aqui as explicitações de Hannah Arendt sobre a violência e o poder. A filósofa esclarece que a violência e o poder não são o mesmo fenômeno. Ela não se refere à compreensão trivial do poder como forma de submeter o outro; pelo contrário, considera que o poder passa a existir quando os homens agem juntos e se esvanece quando eles se dispersam. Nesse sentido, Arendt afirma que "... a violência aparece onde o poder está em risco..." (2009, p. 73) e, assim, "... a violência é capaz de destruir o poder, mas nunca de substituí-lo..." (1995, p. 214).

Acompanhando Arendt ao refletimos sobre a educação, podemos pensar que a contraposição à violência poderia ocorrer, por exemplo, nas escolas, se o poder fosse possibilitado pela integração da palavra e o ato, pois a autora sublinha que:

> O poder só é efetivado enquanto a palavra e o ato não se divorciam, quando  as palavras não são vazias e os atos não são brutais, quando as palavras não são empregadas para velar intenções mas para revelar realidades, e os atos não são usados para violar e destruir, mas para criar relações e novas realidades. (1995, p. 212)

## Referências

ABRAMOVAY, M. **Violência nas escolas**: cartilha do programa de prevenção à violência nas escolas. São Paulo: FLACSO Brasil,

2015.

ALBDOUR, A. *et al.* Arab-american adolescents' perceived stress and bullying experiences: a qualitative study. **Western Journal of Nursing Research**, v. 39, n. 12, p. 1567-88, 2017.

ANSART, P. As humilhações políticas. *In*: MARSON, I.; NAXARA, M. (org.) **Sobre a humilhação**: sentimentos, gestos, palavras. Uberlândia: EDUFU, 2005. p. 15-30.

ARENDT, H. **A condição humana**. 7. ed. Rio de Janeiro: Forense Universitária, 1995.

ARENDT, H. **Sobre a violência**. Rio de Janeiro: Civilização Brasileira, 2009.

BRAGA, E. N. **Ficcionando**: uma proposta de oficina sobre violência com jovens em conflito com a lei fundamentada na psicologia analítica. 2019. Dissertação (Mestrado em Psicologia Clínica) – Pontifícia Universidade Católica de São Paulo, São Paulo, 2019.

BRASIL. IPEA – INSTITUTO DE PESQUISA ECONÔMICA APLICADA. **Atlas da violência 2019**. Disponível em: <https://www.ipea.gov.br/atlasviolencia>. Acesso em 22 maio 2020.

BRASIL. MINISTÉRIO DA SAÚDE. SECRETARIA DE VIGILÂNCIA SANITÁRIA. **Impacto da violência na saúde dos brasileiros**. Brasília: Ministério da Saúde, 2005. (Série B. Textos Básicos de Saúde)

BRYCE, J.; FRASER, J. It's common sense that it's wrong: young people's perceptions and experiences of cyberbullying. **Cyberpsychology, Behavior, and Social Networking**, v. 16, n. 11, p. 783-7, 2013.

CHAUI-BERLINCK, L. Apresentação. *In*: CHAUI, M.; ITOKAZU, E. M.; CHAUI-BERLINCK, L. (org.). **Sobre a violência**. Belo Horizonte: Autêntica, 2017. p. 17-26.

COOK, C. R. *et al.* Predictors of bullying and victimization in childhood and adolescence: a meta-analytic investigation. **School Psychology Quarterly**, v. 25, n. 2, p. 65-83, 2010.

COSTA, J. F. **Violência e psicanálise**. 2. ed. Rio de Janeiro: Graal,

1986.

COSTA, M. R. *et al.* Bullying among adolescents in a brazilian urban center: "health in beagá" study. **Revista de Saúde Pública**, v. 49, p. 1-10, 2015.

FANTE, C. **Fenômeno** *bullying*: como prevenir a violência nas escolas e educar para a paz. 6. ed. Campinas: Verus, 2011.

HOUAISS, A.; VILLAR, M. S. **Dicionário Houaiss da língua portuguesa**. Rio de Janeiro: Objetiva, 2009.

JUVONEN, J.; GRAHAM, S.; SCHUSTER, M. Bullying among young adolescents: the strong, the weak and the troubled. **Pediatrics**, v. 112, n. 6, p. 1231-37, 2003.

KELLY, E. V. *et al.* Suicidality, internalizing problems and externalizing problems among adolescent bullies, victims and bully-victims. **Preventive Medicine**, v. 73, p. 100-5, abr. 2015.

KOYANAGI, A. *et al.* Bullying victimization and suicide attempt among adolescents aged 12 – 15 years from 48 countries. **Journal of the American Academy of Child & Adolescent Psychiatry**, v. 58, n. 9, p. 907-18, set. 2019.

LEREYA, S. T. *et al.* Bully/victims: a longitudinal, population-based cohort study of their mental health. **European Child & Adolescent Psychiatry**, v. 24, n. 12, p. 1461-71, dec. 2015.

MALTA, D. C. *et al. Bullying* nas escolas brasileiras: resultados da Pesquisa Nacional de Saúde do Escolar (PeNSE), 2009. **Ciência e Saúde Coletiva**, v. 15, supl. 2, p. 3065-76, out. 2010.

MANDELLA, N. Prefácio. *In*: OPAS – ORGANIZAÇÃO PAN-AMERICANA DA SAÚDE. **Informe mundial de la violencia y la salud:** resumen. Washington-D.C.: Oficina Regional para las Américas de la Organización Mundial de la Salud, 2003.

MELLO, F. C. M. *et al.* A prática de *bullying* entre escolares brasileiros e fatores associados, Pesquisa Nacional de Saúde do Escolar 2015. **Ciência e Saúde Coletiva**, v. 22, n. 9, p. 2939-48, set. 2017.

MIZEN, R. A contribution towards an analytic theory of violence. **Journal of Analytical Psychology**, v. 48, n. 3, p. 285-305, jul. 2003.

OLWEUS, D. **Bullying at school**: what we know and what we can do. Cambridge: Blackwell, 1993.

OLWEUS, D. Bullying at school: long-term outcomes for the victims and an effective school-based intervention program. *In*: HUESMANN, R. (ed.). **Aggressive Behaviorb**: current perspectives. New York: Springer Science+Business Media, 1994. p. 97-128.

OLWEUS, D. School bullying: development and some important challenges. **Annual Review of Clinical Psychology**, v. 9, p. 751-80, mar. 2013.

OMS – ORGANIZAÇÃO MUNDIAL DA SAÚDE. **World report on violence and health:** summary. Geneva: WHO, 2002.

OPAS – ORGANIZAÇÃO PAN-AMERICANA DA SAÚDE. **Informe mundial de la violencia y la salud:** resumen. Washington-D.C.: Oficina Regional para las Américas de la Organización Mundial de la Salud, 2003.

PIGOZI, P. L.; MACHADO, A. L. Bullying during adolescence in Brazil: an overview. **Ciência & Saúde Coletiva**, v. 20, n. 11, p. 3509-22, 2015.

PRIOTTO, E. P.; BONETI, L. W. Violência escolar: na escola, da escola e contra a escola. **Rev. Diálogo Educacional**, Curitiba, v. 9, n. 26, p. 161-79, jan./abr. 2009.

QUINLAN, E. B. *et al.* Peer victimization and its impact on adolescent brain development and psychopathology. **Molecular Psychiatry**, dec. 2018.

RUNIONS, K. C. *et al.* Beyond the reactive-proactive dichotomy: rage, revenge, reward, and recreational aggression predict early high school bully and bully/victim status. **Aggressive Behavior**, v. 44, p. 501-11, 2018.

STICCA, F.; PERREN, S. Is cyberbullying worse than traditional bullying? Examining the differential roles of medium, publicity, and anonymity for the perceived severity of bullying. **Journal of Youth Adolescence**, v. 42, p. 739-50, 2013.

STORR, A. **Human destructiveness.** New York: Ballantine Books, 1991.

THOMAS, H. J. *et al.* Prevalence and correlates of bullying victimization and perpetration in a nationally representative sample of Australian youth. **Australian & New Zealand Journal of Psychiatry**, v. 51, n. 9, p. 909-20, 2017.

TOGNETTA, L. R. P.; VINHA, T. P. Estamos em conflito, eu comigo e com você: uma reflexão sobre o *bullying* e suas causas afetivas. *In*: CUNHA, J. L.; DANI, L. S. C. (eds.). **Escola, Conflitos e Violências**. Santa Maria-RS: Editora da UFSM, 2009.

TRINDADE, A. M.; MENEZES, J. A. Intimidações na adolescência: expressões da violência entre pares na cultura escolar. **Psicologia & Sociedade**, v. 25, n.1, p. 142-51, 2013.

ULISSES, S. M. V. **Um estudo sobre o fenômeno do *bullying* entre adolescentes sob o olhar da psicologia analítica.** 2019. Dissertação (Mestrado em Psicologia Clínica) – Pontifícia Universidade Católica de São Paulo, São Paulo, 2019.

UNESCO – UNITED NATIONS EDUCATIONAL, SCIENTIFIC AND CULTURAL ORGANIZATION. **School violence and bullying: global status report**. Disponível em: <https://unesdoc.unesco.org/ark:/48223/pf0000246970>. Acesso em 21 maio 2020.

# 3

# BULLYING COMO FATOR PREDITOR AO DESENVOLVIMENTO DE TRANSTORNOS MENTAIS


ANDRÉA SANCHEZ
MAYARA CAROLINE RIBEIRO ANTONIO-VIEGAS
LIARA RODRIGUES DE OLIVEIRA
LUCILENE CARDOSO


## Introdução

O espaço escolar é o local em que as crianças e adolescentes passam grande parte do tempo, caracterizando-se como um ambiente fundamental na aquisição de experiências sociais, cognitivas e de aprendizagem. Tem grande importância na vida dessa população, pois muitas vezes, é durante o processo de desenvolvimento escolar que as crianças e adolescentes aprendem a se expressar enquanto sujeitos, assumem sua própria identidade e estabelecem sua história de relações interpessoais.

No entanto, a escola também pode ser considerada como um local de risco para o desenvolvimento saudável das crianças e dos adolescentes, se ela for marcada pela violência. Uma das formas de violência mais frequente nesse espaço é o *bullying*, que pode ser caracterizado como a agressão que ocorre entre colegas na escola, na qual um ou mais alunos agride física, psicológica e/ou sexualmente outro (ou outros) de maneira repetitiva ou crônica (ALBUQUERQUE; WILLIAMS; D'AFFONSECA, 2013; WILLIAMS *et al.*, 2011).

Estudos mostram que o *bullying* pode ser direto ou indireto. *Direto* é quando ele se manifesta na forma física com atos como bater, chutar, abusar sexualmente, empurrar, estragar e/ou roubar pertences da vítima; ou se manifesta na forma verbal com xingamentos, apelidos e importunações. Já o *bullying indireto* acontece de maneira mais velada, através de atos de exclusão, isolamento da vítima ou disseminação de rumores (PIGOZI; MACHADO, 2015).

De acordo com Albuquerque, Williams e D'Affonseca, esse fenômeno tem capacidade de trazer consequências negativas tanto para a saúde física, quanto emocional das crianças e adolescentes, a curto, médio e longo prazos, dependendo da duração e da intensidade à qual a vítima é exposta à essa situação estressante (2013).

Assim, para a organização deste capítulo, o *bullying* será considerado como um evento estressor importante relacionado ao desenvolvimento de algumas doenças de ordem psíquica, mais especificamente, alguns transtornos mentais como: a *ansiedade*, o *transtorno de estresse pós-traumático* – TEPT, a *depressão*, e em casos mais graves, a *ideação suicida*.

Ressalta-se que o *bullying* tem sido apontado mundialmente como um problema de saúde pública, devido às consequências que provoca na vida das vítimas. Isso justifica a necessidade e a relevância da discussão desse tema, a fim de compartilhar e aprofundar o conhecimento, subsidiando uma maior integração entre as áreas de saúde e educação.

## 1 Evento estressor, fisiologia e caracterização do estresse

Conceitua-se fundamentalmente o termo *estressor* como um "fator biológico, psicológico, social ou químico que provoca tensão física ou emocional e pode ser um componente na etiologia de certas doenças" (TOWNSEND, 2014, p. 3).

Os estressores perturbam a homeostase do corpo humano, podendo ter origem externa, que são fontes externas de estresse que afetam o indivíduo; e origem interna, representada por fontes internas de estresse determinadas pelo próprio indivíduo, como seu peculiar modo de vivenciar as situações (SOUZA; SILVA; COSTA, 2018; FERNANDES; NITSCHE; GODOY, 2017).

A palavra *estresse* tornou-se de uso corriqueiro, difundida por meio dos diferentes meios de comunicação. Usa-se como sendo a causa ou a explicação para inúmeros acontecimentos que afligem a vida humana moderna (MUROFUSE; ABRANCHES;

NAPOLEÃO, 2005). A utilização generalizada, sem maiores reflexões, simplifica o problema e oculta os reais significados de suas implicações para a vida humana como um todo. No âmbito popular, mesmo não sabendo a definição do termo, as pessoas sentem-se estressadas e diversas vezes manifestam suas consequências. Já o interesse da comunidade científica acerca do estresse baseia-se, principalmente, na repercussão que ele causa sobre as esferas biológica, psíquica e social do ser humano em diferentes cenários (FERREIRA *et al.*, 2017; ANDRADE; SIQUEIRA JÚNIOR, 2014).

De maneira geral, define-se *estresse* como uma resposta adaptativa do organismo frente novas situações, especialmente aquelas consideradas como estressoras (FERNANDES; NITSCHE; GODOY, 2017). Porém, para compreender melhor a caracterização que envolve o fenômeno do estresse, é fundamental analisar seus aspectos fisiológicos.

A exposição ao estresse promove alterações fisiopatológicas no sistema nervoso central e periférico e essas alterações podem se manifestar como distúrbios comportamentais, cognitivos e de humor e vários mediadores endógenos estão envolvidos a estas respostas. Os glicocorticóides mediam, pelo menos em parte, os efeitos do estresse nos comportamentos sociais bem como monoaminas, neuropeptídeos sociais, sistema de hormônio liberador de corticotropina (CRH), moléculas de adesão celular e mecanismos epigenéticos estão implicados na tradução dos efeitos do estresse nos comportamentos sociais (SANDI; HALLER, 2015).

As alterações decorrentes desse processo, em última instância, promovem importantes modificações nas respostas de diferentes órgãos e tecidos a diversos agonistas, sobretudo os simpatomiméticos. Estas alterações, ao menos parcialmente, fazem parte de um *mecanismo de ajuste* dos tecidos aos níveis aumentados de mediadores liberados, como observados por ocasião do estresse. Assim, as alterações neuroendocrinológicas que decorrem deste processo se dão basicamente pela ativação de dois principais eixos: hipotálamo-hipófise-adrenal e simpático-adrenal. Estes dois eixos, apesar de distintos, apresentam-se intimamente relacionados e funcionam harmonicamente.

Com relação ao tipo e duração do estresse ao qual o organismo é submetido, podem ocorrer diferentes variações nos padrões hormonais de resposta. Desse modo, é possível quantificar as alterações fisiológicas ou patológicas decorrentes do estresse através da quantificação de catecolaminas, glicocorticóides, gonadotrofinas, dentre outras (SANCHEZ *et al.*, 2003; SANCHEZ; MENEZES; PEREIRA, 2002).

A *Figura 1* demonstra a interação do eixo hipotálamo-hipófise-adrenal, na qual situações de estresse em que o indivíduo responde de forma passiva, os níveis séricos de glicocorticóides encontram-se preferencialmente aumentados. Já em situações de estresse na qual o indivíduo prepara seu organismo para luta ou fuga, são os níveis de catecolaminas (adrenalina e noradrenalina) que se encontram elevados (SANCHEZ *et al.*, 2004).

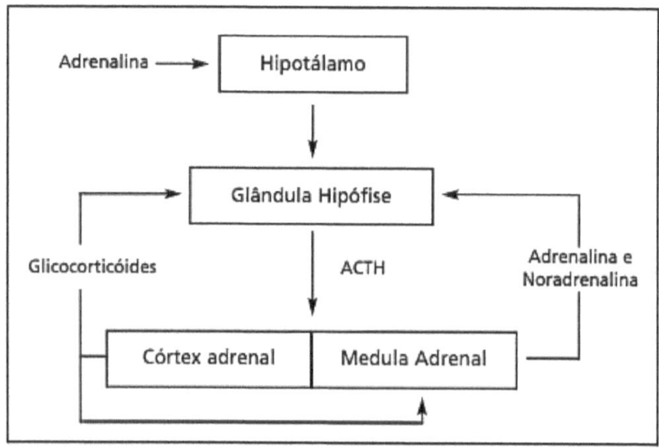


Figura 1. Esquema mostrando a interação do eixo hipotálamo- hipófise-adrenal (SANCHEZ; MENEZES; PEREIRA, 2002)

Partindo desse pressuposto, dentre os inúmeros pontos de vista que o estresse pode ser abordado, vários pesquisadores contribuíram para sua conceituação. Na área da saúde, Hans Seyle merece destaque, pois foi o primeiro pesquisador a conceituar o estresse em 1956. Para ele, o estresse é uma resposta fisiológica de um sistema biológico a uma mudança a ele imposta, ou seja, é um conjunto de respostas que ocorrem em um organismo quando este está submetido a estímulos que são capazes de levar o indivíduo ao esforço de adaptação (PEREIRA *et al.*, 2016; PEREIRA *et al.*, 2015; TEIXEIRA, 2013; SEYLE, 1956; 1950).

Apesar de toda conotação negativa que o termo carrega, ele é benéfico ao organismo quando se apresenta em doses baixas ou moderadas, pois exerce função protetora e adaptativa, ressaltando que cada pessoa reage de maneira diferente aos eventos estressores, dependendo de sua capacidade em lidar com os problemas (FERREIRA *et al.*, 2017; PEREIRA *et al.*, 2016; RIBEIRO *et al.*, 2015).

No entanto, quando os eventos estressores ultrapassam a habilidade do indivíduo em adaptar-se, a resposta desencadeada pode causar alterações psicopatológicas. A partir disso, Seyle desenvolveu um modelo teórico conhecido como *Síndrome Geral de Adaptação* – SGA, que classifica as respostas do sistema biológico em consequência ao estresse em três fases, sendo elas: a fase de alarme ou alerta, a fase de resistência e a fase de exaustão (SEYLE, 1956; 1950).

A *fase de alarme ou alerta* relaciona-se ao momento inicial, no qual o organismo identifica o estressor e busca recursos para o enfrentamento, podendo superar o estresse ou evoluir para a segunda fase. Esta fase de alerta é considerada a fase positiva do estresse, no qual o ser humano se energiza por meio da produção da adrenalina, a sobrevivência é preservada e uma sensação de plenitude é frequentemente alcançada. Na *fase de resistência* o organismo busca resistir, independente da permanência ou não do estímulo estressor. Aqui a pessoa automaticamente tenta lidar com os estressores de modo a manter sua homeostase interna, ocorrendo a adaptação do organismo ou a evolução para a fase de exaustão. Por fim, na *fase de exaustão* o estressor permanece e o organismo não consegue eliminá-lo ou adaptar-se novamente, aumentando a suscetibilidade do indivíduo ao adoecimento físico e psíquico (PEREIRA *et al.*, 2016; ANDRADE; SIQUEIRA JÚNIOR, 2014; TEIXEIRA, 2013).

Uma quarta fase foi identificada por Lipp (2000) entre as fases de resistência e exaustão, denominada como *fase de quase-exaustão*, na qual ocorre a diminuição da capacidade que o indivíduo possui de resistir ou se adaptar, além disso, podem surgir problemas leves de saúde, mas que não são incapacitantes (BARROSO *et al.*, 2015; FERREIRA; MARTINO, 2009).

Lipp desenvolve importantes pesquisas acerca do estresse e seus efeitos. Ela descreve as dificuldades relatadas por pessoas que se encontravam em cada fase da *Síndrome Geral de Adaptação* (2020), sendo elas:

a) Fase de Alerta

- Sono: dificuldade em dormir muito acentuada devido à adrenalina.
- Sexo: libido (vontade de ter sexo) alta. Muita energia. O sexo ajuda a relaxar.
- Trabalho: grande produtividade e criatividade. Pode varar a noite sem dificuldade.
- Corpo: tenso, músculos retesados. No início da fase, aparece a taquicardia (coração disparado). Sudorese. Sem fome e sem sono. Mandíbula tensa. Respiração mais ofegante do que o normal. No todo, o organismo reage em uma perfeita união entre mente e corpo. A tensão do corpo encontra correspondência na mente.
- Humor: eufórico. Pode ter grande irritabilidade devido à tensão física e mental experimentada.

b) Fase de Resistência

- Sono: normalizado.
- Sexo: libido começa a baixar. Pouca energia. O sexo não apresenta interesse.
- Trabalho: a produtividade e a criatividade voltam ao usual, mas às vezes não consegue ter novas ideias.
- Corpo: cansado, mesmo tendo dormido bem. O esforço de resistir ao estresse se manifesta em uma certa sensação de cansaço. A memória começa a falhar. Mesmo não estando com alguma doença, o organismo se sente doente.
- Humor: cansado. Só se preocupa com a fonte de seu estresse. Repete o mesmo assunto e se torna tedioso.

c) Fase de Quase-Exaustão

- Sono: insônia. Acorda muito cedo e não consegue voltar a dormir.
- Sexo: libido quase desaparece. A energia para o sexo está sendo usada na luta contra o estresse e a pessoa perde o interesse.
- Trabalho: a produtividade e a criatividade caem dramaticamente. Consegue somente dar conta da rotina, mas não cria e nem tem ideias originais.
- Corpo: cansado. Uma sensação de desgaste aparece. A memória é muito afetada e a pessoa esquece fatos corriqueiros, até mesmo seu próprio telefone. Doenças começam a surgir. As mulheres

apresentam dificuldades na área ginecológica. Todo o organismo se sente mal. Ansiedade passa a ser sentida quase que todo dia.

- Humor: a vida começa a perder o brilho. Não acha graça nas coisas. Não quer socializar. Não sente vontade de aceitar convites ou de convidar. Considera tudo muito sem graça e as pessoas tediosas.

d) Fase de Exaustão

- Sono: dorme pouco. Acorda muito cedo e não se sente revigorado pelo sono.
- Sexo: libido desaparece quase que completamente.
- Trabalho: não consegue mais trabalhar como normalmente. Não produz. Não consegue se concentrar e nem decidir. O trabalho perde o interesse.
- Corpo: desgastado e cansado. Doenças graves podem ocorrer, como depressão, úlceras, pressão alta, diabetes, enfarte, psoríase etc. Não há mais como resistir ao estresse. A batalha foi perdida. A pessoa necessita de ajuda médica e psicológica para se recuperar. Em casos mais graves, pode ocorrer a morte.
- Humor: não socializa. Foge dos amigos. Não vai a festas. Perde o senso de humor. Fica apático. Muitas pessoas têm vontade de morrer.

Com isso, é evidente que a violência praticada no âmbito escolar por meio do *bullying* pode ser caracterizada como uma condição estressante para as crianças e adolescentes, que são diretamente afetadas por conviverem com situações traumáticas e os sentimentos envolvidos nelas.

A literatura identifica correlações no desenvolvimento de transtornos mentais nas vítimas de *bullying*, e afirma que, tais transtornos repercutem negativamente não só durante o período em que a violência está acontecendo, mas também pode causar danos mais tardios, com prejuízo inclusive, na vida adulta (MELLO *et al.*, 2017; PIGOZI; MACHADO, 2015; ALBUQUERQUE; WILLIAMS; D'AFFONSECA, 2013). A *ansiedade*, o *transtorno de estresse pós-traumático*, a *depressão* e a *ideação suicida* são alguns dos desfechos negativos que trazem o *bullying* como possível fator preditor, e serão apresentados de maneira mais detalhada à seguir.

## 2 Transtornos mentais – Ansiedade, Transtorno de Estresse Pós-Traumático, Depressão e Ideação Suicida

Os impactos sofridos decorrentes ao *bullying* abrangem efeitos noviços ao desenvolvimento e a saúde de crianças e adolescentes. A exposição a situações de violência compromete o desenvolvimento infantil, associa-se a problemas de aprendizado e a diversos quadros mórbidos como depressão, sintomas internalizantes e externalizantes, quadros de ansiedade e fobias, transtorno de estresse pós-traumático, abuso de substância e baixa autoestima, dentre outros (PERES; EISNER, 2020).

A correlação entre *bullying* e o consumo de álcool e drogas, foi investigada nos estudos de Mota *et al.* apontando que o contexto de vulnerabilidade para a vivência de *bullying*, assim como a sua associação com o consumo de álcool e maconha, remete para a necessidade de estratégias para enfretamento dessa problemática, visto as repercussões desses agravos à saúde e à qualidade de vida dos adolescentes (2018).Os impactos do *bullying* são apontados na pesquisa que verificou a associação entre vítimas de *bullying* e qualidade de vida. As vítimas apresentaram menor sentido de coerência, menor percepção de qualidade de vida e são, geralmente, portadores de doença crônica (CARDOSO; GRAÇA; AMORIM, 2015).

A atenção e o combate a essa tipificação de violência é uma estratégia de promoção da saúde e qualidade de vida, uma vez que, a sua evitação e/ou atenuação impedem que se desencadeiem prejuízos de diversas ordens ao desenvolvimento da vida das pessoas vitimizadas por esse fenômeno. Minayo entende a violência como um indicador de qualidade de vida, e compreende a violência como um fenômeno sócio-histórico, não sendo em si, uma questão de saúde pública e nem um problema médico típico. Mas que afeta fortemente a saúde: 1) provoca morte, lesões e traumas físicos e um sem-número de agravos mentais, emocionais e espirituais; 2) diminui a qualidade de vida das pessoas e das coletividades (2006).

São impactos observados imediatamente e a médio e longo prazos na vida da pessoa, nas esferas emocional, comportamental e ocupacional, nas relações pessoais e familiares. Os efeitos à saúde se fazem sentir também a longo prazo, com reflexos na idade adulta: estudos demonstraram que adultos com história de vitimização por violência na infância apresentam mais frequentemente quadros de depressão, tentativas de suicídio e comportamentos de risco à saúde como hábito de fumar, alcoolismo e práticas sexuais não seguras (SOUZA, 2019; STEPHAN, 2013).

Nesse sentido, Souza observa que a clínica psicológica dos adultos encontra frequentemente os efeitos do processo de *bullying* na escola, e, em particular, nos casos em que o *bullying* não pôde ter sido percebido, na época, em sua dimensão deletéria, por parte dos adultos, pais e professores (2019). Os impactos gerados pelo fenômeno devem ser melhor entendidos, na tentativa de ampliar o conhecimento sobre as consequências dos atos violentos na criminalidade a médio e longo prazo, e na socialização adulta, quando incapacita laboral e emocionalmente os envolvidos (STEPHAN *et al.*, 2013).

Ampliando a compreensão acerca da violência, Minayo chama a atenção para os danos, lesões, traumas, mortes geradas por suas expressões, que causam prejuízos econômicos por causa dos dias de ausência do trabalho, pelos danos mentais e emocionais incalculáveis que provocam nas vítimas e em suas famílias, e pelos anos de produtividade ou de vida perdidos (2006).

Sob o enfoque psicológico, um primeiro problema a ser destacado, é a naturalização do fenômeno, a negligência na constatação da sua ocorrência, gerando a omissão daqueles que poderiam e deveriam gerenciar essa forma de violência. Em pesquisa sobre o fenômeno *bullying* escolar, os resultados indicaram que muitos professores e funcionários ainda são omissos perante esse comportamento violento na escola (ZEQUINÃO *et al.*, 2016). Histórica e culturalmente o *bullying* foi tolerado e por isso, legitimado nos espaços institucionais, e em não sendo reconhecido o problema, ele vem a ser confundido com outras formas de sofrimento, sendo, portanto, abordado de forma ineficiente. Além de ser incorporado no contexto, tornando parte deste, ocasionando também a naturalização do próprio sofrimento que ele gera.

No entanto, a violência física, a rejeição (ostracismo), os insultos proferidos durante o período de *bullying* na escola vão ficar consequentemente *registrados* no inconsciente. Por outro lado, se a criança é acolhida, orientada, e recebe suporte dos adultos envolvidos nesse cenário, ela pode elaborar o ocorrido, ressignificando o fato e as marcas da agressão. Assim, os efeitos dessa violência sobre sua psique podem ser mitigados. Contudo, muitas vezes, essa ajuda é insuficiente ou inexistente, e o nível de violência sofrida é tão forte que a capacidade de pensar da criança é momentaneamente escamoteada (SOUZA, 2019).

A *Pesquisa Internacional sobre Ensino e Aprendizagem* (TALIS –
*Teaching and Learning International Survey*) investigou qual a percepção
de professores e diretores, acerca do ambiente de ensino e
aprendizagem em escolas de anos finais e ensino médio de 48 países
durante os anos de 2017 e 2018. O estudo, coordenado em âmbito
internacional pela *Organização para Cooperação e Desenvolvimento
Econômico* – OCDE, concluiu que no Brasil, cerca de 28% dos
diretores das escolas dos anos finais do ensino fundamental e 18%
dos diretores de escolas do ensino médio apontaram a intimidação
ou o *bullying* entre os alunos como uma situação que ocorre semanal
ou diariamente (INEP, 2019).

Chama a atenção o fato de que na mesma proporção da sua
ocorrência, estão os agravos das suas consequências, e
contraditoriamente o desconhecimento ou a não observância do
fato,

> Os estudos relacionados ao *bullying* têm apontado a gravidade das
> consequências da exposição a abusos frequentes pelos pares. Este
> fato remete-nos ao sofrimento experienciado por um número
> expressivo de adolescentes em nossa cultura. A gravidade do
> fenômeno não pode ser desprezada nas escolas que, por vezes,
> desconhecem ou minimizam a magnitude de tal fenômeno.
> (BANDEIRA; HUTZ, 2010, p. 137)

A autoestima é um fator de causa e consequência, predisponente
na ocorrência do *bullying*, sendo determinante no comportamento da
vítima. Os alvos de *bullying*, via de regra, não dispõem de recursos
para reagir ou cessar a violência. Geralmente, são pouco sociáveis,
têm poucos amigos, são inseguros, passivos, retraídos e ansiosos.
Além disso, apresentam a autoestima marcadamente comprometida
(ALLCKMIN-CARVALHO; IZBICKI; MELO, 2014). E o ciclo de
consequências à autoestima provocadas pelo *bullying* são
potencializadas, pois a autoestima está relacionada à saúde mental e
ao bem-estar psicológico e sua carência está relacionada a certos
fenômenos mentais negativos como depressão e suicídio.
(BANDEIRA; HUTZ, 2010).

Assim, descrever alguns dos principais transtornos mentais
associados ao fenômeno do *bullying* se torna imprescindível, pois
saber identificar os sinais e sintomas de maneira precoce pode
contribuir para o planejamento e a execução de ações preventivas e
mais efetivas.

## 2.1 Ansiedade

O sofrimento do *bullying* na infância e na adolescência está associado a prejuízos permanentes e duradouros, representando um fator de risco importante para a instalação e a manutenção de uma série de problemas de comportamento internalizantes, tais como isolamento, depressão e ansiedade (LEDWELL; KING, 2013).

Nessa perspectiva, é possível afirmar que a experiência traumática produz uma transformação de ordem interna, sob forma de uma desorganização psíquica ou de uma nova organização do psiquismo, organização que irá estruturar a relação do sujeito com o mundo (SOUZA, 2019).

A ansiedade é uma emoção própria da vivência humana que tende a aparecer quando algum sentimento e/ou situação exige uma mudança na vida cotidiana. Apesar da sensação de apreensão e alterações físicas que ela pode causar, é considerada como uma reação importante para a autopreservação (LEÃO *et al.*, 2018; VELOSO *et al.*, 2016). No entanto, em sua condição patológica, esses sintomas se tornam mais frequentes e com maior intensidade, prejudicando a vida pessoal e social do indivíduo, trazendo grande sofrimento físico e mental (FREITAS *et al.*, 2014).

O termo *ansiedade* significa oprimir, sufocar, e caracteriza-se por uma sensação de angústia e medo, com manifestações físicas desagradáveis frente à determinadas situações. Se manifesta como uma antecipação do perigo, de algo que ainda não aconteceu. Faz parte da condição humana, sendo considerada como um instinto para a adaptação e sobrevivência, um modo de autopreservação (PEREIRA *et al.*, 2019; FERNANDES *et al.*, 2018; GOMES; OLIVEIRA, 2013).

Porém, quando a ansiedade se intensifica e torna-se constante na vida do indivíduo, pode desencadear grande sofrimento físico e emocional e trazer prejuízos para sua a vida pessoal, profissional e social (LEÃO *et al.*, 2018; CASTRO *et al.*, 2006).

Os sintomas que se apresentam durante o fenômeno da ansiedade podem variar de uma pessoa para outra, no entanto, algumas manifestações de sintomas corporais são mais comuns, como a cefaleia, palpitação, hiperatividade, tremor, boca seca e desconforto gástrico e abdominal. Além desses sintomas, ela afeta o pensamento, a capacidade de concentração e compreensão dos fatos, a memória e a habilidade de estabelecer e manter relações (PEREIRA *et al.*, 2019; GOMES; OLIVEIRA, 2013).

De acordo com dados divulgados pela Organização Mundial da Saúde, em 2015, a proporção global de transtornos de ansiedade foi estimada em 3,6%, o que significa que um total estimado de 264 milhões de pessoas vivem com transtornos de ansiedade no mundo (WHO, 2017).

Os dados demonstram a gravidade desse transtorno e a necessidade das instituições de ensino e de saúde, bem como a família, estarem preparados para reconhecer quando a criança e o adolescente possam estar vivendo uma situação traumática, tendo a possibilidade de atuar de maneira preventiva.

## 2.2 Transtorno de Estresse Pós-Traumático – TEPT

Após a exposição de um indivíduo à uma situação traumática, seja ela direta, que é quando acontece com ele mesmo, ou indireta, quando ele é testemunha desse evento traumático, pode ocorrer o desenvolvimento do *transtorno de estresse pós-traumático*. O TEPT está fortemente atrelado ao agravamento do *transtorno de ansiedade*, ocasionando a manifestação de um conjunto de sinais e sintomas físicos e psíquicos (VASCONCELOS NETO *et al.*, 2020; BERNARDES *et al.*, 2018; BERTOLUCCI *et al.*, 2018).

Eisenstein, Jorge e Lima evidenciaram que as reações pós-traumáticas se manifestam de diversas maneiras nas crianças e adolescentes, dependendo da fase de desenvolvimento que ela se encontra. Porém, enfatizam que a violência social, onde se enquadra a prática do *bullying*, e a violência estrutural, são as grandes responsáveis pelo aumento da prevalência de TEPT, especialmente durante o desenvolvimento da adolescência (2009).

De maneira geral, para que o TEPT aconteça considera-se a exposição a um evento traumático, que levou a vítima a manifestar sentimentos negativos, sendo que esse evento acaba sendo persistentemente revivido, bem como vem acompanhado pela esquiva persistente de estímulos associados ao trauma e entorpecimento da reatividade geral (EMYGDIO *et al.*, 2019; BERNARDES *et al.*, 2018; BERTOLUCCI *et al.*, 2018).

Segundo a 5ª edição do *Manual Diagnóstico e Estatístico de Transtornos Mentais* – DSM 5 (APA, 2014), o critério diagnóstico deve estar pautado nesses quatro elementos fundamentais:

- *Exposição a um evento estressante/traumático*: neste critério o indivíduo percebe o evento como uma ameaça a sua integridade física, ou integridade física de outras pessoas, desencadeando um sentimento de medo intenso e paralisante, sentimento de impotência e/ou de horror;

- *Rememoração ou revivência desse evento*: aqui, o evento estressor volta à tona frequentemente, por meio de sonhos recorrentes, *flashbacks*, recordações aflitivas e a vítima sente angústia em circunstâncias parecidas e/ou associadas ao estressor;

- *Esquiva de estímulos que se associa ao trauma*: evita de maneira persistente pensamentos, pessoas, conversas, locais e qualquer fator que ativem a recordação do trauma;

- *Excitabilidade aumentada*: a vítima apresenta distúrbio no sono, com dificuldades para dormir, humor irritado, surtos de raiva e dificuldade de concentração, mantendo-se sempre alerta.

Todos os sintomas descritos acima devem ter duração superior a um mês e causar prejuízos significativos no âmbito profissional e social do sujeito (EMYGDIO *et al.*, 2019; BERNARDES *et al.*, 2018; BERTOLUCCI *et al.*, 2018).

Percebe-se que quanto mais a criança e o adolescente são expostos ao bullying, o senso de segurança pessoal vai diminuindo, causando profundo impacto na capacidade de se adaptar frente à situações estressantes. No entanto, Albuquerque, Williams e D'Affonseca, apontam o suporte social como um fator de proteção, capaz de amenizar as consequências provocadas pelo bullying. Assim, destacam a importância do acolhimento no espaço escolar, familiar e de saúde como um recurso para **prevenir** o **desenvolvimento do transtorno (2013).**

## 2.3 Depressão

Cada pessoa que sofre com a ocorrência do *bullying*, que tenha vivenciado uma infância/adolescência marcada por agressões, irá significar essa experiência de modo muito particular. Os efeitos de tais agressões sofridas exprimem-se, por exemplo, no adulto, pela presença de ansiedade, de falta de estima de si mesmo e de sintomas de depressão, sintomas que o levam a se consultar com um terapeuta (SOUZA, 2019).

A depressão é um transtorno mental frequente, considerada

como o mal do século pela OMS. Atualmente, configura-se como a principal causa de incapacidade em todo mundo, contribuindo sobremaneira para a carga global de doenças. Destaca-se que cerca de 300 milhões de pessoas são acometidas por esse transtorno em âmbito mundial, o que significa que aproximadamente uma em cada cinco pessoas apresentam o problema em algum momento da vida (OPAS, 2020a; WHO, 2017; CARVALHO *et al.*, 2016; OLIVEIRA; MAZZAIA; MARCOLAN, 2015).

Conceitualmente pode ser definida como um estado de sofrimento psíquico, que apresenta sentimento de tristeza prolongado, medo, sensação de culpa, vontade de isolamento social, desânimo e alterações no sono e apetite, trazendo consequências para as relações pessoais e profissionais (APA, 2014).

Na nomenclatura da *Classificação Internacional de Doenças* – CID-10, o grau de depressão pode ser considerado leve, moderado ou grave e, independentemente do grau, o paciente apresenta tipicamente um rebaixamento do humor, redução de energia e diminuição da capacidade de realizar atividades que possam lhe trazer prazer, além da alteração da capacidade de se concentrar, refletindo na fatigabilidade aumentada (OMS, 2008).

Outro ponto importante acerca da depressão é que por se tratar de um doença mental altamente incapacitante, tem sido considerada como um dos principais fatores de risco para o suicídio, que representa o pior desfecho da doença, se configurando como um grave problema de saúde pública (OPAS, 2020a; CARBOGIM *et al.*, 2019; VASCONCELOS-RAPOSO *et al.*, 2016; BARBOSA *et al.*, 2012).

Essa associação da depressão com a ideação suicida tem despertado grande atenção dos órgãos de saúde mundial e também do Ministério da Saúde, tendo em vista que, a taxa de alta prevalência do suicídio está na faixa etária de 15 à 29 anos. Isso reforça o quanto é urgente trabalhar na adoção de estratégias e medidas políticas, sociais e econômicas voltadas aos cuidados em saúde mental.

## 2.4 Ideação Suicida

A ideação suicida está mais presente entre aqueles que permanecem na condição de vitimização, do que entre pares não vitimizados.

Como consequência do bullying, suas vítimas apresentam

ansiedade, depressão, desejo de não ir às aulas com absenteísmo e deterioração do desempenho. Apresentam problemas de saúde mais somáticos, duas a quatro vezes mais que seus pares não vitimizados. Se a vitimização continuar, a ideação suicida pode aparecer. (TRAUTMANN, 2008, p.14)

Dentre os fatores que mais se destacam associados à ideação suicida na adolescência, estão a depressão, desesperança, solidão, tristeza, preocupação, ansiedade, baixa autoestima, agressão por parte de pais e amigos, pouca comunicação com os pais, ser abusado fisicamente e psicologicamente – *bullying* (prática de atos violentos, intencionais e repetidos, contra uma pessoa indefesa, que podem causar danos físicos e psicológicos às vítimas) na escola, uso de substâncias, entre outros (MOREIRA; BASTOS, 2015). Outros estudos têm associado a ideação suicida às vítimas de intimidação e aos agressores que praticam o *bullying*. Esses agressores e vítimas relataram tentar deliberadamente se ferir ou se matar (ESPELAGE; HOLT, 2013).

Os acontecimentos de *bullying* são episódios comportamentais emitidos por um indivíduo ou grupo, que acarretam consequências de ordem subjetiva à vítima, e por isso, não é possível mensurar o alcance dos seus impactos negativos. Segundo Ttoffi *et al.*, uma criança vítima de *bullying* na escola de ensino fundamental teria quatro vezes mais riscos de suicídio na adolescência, e poderíamos interpretar esta observação como consequência de um estado depressivo que, aliás, tenderia a permanecer e desenvolver-se mais tarde, na fase adulta (2011).

O suicídio é um fenômeno que ocorre em todas as regiões do mundo e representa um desafio por se tratar de um fenômeno complexo, multifacetado e de múltiplas determinações. A OMS afirma que cerca de 800 mil pessoas cometem suicídio por ano mundialmente. Isso significa uma morte a cada 40 segundos, e destaca que o fenômeno se apresenta como a segunda causa de morte entre jovens de 15 a 29 anos (BRASIL, 2017a; 2017b).

No contexto nacional ocorre cerca de 10 mil mortes por suicídios por ano, e em 2015, a taxa bruta de suicídio foi de 5,5/100mil, representando uma das prioridades das ações de prevenção do Ministério da Saúde (BRASIL, 2017b).

Descrever as terminologias empregadas no fenômeno do suicídio é necessário para expandir o conhecimento acerca dos fatores envolvidos na temática. O comportamento suicida envolve três componentes essenciais, sendo o primeiro a *ideação suicida*, que é fundamental dentro do comportamento, pois é a partir dela que surgem os outros dois componentes, denominados como *tentativa de suicídio* e o *suicídio consumado* (SANTOS *et al.*, 2017; VASCONCELOS-RAPOSO *et al.*, 2016).

A OMS define comportamento suicida como uma variedade de comportamentos que incluem o pensar em suicídio, também chamada de *ideação suicida*, caracterizada pelo planejamento do suicídio; a *tentativa de suicídio*, definida como todo comportamento suicida que não causa a morte; e o *ato de cometer o suicídio propriamente dito*, que compreende o ato de matar-se deliberadamente (WHO, 2014).

De acordo com Carbogim *et al.*, o comportamento suicida é influenciado por fatores de risco gerais e específicos associados aos fatores psicológicos, biológicos, genéticos, culturais e ambientais do indivíduo. Dentre os diversos fatores de risco específicos, destacam-se a presença de transtornos mentais, tentativa de suicídio prévia, histórico familiar de suicídio e o uso de álcool e outras drogas (2019).

Assim, é preciso desmistificar, quebrar o tabu e romper paradigmas sobre o suicídio, e ampliar o conhecimento e a discussão, a fim de ampliar também o cuidado e a possibilidade de intervenção bem sucedida.

## Conclusão

A Saúde e o bem estar dos indivíduos são essenciais para a definição da qualidade de vida, sendo que as experiências sociais, especialmente durante a infância e adolescência, representam fatores importantes que determinam o comportamento social e as consequências fisiopatológicas ao longo da vida. Neste sentido o *bullying* representa um fator de violência presente na vida de muitas crianças e adolescentes em fase escolar favorecendo o aparecimento de sofrimento físico e emocional que podem propiciar alterações como estresse, depressão, ansiedade, baixa autoestima, prejuízos no rendimento escolar, autolesão e, em casos mais graves, o suicídio.

O melhor enfrentamento ao *bullying* é aquele que se inicia anteriormente à sua ocorrência, ou seja, promovendo espaços e relacionamentos mais empáticos, que favoreçam a aceitação, o respeito à diversidade, aos valores baseados no respeito aos Direitos Humanos, caminhando na direção de uma sociedade inclusiva, que são os princípios que norteiam a sociedade contemporânea. Mas esse ainda se configura como um desafio proeminente e de esforço coletivo.

Humilhar, discriminar, prejudicar e causar dor ao próximo através de comportamentos inoportunos e agressivos é inaceitável. Atitudes que possam ameaçar a integridade física, psíquica e/ou moral devem ser amplamente combatidas por toda sociedade. Ignorar essa realidade colabora para que mais episódios continuem ocorrendo na sociedade em todas suas esferas. Os pais e os professores devem estar atentos a qualquer mudança de comportamento de crianças e adolescentes, e todos nós devemos buscar medidas que colaborem para o bem estar e desenvolvimento saudável.

Portanto, cabe o seu reconhecimento, identificando a sua ocorrência nos espaços, preparando os protagonistas para reconhecerem e lidarem com o *bullying*. Nesse sentido, Zequinão *et al.* ressaltam a fragilidade de crianças e adolescentes vitimizados, que, além de viverem em condições de risco, não encontram suporte social necessário na escola nem por parte dos pares, nem por parte dos professores e funcionários da mesma (2016). Desta feita, adultos atentos, podem mediar de forma mais assertiva e menos danosa às situações de violência, tendo uma conduta responsiva e mais eficiente.

## Referências

ALBUQUERQUE, P. P.; WILLIAMS, L. C. A.; D'AFFONSECA, S. M. Efeitos tardios do *bullying* e transtorno de estresse pós-traumático: uma revisão crítica. **Psicologia: Teoria e Pesquisa**, Brasília, v. 29, n. 1, p. 91-8, jan./mar. 2013.

ALCKMIN-CARVALHO, F.; IZBICKI, S.; MELO, M. H. S. Problemas de comportamento segundo vítimas de *bullying* e seus professores. **Rev. Estudos e Pesquisas em Psicologia**, Rio de Janeiro, v. 14, n. 3, p. 834-53, dez. 2014.

APA – AMERICAN PSYCHIATRIC ASSOCIATION. **Manual diagnóstico e estatístico de transtornos mentais**: DSM-IV. 5. ed. Porto Alegre: ARTMED, 2014.

ANDRADE, M. C. M.; SIQUEIRA JÚNIOR, A. C. Estresse ocupacional no serviço de atendimento móvel de urgência. **Rev.**

**Mineira de Enfermagem**, v. 18, n. 2, p. 379-83, 2014.

BANDEIRA, C. M.; HUTZ, C. S. As implicações do *bullying* na autoestima de adolescentes. **Psicologia Escolar e Educacional**, Campinas, v. 14, n. 1, p. 131-8, jun. 2010.

BARBOSA, K. K. S. *et al.* Sintomas depressivos e ideação suicida em enfermeiros e médicos da assistência hospitalar. **Revista de Enfermagem da UFSM**, Santa Maria, v. 2, n. 3, p. 515-22, set./dez. 2012.

BARROSO, M. L. *et al.* Estresse e uso de álcool em enfermeiros que trabalham em urgência e emergência. **Cadernos de Cultura e Ciência**, v. 13, n. 2, p. 60-75, 2015.

BERNARDES, M. P. *et al.* Leitura psicodramática dos conceitos de transtorno de estresse pós-traumático (TEPT) e resiliência. **Revista Brasileira de Psicodrama**, São Paulo, v. 26, n. 2, p. 36-45, 2018.

BERTOLUCCI, L. H. *et al.* Efeito da D-cicloserina no tratamento do transtorno de estresse pós-traumático: uma revisão. **Acta Médica**, v. 39, n. 1, p. 55-63, 2018.

BRASIL. Ministério da Saúde. Secretaria de Atenção à Saúde. **Agenda de ações estratégicas para a vigilância e prevenção do suicídio e promoção da saúde no Brasi:** 2017 a 2020. Brasília-DF: Ministério da Saúde, 2017a.

BRASIL. Ministério da Saúde. **Suicídio**: saber, agir e prevenir. Brasília-DF: Ministério da Saúde, 2017b.

CARBOGIM, F. C. *et al.* Suicídio e cuidado às vítimas de tentativa de suicídio. **Revista de Enfermagem UFPE On Line**, Recife, v. 13, n. 4, p. 1090-6, abr. 2019.

CARDOSO, L. B. F.; GRACA, L. C. C.; AMORIM, M. I. S. P. L. Sentido interno de coerência, qualidade de vida e *bullying* em adolescentes. **Psicologia, Saúde & Doenças**, Lisboa, v. 16, n. 3, p. 345-58, dez. 2015.

CARVALHO, I. G. *et al.* Ansiedade, depressão, resiliência e autoestima em indivíduos com doenças cardiovasculares. **Rev. Latino-Americana de Enfermagem**, v. 24, p. 1-10, 2016.

CASTRO, M. M. C. *et al.* Validade da escala hospitalar de ansiedade e depressão em pacientes com dor crônica. **Rev. Brasileira de Anestesiologia**, v. 56, n. 5, p. 470-7, 2006.

EISENSTEIN, E.; JORGE, E.; LIMA, L. A. Transtorno do estresse pós-traumático e suas repercussões clínicas durante a adolescência. **Adolescência & Saúde**, Rio de Janeiro, v. 6, n. 3, p. 7-15, set. 2009.

EMYGDIO, N. B. *et al.* Efeitos do transtorno de estresse pós-traumático na memória. **Psicologia: Ciência e Profissão**, Brasília, v. 39, p. 1-13, 2019.

ESPELAGE, D. L.; HOLT, M. K. Suicidal ideation and school bullying experiences after controlling for depression and delinquency. **Journal of Adolescent Health**, v. 53, n. 1, p. 27-31, 2013.

FERNANDES, G. A. B. *et al.* Demandas psicológicas, controle e apoio social no trabalho de agentes comunitário de saúde. **Cogitare Enfermagem**, v. 23, n. 4, p. 1-10, 2018.

FERNANDES, L. S.; NITSCHE, M. J. T.; GODOY, I. Síndrome de *burnout* em profissionais de enfermagem de uma unidade de terapia intensiva. **Rev. Online de Pesquisa Cuidado É Fundamental**, Rio de Janeiro, v. 9, n. 2, p. 551-7, abr./jun. 2017.

FERREIRA, J. S. *et al.* Estresse e estratégias de enfrentamento em trabalhadores de enfermagem de uma unidade de saúde da família. **Rev. Online de Pesquisa Cuidado É Fundamental**, Rio de Janeiro, v. 9, n. 3, p. 818-23, 2017.

FERREIRA, L. R. C.; MARTINO, M. M. F. Stress no cotidiano da equipe de enfermagem e sua correlação com o cronótipo. **Estudos de Psicologia**, v. 26, n.1, p. 65-72, 2009.

FREITAS, A. R. *et al.* Impacto de um programa de atividade física sobre a ansiedade, depressão, estresse ocupacional e síndrome de *burnout* dos profissionais de enfermagem no trabalho. **Rev. Latino-Americana de Enfermagem**, Ribeirão Preto, v. 22, n. 2, p. 332-6, mar./abr. 2014.

GOMES, R. K.; OLIVEIRA, V. B. Depressão, ansiedade e suporte social em profissionais de enfermagem. **Boletim de Psicologia**, v. 138, n. 43, p. 23-33, 2013.

INEP – INSTITUTO NACIONAL DE ESTUDOS E PESQUISAS EDUCACIONAIS ANÍSIO TEIXEIRA. **Relatório nacional**: pesquisa internacional sobre ensino e aprendizagem: TALIS 2018: primeira parte. Brasília: INEP, 2019.

LEÃO, A. M. *et al.* Prevalência e fatores associados à depressão e ansiedade entre estudantes universitários da área da saúde de um grande centro urbano do nordeste do Brasil. **Rev. Brasileira de Educação Médica**, Brasília, v. 42, n. 4, p. 55-65, 2018.

LEDWELL, M.; KING, V. Bullying and internalizing problems gender differences and the buffering role of parental communication. **Journal of Family Issues**, v. 34, n. 6, p. 792-803, 2013.

LIPP, M. E. N. (org). **Inventário de sintomas do stress para adultos.** São Paulo: Casa do Psicólogo, 2000.

LIPP, M. E. N. **O percurso do stress**: suas etapas. Disponível em <http://www.estresse.      com.br/publicacoes/o-percurso-do-stress-suas-etapas/>. Acesso em 2 jun. 2020.

MELLO, F. C. M. *et al.* A prática de *bullying* entre escolares brasileiros e fatores associados, pesquisa nacional de saúde do escolar 2015. **Ciência e Saúde Coletiva**, Rio de Janeiro, v. 22, n. 9, p. 2939-48, 2017.

MINAYO, M. C. S. **Violência e saúde**. Rio de Janeiro: Editora Fiocruz; 2006.

MOREIRA, L. C. O.; BASTOS, P. R. H. O. Prevalência e fatores associados à ideação suicida na adolescência: revisão de literatura. **Rev. Quadrimestral da Associação Brasileira de Psicologia Escolar e Educacional**, v. 19, n. 3, p. 445-53, 2015.

MOTA, R. S. *et al.* Adolescentes escolares: associação entre vivência de *bullying* e consumo de álcool/drogas. **Texto Contexto - Enfermagem**, Florianópolis, v. 27, n. 3, p. 1-10, 2018.

MUROFUSE, N. T.; ABRANCHES, S. S.; NAPOLEÃO, A. A. Reflexões sobre estresse e burnout e a relação com a enfermagem. **Rev. Latino-Americana de Enfermagem**, v. 13, n. 2, p. 255-61, mar./abr. 2005.

OLIVEIRA, F. P.; MAZZAIA, M. C.; MARCOLAN, J. F. Sintomas

de depressão e fatores intervenientes entre enfermeiros de serviço hospitalar de emergência. **Acta Paulista de Enfermagem**, v. 28, n. 3, p. 209-15, 2015.

OMS – ORGANIZAÇÃO MUNDIAL DA SAÚDE. **Classificação estatística internacional de doenças e problemas relacionados à saúde – CID-10.** Disponível em: <http://www.datasus.gov.br/cid10/v2008/cid10.ht>. Acesso em: 28 jan. 2020.

OPAS – ORGANIZAÇÃO PAN-AMERICANA DA SAÚDE. **CID**: burnout é um fenômeno ocupacional. Disponível em: <https://www.paho.org/bra/index.php?option=com_content &view=article&id=5949:cid-burnout-e-um-fenomeno-ocupacional&Itemid=875>. Acesso em: 7 maio 2020.

______. **Folha informativa:** depressão. Disponível em: <https://www.paho.org/bra/index.php ?option=com_content&view=article&id=5635:folha-informativa-depressao&Itemid=1095>. Acesso em: 7 maio 2020.

PEREIRA, F. L. R. *et al.* Manifestações de ansiedade vivenciadas por estudantes de enfermagem. **Rev. Online de Pesquisa Cuidado É Fundamental**, Rio de Janeiro, v. 11, n. 4, p. 880-6, jul./set. 2019.

PEREIRA, S. S. *et al.* A relação entre estressores ocupacionais e estratégias de enfrentamento em profissionais de nível técnico de enfermagem. **Texto Contexto Enfermagem**, v. 25, n. 4, p. 1-8, 2016a.

PEREIRA, S. S. *et al.* A relação entre estressores ocupacionais e estratégias de enfrentamento em profissionais de nível técnico de enfermagem. **Texto & Contexto Enfermagem**, Florianópolis, v. 25, n. 4, p. 1-8, 2016b.

PEREIRA, S. S. *et al.* Burnout in nursing professionals: associations with early stress. **BJMHN**, v. 4, n. 6, p. 267-75, 2015.

PERES, M. F. T.; EISNER, M. (coord.). **Violência, bullying e repercussões na saúde**: resultados do Projeto São Paulo para o desenvolvimento social de crianças e adolescentes SP-PROSO. Disponível em: <http://www2.fm.usp.br/gdc/docs/preventiva_343_1_sp_pros o_ relatorio.pdf>. Acesso em: 25 maio 2020.

PIGOZI, P. L.; MACHADO, A. L. *Bullying* na adolescência: visão panorâmica no Brasil. **Ciência e Saúde Coletiva**, Rio de Janeiro, v. 20, n. 11, p. 3509-22, 2015.

RIBEIRO, R. P. *et al.* Prevalência da síndrome metabólica entre trabalhadores de enfermagem e associação com estresse ocupacional, ansiedade e depressão. **Rev. Latino-Americana de Enfermagem**, v. 23, n. 3, p. 435-40, 2015.

SANCHEZ, A. *et al.* Changes in norepinephrine and epinephrine concentrations in adrenal gland of the rats submitted to acute immobilization stress. **Pharmacological Research**, v. 48, p. 607-13, 2003.

SANCHEZ, A. *et al.* A simple high-performance liquid chromatography assay for on-line determination of catecholamines in adrenal gland by direct injection on an ISRP column. **Pharmacological Research**, v. 50, p. 481-5, 2004.

SANCHEZ, A.; MENEZES, M. L.; PEREIRA, O. C. M. Importância do controle dos níveis de catecolaminas em experimentação científica. **Salusvita**, Bauru, v. 21, n. 2, p. 15-22, 2002.

SANDI, C.; HALLER, J. Estresse e cérebro social: efeitos comportamentais e mecanismos neurobiológicos. **Nature Reviews Neurociência,** v. 16, p. 290-304, abr. 2015.

SANTOS, H. G. B. *et al.* Fatores associados à presença de ideação suicida entre universitários. **Revista Latino-Americana de Enfermagem**, Ribeirão Preto, v. 25, p. 1-8, 2017.

SEYLE, H. **The stress of live**. New York: McGraw-Hill, 1956.

______. Stress and the general adaptation syndrome. **British Medical Journal**, Londres, v. 1, n. 1, p. 1383-92, 1950.

SOUZA, L. C. Quando o *bullying* na escola afeta a vida adulta. **Rev. Psicopedagogia**, São Paulo, v. 36, n. 110, p. 153-62, 2019.

SOUZA, R. C.; SILVA, S. M.; COSTA, M. L. A. S. Estresse ocupacional no ambiente hospitalar: revisão das estratégias de enfrentamento dos trabalhadores de enfermagem. **Rev Brasileira de Medicina do Trabalho**, v. 16, n. 4, p. 493-502, 2018.

STEPHAN, F. *et al.* *Bullying* e aspectos psicossociais: estudo bibliométrico. **Temas em Psicologia**, Ribeirão Preto, v. 21, n. 1, p. 245-58, jun. 2013.

TEIXEIRA, C. A. B. **Estresse ocupacional e estratégias de enfrentamento entre profissionais de enfermagem em ambiente hospitalar.** 2013. Dissertação (Mestrado em Enfermagem Psiquiátrica) – Escola de Enfermagem de Ribeirão Preto, Universidade de São Paulo, Ribeirão Preto.

TOWNSEND, M. C. (org.). **Enfermagem psiquiátrica**: conceito de cuidados na prática baseada em evidências. 7. ed. Rio de Janeiro: Guanabara Koogan, 2014.

TRAUTMANN, M. A. Maltrato entre pares o "bullying": una visión actual. **Rev. Chilena de Pediatria**, Santiago, v. 79, n. 1, p. 13-20, feb. 2008.

TTOFI, M. M. *et al.* Do the victims of school bullies tend to become depressed later in life? A systematic review and meta-analysis of longitudinal studies. *Journal of Aggression, Conflict and Peace Research, v. 3, n. 2, p. 63-73, 2011.*

VASCONCELOS NETO, P. J. A. *et al.* Tentativa de suicídio, transtorno de estresse pós-traumático e fatores associados em mulheres do Recife. **Revista Brasileira de Epidemiologia**, São Paulo, v. 23, p. 1-14, 2020.

VASCONCELOS-RAPOSO, J. *et al.* Níveis de ideação suicida em jovens adultos. **Estudos de Psicologia**, Campinas, v. 33, n. 2, p. 345-54, abr./jun. 2016.

VELOSO, L. U. P. *et al.* Prevalência de ansiedade em profissionais de enfermagem de urgência e emergência. **Revista de Enfermagem UFPE Online**, Recife, v. 10, n. 11, p. 3969-76, nov. 2016.

WILLIAMS, L. C. A. *et al.* Efeitos a longo prazo de vitimização na escola. **Gerais: Revista Interinstitucional de Psicologia**, São João del-Rei, v. 4, n. 2, p. 187-99, jul./dez. 2011.

WHO – WORLD HEALTH ORGANIZATION. **Depression and other common mental disorders**: global health estimates. Geneva: WHO, 2017.

________. **Preventing suicide**: a global imperative. Geneva: WHO,

2014.

ZEQUINAO, M. A. *et al. Bullying* escolar: um fenômeno multifacetado. **Rev. Educação e Pesquisa**, São Paulo, v. 42, n. 1, p. 181-98, jan./mar. 2016.

# 4

# SUJEITOS LGBTQIA+ E AS VIVÊNCIAS E VIOLÊNCIAS ESCOLARES


SAMIRA DE MORAES MAIA VIGANO
MARIA HERMÍNIA LAGE FERNANDES LAFFIN
MORGANA ZARDO VON MECHELN


## Introdução

Traremos aqui para o debate, uma discussão realizada a partir dos estudos do doutoramento em educação, feito na Universidade Federal de Santa Catarina, e defendida no ano de 2019 (VIGANO, 2019). A temática da tese buscou debater sobre questões relacionadas com os processos de escolarização dos sujeitos jovens e adultos autoidentificados como lésbicas, gays, bissexuais ou transgênero[1] – LGBTQIA+[2]. A descrição trazida pera esse debate versa sobre algumas falas dos sujeitos partícipes da pesquisa, com relação às vivências nos espaços de escolarização, relacionadas diretamente com as questões de gênero e sexualidade. Desse modo, objetivamos debater e analisar as falas dos sujeitos, buscando reconhecer os processos de violência orquestrados nas instituições escolares.

É interessante percebermos que problematizar as demandas referentes às relações entre homens e mulheres e às desigualdades existentes entre os diferentes gêneros é algo que está cada vez mais

---

[1] Entendemos o termo transgênero é um conceito "guarda-chuva" que abrange o grupo diversificado de pessoas que não se identifica com comportamentos ou papéis esperados do sexo que lhes foi determinado no seu nascimento.

[2] LGBTQIA+, sigla para Lésbicas, Gays, Bissexuais, Transexuais ou Transgêneros, *Queer*, Intersexo, Assexual e todas as outras maneiras identitárias de gênero e orientação sexual.

em pauta no contexto atual. No entanto, falar de gênero e de sexualidade não é debate recente; as discussões são advindas do movimento feminista, que surgiu levantando a bandeira da denúncia e de todo o processo de segregação e opressão vivenciado pelas mulheres. As proposições elencadas pela teoria feminista enfatizam que é necessária a compreensão do que é ser masculino e do que é ser feminino dentro das imposições históricas, sociais e culturais. Essas imposições vão além do caráter biológico que diferencia cada sexo, são injunções sociais absortas nas relações de subalternidade e de poder do homem sobre a mulher. O simples diferencial biológico socialmente definido pelo que se compreende por corpo de homem e corpo de mulher, designa vantagens sociais ao homem, resultando na e da formação de uma sociedade machista e sexista.

De acordo com Louro, a caminhada feminista não se detém apenas na denúncia da opressão, ela já ultrapassa essa querela, isso porque, os textos acadêmicos começam a ensaiar explicações, e a promover articulações, propondo novos paradigmas para compreender as relações de gênero (1995).

Entretanto, ao olhar os sujeitos jovens e adultos LGBTQIA+ em uma perspectiva de gênero e sexualidade, percebemos que as desigualdades estão fortemente representadas, e que, mesmo sendo um debate não tão atual, é por demasiado emergente na construção da subjetividade das identidades.

Os marcadores sociais de gênero e sexualidade são organizados por meio de uma superestrutura que define os padrões a serem aceitos, e as instituições sociais propagam esses padrões. São marcas socialmente aceitas que destacam as diferenças, inferiorizando-as. Como reprodutoras do sexismo, a família, a igreja e a escola atuam naturalizando e hierarquizando os papéis. A "internalização dos ditames da heterossexualidade como norma faz com que frequentemente se confundam expressões de gênero (gestos, gostos, atitudes), identidades de gênero e identidades sexuais" (JUNQUEIRA, 2013, p. 487). Isso porque os estereótipos estão bem delimitados e qualquer pessoa que tenha ações diferentes das socialmente permitidas ao seu gênero pode ser definida como LGBTQIA+ ou como um sujeito abjeto.

Ao pensarmos na escola nessa constituição de marcadores sociais e culturais é fundamental, partindo principalmente da sua formação histórica, que foi baseada na hierarquização e na reprodução, e até o momento, ela não está livre de produzir uma educação sexista e homofóbica, já que as reproduções sociais se fortalecem nos espaços de convivência. Assim, vemos como necessário debater os marcadores sociais da violência escolar com os sujeitos LGBTQIA+, pois, muitas dessas ações de preconceito e de discriminação, fizeram com que eles ou elas evadissem dos espaços escolares. De acordo com Bento, os sujeitos não evadem ou desistem de estudar, eles ou elas são expulsos, pelas atitudes vivenciadas naquele espaço (2011). Entendemos que, *a priori*, essa instituição deveria conviver e trabalhar com as diversidades, entretanto não é isso o que comumente ocorre, pois há relatos de alunos e alunas que se sentem intimidados e negligenciados dentro dos espaços de escolarização. Compreendemos que, o *bullying* é uma forma de tratar a violência dentro dos espaços escolares, mas é necessário ter clareza que se trata de uma violência; todavia é preciso pensar sob a ótica dos sujeitos que têm essas violências em seus corpos e que deixam de ter seu direito a escolarização garantido devido a isso.

## Marcadores da Violência na Escola

A cultura impregna por todos os lados, seja por intermédio das mídias, da família ou da literatura. A representação que é dada para a felicidade da mulher, por exemplo, deve estar relacionada ao casamento, ao encontro da *outra metade*, constituir uma família, ser dócil, linda, magra e de preferência branca; e já os homens, devem ser vistos como másculos, agindo como os mais fortes, os responsáveis e respeitosos, somente eles são agressivos e podem ter mais liberdade com seu corpo. Toda essa impregnação cultural influencia diariamente a constituição das identidades e produz as violências sexuais e de gênero.

A socialização, as dificuldades e as contradições vivenciadas ocasionam possíveis transformações das identidades sociais e coletivas, constituindo outros *mundos*. "Subjetivamente, a transformação social é, pois, inseparável da transformação das identidades, isto é, tanto dos 'mundos' construídos pelos indivíduos como das 'práticas' decorrentes desses mundos" (DUBAR, 2005, p. 127). As formulações, constituições ou criações identitárias são marcadas por processos biográficos em contextos históricos e simbólicos próprios e únicos, pois a "... identidade nunca é dada ela é sempre construída e (re) construída" (DUBAR, 2005, p. 135), podendo levar em consideração, as práticas discursivas, que contribuem na estruturação da identidade. Durante o processo inicial de constituição identitária "é muito influente o papel dos grupos de pertença e de referência, na categorização social de perfis identitários e que permitem não só a construção da singularidade do indivíduo, mas também a sua inserção num grupo social específico" (SANTOS, 2005, p. 129).

A escola, por sua vez, tem como intencionalidade, ser um espaço de socialização, em que muitos indivíduos se sintam em casa, um local seguro para ser reconhecido e reconhecer, ser identificado e identificar seus pares – ser parte de um todo que o acolhe e que o protege. Entretanto, há muitos relatos (descritos na sequência) que não posicionam a escola como um lugar que acalenta e protege, até porque, essa instituição não ficou neutra a toda essa hierarquia de gênero, e acabou sendo uma forte aliada ao binarismo, provocando e contribuindo, com o que Bourdieu denomina de *violência simbólica*[3] (1983).

Embora o enfoque de gênero e sexualidade permeie todo o processo das relações sociais, refletirmos à luz dessas implicações na formação dos sujeitos LGBTQIA+ se traduz por meio de invisibilizações nas pesquisas em educação, fazendo com que o processo educativo restrinja as vivências relacionadas à sexualidade, reforçando visões hegemônicas sobre o que é ser homem e o que é ser mulher, contribuindo para que as identidades sejam compreendidas como naturais (MISKOLCI, 2005). Neste embasamento, tanto a sociedade quanto a escola fabricam estereótipos masculinos e femininos, para que possam justificar as desigualdades existentes.

Ao chegar aos debates dos sujeitos LGBTQIA+ em relação a gênero e à sexualidade, é necessário mais uma vez, trazer a homofobia como implicação negativa na formação e na vida dos jovens e adultos LGBTQIA+. A homofobia tem sido foco de uma crescente discussão nas mídias, entretanto as instituições de ensino não se mostram abertas e aptas para esse debate, e por vezes acabam exercendo padrões rígidos de gênero e sexualidade que excluem os

---

[3] A *violência simbólica* é uma forma de violência que não se apresenta fisicamente, ela "... exerce sobre os corpos, diretamente, e como que por magia, sem qualquer coação física; mas essa magia só atua com o apoio de predisposições colocadas, como molas propulsoras, na zona mais profunda dos corpos" (BOURDIEU, 2012, p. 50).

que não entram na norma, e é nesse contexto normatizador que o corpo ganha relevância como objeto de controle. No caso dos sujeitos LGBTQIA+ o controle do corpo é algo presente. O corpo é objeto de poder e de controle das pessoas. Os padrões que regem os binarismos de gênero estão relacionados com os condicionamentos e com as padronizações dadas a cada corpo, formulados por estereótipos de gênero culturalmente apreendidos. A cultura, no nosso caso, a ocidental, se solidificou por meio de um sistema de ordem patriarcal. Esse sistema patriarcal está longe de ser inclusivo, ele vem a partir do entendimento de uma sociedade de classes em que há lugares hierarquicamente destinados, sendo que, essa manutenção das classes é sempre em favor do capital e do homem (macho).

A escola, como os demais espaços sociais, não está livre de subjetivamente utilizar mecanismos de docilizar os corpos. Essa instituição tem dificuldades históricas com relação à aceitação das diferenças, isso porque está calcada como guardiã das normas de gênero e da produção da heterossexualidade. Sendo assim, muitos/as estudantes são levados/as deixar a escola por não suportarem o ambiente hostil (BENTO, 2011). "No entanto, não existem indicadores para medir a homofobia de uma sociedade e, quando se fala de escola, tudo aparece sob o manto invisibilizante da evasão" (BENTO, 2011, p. 555). Este poder regulatório que existente na escola produz invisibilidades para com os sujeitos que se constroem fora da binariedade, operacionalizando diversas violências e segregações. No caso dos sujeitos jovens e adultos, as experiências negativas já trazidas da escola somam-se à carência familiar e à falta de acolhimento dos espaços educativos.

Assim foi percebido no decorrer da pesquisa aqui descrita, principalmente nas falas trazidas da *Associação em Defesa dos Direitos Humanos com Enfoque na Sexualidade* – ADEH[4], *lócus* da investigação[5]. Em geral, passam pela ADEH pessoas de várias localidades e com a mais variada escolaridade, todavia, o que percebemos é que as

---

[4] A ADEH é uma *organização não-governamental* localizada em Florianópolis-SC, que atua no sentido da garantia de direitos, da promoção de saúde e da discussão no campo dos Direitos Humanos e das políticas TLBG (travestis, transexuais, lésbicas, gays e bissexuais).

[5] As falas dos sujeitos que compõem este trabalho foram autorizadas por Comitê de Ética, nos autos do processo n. 78873317.7.0000.0121, parecer n. 2.448.744, emitido em 19 de Dezembro de 2017.

pessoas transgêneras ou que já não tinham a *passabilidade*[6] durante o período em que estavam na escola, são as que mais encontraram dificuldade em frequentar uma instituição de ensino. Mesmo as que obtinham apoio familiar, não se sentiam parte da escola, pois percebia que havia uma rejeição, um estranhamento. Há relatos de que para conseguirem concluir a educação básica, era necessário trocar de escola por várias vezes. Ou seja, ficava-se na escola até o momento em que não havia nenhum conflito ou violência, ou até quando eles ou elas conseguiam suportar as situações vivenciadas. Caso ocorresse algo, o aluno ou aluna avisava a sua família (as que tinham apoio familiar) que logo buscava outra instituição para seu filho ou filha estudar, as que não obtinham apoio familiar, desistiam ou reprovavam por vários anos, até que seus responsáveis buscassem outra instituição ou expulsassem-nas de casa.

Compreendemos que as pessoas desejavam ser parte de um grupo, serem aceitas, isso é característico do ser humano, e quando isso não ocorria, a situação era de fuga, seja com pensamentos suicidas, melancolia ou depressão, brigas, evasão ou mudança de escola. Já nas cidades do interior, como relatados por alguns sujeitos, essa estratégia de troca de escola era mais difícil, pois em alguns municípios havia apenas uma escola, e a criança que sofria algum tipo de discriminação por conta da sua identidade de gênero ou da sua suposta orientação sexual (nos referimos como suposta, pois relataram que ainda não sabiam de sua orientação, apenas sentiam-se diferentes dos demais), ou evadiam ou continuavam naquele espaço mesmo sendo vítimas de violências, como é o caso da Ângela, de 43 anos[7].

Atualmente, Ângela se identifica como uma transmulher, mas durante sua infância e adolescência em uma cidade no interior do Rio Grande do Sul, não sabia ao certo sua identidade ou orientação.

---

[6] "A passabilidade (de "passar por") é a característica de sujeitos *trans* passarem por sujeitos *cis*, conseguindo apagar ao máximo marcas do sexo imposto ao seu nascimento e colocar em si características sociais do sexo com o qual se identificam e desejam ser reconhecidos. Essa é uma ação que aponta para produção social do gênero quando tais sujeitos trabalham sua imagem, sua gestualidade, as inflexões de fala, modos de agir e se apresentar, enfim, uma série de marcadores que imputam a um corpo marcadores de gênero" (FERREIRA, 2017). Portanto, a *passabilidade* diz respeito a quando uma pessoa busca formas de se apresentar de acordo com o que deseja expressar-se, buscando mecanismos que convençam a leitura de sua imagem.
[7] Os nomes dos sujeitos partícipes da pesquisa são fictícios, provenientes de pessoas que de alguma maneira marcaram os estudos ou as lutas de gênero.

Relatou que sempre sofreu muito na escola, não tem boas recordações, não fez amizades e apanhou muito de colegas. Nunca contou para a família o que ocorria, pois tinha medo de sofrer mais represálias, contou que seu pai era muito rude. Falou com muita tristeza que passou a infância e adolescência sozinha estudando, trabalhando na roça ou escondida em uma barraca da Turma da Mônica (essa barraca era de lona e pequena, cabia uma ou duas crianças, ela foi muito vendida na década de 1980 e 1990, como brinquedo para as crianças).

Em uma das falas que Ângela nos trouxe, ela contou todas as violências sofridas na escola, as agressões diárias e até violência sexual por parte dos colegas. Contou que sempre esperava a aula acabar e todos e todas irem embora para ela poder sair com segurança, mas às vezes alguns meninos a esperavam, e ela apanhava nas imediações da escola. Em uma das vezes que chegou muito machucada em casa, a mãe perguntou o que havia ocorrido, e ela relatou tudo. A mãe foi à escola e pediu uma reunião com os familiares e com os e as docentes da instituição. Ela lembra até hoje que a reunião foi desastrosa, culparam-na, dizendo que não tinha postura de um menino, não sabia sentar e nem falar adequadamente dentro do padrão de masculinidade.

> Em uma vez os meninos me prenderam no banheiro da escola, fecharam tudo e me violentaram sexualmente, eu deveria ter uns 9 (nove) anos, mal sabia o que estava acontecendo, mas sabia que estava errado, e chorei muito. Fiquei vários dias sem ir para a escola, fingi ou fiquei doente mesmo. Lembro até hoje desse dia, lembro dos colegas que fizeram isso, lembro das gracinhas que faziam depois na hora da saída e lembro que nunca soube o porquê faziam isso comigo. Depois disso, passei a sempre ficar com a chave de casa na mão, nos meios dos dedos, pronta para furar alguém que tentasse chegar perto de mim. E assim foi até o segundo grau. Terminei a escola sem ninguém do meu lado. Os trabalhos em grupo eu fazia sozinha, estudava sozinha e não conversava com ninguém. Evitava ir ao banheiro e não levava merenda. No segundo grau, eu já era bem grandona, e batia mesmo em quem tentasse fazer algo comigo, tinha briga todos os dias, era difícil estudar. (ÂNGELA, 43 anos, transgênera)

Mesmo diante de tanto sofrimento e violência, Ângela diz que conseguiu superar, que se sente uma pessoa mais forte, mas que alguns medos ainda a cercam, como ficar sozinha, entrar em lugares fechados. Ela sabe que isso é resultado dos traumas sofridos.

Já sobre o relato de violência sexual, esse é bastante comum, e ocorre muito com meninos ou meninas que estão em desacordo com o padrão estabelecido de masculinidade ou de feminilidade (com meninas há essa violência sexual como forma de *correção* da sexualidade chamado de *estupro corretivo*).

Outras pessoas durante a conversa relataram o mesmo que a Ângela declarou, algumas conseguiram se defender, arrumavam estratégias, fugas, alguns sujeitos falaram que os grupos de meninas os ajudavam, porém, as crianças ou adolescentes que não tinham amigos ou amigas, ficavam a mercê da violência simbólica, física ou sexual.

Ainda no decorrer da conversa, Ângela nos afirmou que:

> Tenho um misto de tristeza e raiva daquele lugar, não tenho vontade alguma de voltar lá. Nunca vi ninguém da escola vir me ajudar, e elas sabiam o que acontecia, tenho certeza. Nunca me vesti como menina, nem tive desejo por meninos durante a escola, se eu era diferente dos demais, era uma coisa minha, do meu jeito, não foi pela educação dos meus pais, que eram muito brabos, me faziam trabalhar na roça e sempre ir bem na escola, não sei o que aconteceu, fui descobrir anos depois quando cheguei em Florianópolis o que acontecia comigo, quem eu era. Meu sofrimento foi longo, até hoje nem meu nome consegui retificar. (ÂNGELA, 43 anos, transgênera)

Quando Ângela fala: *elas sabiam*, ela se refere às professoras. E completa dizendo que:

> Meu desempenho escolar foi proporcional a tudo que sofri na escola. (ÂNGELA, 43 anos, transgênera)

Ainda relatou:

> ... apesar das reuniões da escola sobre meu comportamento não ideal, nada adiantava, pois não sabia o que ocorria, nem tinha ideia sobre minha sexualidade, só me defendia das agressões. (ÂNGELA, 43 anos, transgênera)

Ângela não vai mais à cidade em que estudou, mesmo tendo sua mãe morando lá ainda. Conseguiu construir uma vida bem estruturada na capital catarinense, é ativista do movimento LGBTQIA+, trabalha e contribui com a sua experiência com os e as jovens que estão em período de transição. Disse ainda que, na sua vida nada é fácil, e que até hoje tem que cuidar os lugares em que vai, mas falou que aprendeu a se defender e a se aceitar. Segundo ela, foi um período de dúvidas e dilemas até conseguir fazer a transição. A negação esteve presente e foi um obstáculo que causou sofrimento e angústia.

Esse período de negação foi evidenciado em várias falas no decorrer das conversas, tanto de Ângela, quanto de outras pessoas LGBTQIA+. Negar uma identidade que não é a sua de nascimento, biologicamente falando, é comum para as pessoas transgêneras, isso porque, a sociedade é extremamente fechada para o que se apresenta como diferente, além disso, a identidade travesti, sobretudo, durante décadas foi vinculada a prostituição e colocada como marginalizada.

Os conflitos internos fazem parte de todos os seres humanos, mas quando esses conflitos buscam romper uma ordem social estipulada como certa e errada em relação à sexualidade, eles são muito mais fatigantes e causadores de sentimentos dolorosos. Os marcadores sociais de gênero e sexualidade atuam como ferramentas estruturadoras de condutas normais ou patológicas.

As falas dos sujeitos da pesquisa tendiam a se repetir, muitas expressões eram as mesmas. Pessoas queriam falar muito sobre o que aconteceu durante o período escolar, contavam tudo minuciosamente, com uma riqueza de detalhes proveniente de quem realmente guarda marcas.

Havia também aqueles e aquelas que falavam pouco, somente diziam que foi bom ou que foi ruim e os e as que falavam que não tinham recordação nenhuma, mas em breves momentos de falas apresentavam indícios do que foi esse período nas suas vidas. Como disse Joana, uma transmulher, que relatou em um primeiro momento não ter nenhum sentimento pela escola, que não tinha nada a falar, que foi tudo normal, mas no decorrer da conversa disse que não fez amizades, não guarda momentos positivos da escola, lembrou-se dos apelidos e das piadas que ouvia.

> Eu era bem quieta, não falava com ninguém, um menino bem comportado, mas muito mole para estar no grupo de meninos e para jogar futebol. Chamavam-me de paçoca, eu não ligava, só ia lá estudar, hoje encontro alguns na rua e finjo que não conheço. (JOANA, 27 anos, transgênera)

O pouco que Joana falou já demonstrou que a escola não lhe traz boas lembranças. Por mais que ela diga que não tem recordações, a negação das vivências daquele período, a falta de contato com os e as colegas e o apelido ainda lembrado com uma certa tristeza, são indícios de que a escola não foi o lugar de acolhimento e de bons momentos, seja pela falta de coleguismo ou pela invisibilidade vivida.

Em geral, trazemos muitas referências e lembranças do período escolar. É um período que vai além do aprender e conhecer, é uma fase de constituição identitária, de criação de vínculos e de descobertas. Quando alguém fala que não tem nenhuma recordação de quando estava na escola ou que a escola não foi *boa*, é realmente desassossegador, e nos leva a pensar até onde a escola cumpre seu papel enquanto formação humana, um papel que vai além do ensinar conhecimentos científicos, um papel socializador.

> A escola não foi boa para mim. Riam de mim o tempo todo, me apelidavam de coisas que nem gosto de falar. Chegava em casa e sofria mais ainda, não tinha apoio de nenhuma parte. Nunca vi a escola como um espaço que eu pudesse conversar com alguém, por isso, saí de lá, e saí de casa também. (FRIDA, 45 anos, travesti)

Segundo Louro "... a escola está absolutamente empenhada em garantir que os seus meninos e meninas se tornem homens e mulheres verdadeiros que correspondam às formas hegemônicas de masculinidade e feminilidade" (2000, p. 49). Tal processo da imposição de padrões evidencia-se nas falas de Jean, homem gay de 30 anos. Ele contou que *escapou* de apanhar dos colegas várias vezes, principalmente quando começou a demonstrar sua orientação sexual, a partir do sexto ano escolar. Não fez amizades, não fazia trabalhos em grupo, com os professores e professoras ele tinha um bom relacionamento, mas eles ou elas não interferiam quando ele sofria alguma violência.

> Levava pedradas quando saia da escola, até as meninas me tratavam mal. Até o quarto ano era tudo tranquilo, eu não falava e ninguém falava comigo, e não apanhava, mas depois que fui crescendo e me comportando diferente dos meninos, sentando de pernas cruzadas, com o caderno organizado e quieto, comecei a ser alvo de todos na escola. Eu era a chacota, o veadinho de olho azul. Sempre apanhava porque não tinha quem me defendesse, a chegada e a saída da escola era sempre um tormento, tinha pânico. Com o tempo fui acostumando e criando estratégias para me defender, colocava algo entre os dedos, chave, caneta, tesoura para furar quem chegasse perto, chegava à escola mais cedo e saía mais tarde, não descia para lanchar no pátio, não fazia educação física e não ia aos passeios, assim consegui terminar o ensino médio. (JEAN, 30 anos, gay)

Novamente foi percebido que alguns sujeitos encontram diversas estratégias de salvaguardar a sua integridade física. Outra questão que merece ênfase é em relação ao comportamento relatado por Jean, quando ele exprime que se comportava diferente dos meninos. O que ele quer retratar? Que há "... princípios fundamentais da visão androcêntrica do mundo são naturalizados sob a forma de posições e disposições elementares do corpo que são percebidas como expressões naturais de tendências naturais" (BOURDIEU, 1999, p. 156). Ou seja, que há condicionamentos exigidos socialmente – marcadores sociais demarcados para cada comportamento, ou seja, de homem, ou seja, de mulher.

Mesmo diante das adversidades vividas, Jean relata que se reconhece como um vencedor, que conseguiu estudar, fez um curso técnico profissionalizante, que tem um trabalho na sua área, mas que para conseguir obter o que ele considera como sucesso na vida (como ele mesmo disse), ele mudou de cidade e rebelou-se contra os colegas e as colegas da escola e distanciou-se dos familiares.

> No terceiro ano do ensino médio eu me revoltei, já que era considerado a bichinha e o veadinho da escola, decidi me mostrar. Comecei a usar roupas justas, ir maquiado, incomodar mesmo. Uma vez fui até de salto para a escola. Continuava apanhando, mas me divertia um monte com a cara deles. Conforme fui crescendo, vi que as regras dos professores comigo eram cada vez mais rígidas, mesmo com algumas sutilezas, eles sempre tentavam me desencorajar da minha sexualidade. (JEAN, 30 anos, gay)

Essa reação do Jean com a escola foi uma forma de defesa que ele usou como tática, uma espécie de escudo protetor. Ao agir dessa forma, conseguiu posicionar-se sexualmente e demonstrar que era parte daquele espaço, mesmo que muitos e muitas o enxergassem como alguém com uma espécie de *sexualidade invertida*.

As reações de quem sofre preconceito, discriminação e violência sexual e de gênero são diferentes; tem pessoas que reagem como o Jean, e com isso, conseguem restaurar sua autoestima e fortalecer seus objetivos de vida; outras tendem a entrar em depressão ou em uma tristeza profunda, obstaculizando o convívio em sociedade, como relatou Toni sobre seu afastamento social que foi uma forma de proteção durante a sua adolescência:

> Sofri muito no ensino médio, fiz curso técnico e a turma tinha mais meninos, em vários momentos pensei em desistir, me afastava de todos, não tinha amigos. Riam do meu jeito e do meu corpo, cheguei a reprovar, me sentia muito diferente deles. (TONI, 21 anos, gay)

As dificuldades e rejeições do Toni começaram na adolescência.

Durante a infância frequentou uma mesma escola de bairro e foi mais tranquilo a convivência com a turma. Em relato, disse que não tinha estereótipos femininos e que buscava se comportar o mais próximo do padrão masculino para não sofrer nenhuma represália, no entanto, ouvia piadas constrangedoras com frequência, tanto de colegas como de professores.

> Com o tempo, meu medo tornou-se pânico, passava mal só de pensar em ir para a escola, já me dava calafrios. Ficava pensando se esse era realmente o curso que eu deveria seguir já que, já haviam me dito que não era um curso para pessoas como eu. Mas era o que eu queria, e agora sofro da mesma forma nas aulas de engenharia. (TONI, 21 anos, gay)

As violências não ocorrem apenas na fase da educação básica. Muitas delas se estendem até a graduação e pós-graduação. Houve um relato de uma graduanda de 35 anos, chamada Hanna, que se autoidentificou como travesti, que desistiu do curso de letras, devido à discriminação sofrida no ambiente acadêmico.

Em relato, ela diz que durante todo seu percurso escolar sofreu muito *bullying*, mas que durante a universidade, a violência verbal foi crescente, a ponto de ela desistir de estudar. Ela disse que tinha medo de andar pelo *campus* sozinha, que chegou a ouvir ameaças e por isso desistiu.

Desde a década 1970, as teorias feministas produzem importantes análises sobre as relações entre as violências e as identidades de gênero. O estudo com base nas categorias relacionadas ao gênero indica novas análises, seja para as pesquisas acadêmicas, seja para as áreas do direito civil e criminal; isso porque, não apenas questiona os pressupostos androcêntricos, como constroem um novo paradigma até então ignorado. Com o passar dos anos, as desigualdades entre os gêneros masculinos e femininos começam a ser alteradas e dispostas em relações mais igualitárias. A caminhada dos movimentos feministas obteve transformações sociais, sobretudo no campo dos direitos das mulheres, repercutindo mudanças em todas as dimensões sociais. Entretanto, apesar das conquistas feministas, ainda perduram assimetrias de gênero, os conflitos originados nas questões relativas às construções de gênero e de identidade, assim como uma visão centralizada no sexismo incapaz de transcender a esses dualismos.

Formulada a partir de um contexto oriundo de debates dos movimentos sociais, a bandeira de luta dos movimentos feministas ia além do enfoque das mulheres e se conduzia por meio de uma efervescência de lutas e contestações provenientes das *minorias sexuais oprimidas*[8]. Foi por intermédio das lutas das feministas que muitos grupos LGBTQIA+ iniciaram um discurso pautado na ideia de cidadania, reconhecimento, visibilidade e igualdade de gênero. Em geral, os movimentos feministas e LGBTQIA+ reivindicam o direito a relações mais igualitárias; inclusão da temática nas pautas de políticas públicas; o direito à aceitação, a não discriminação e ao respeito. Partindo desse princípio, entendemos como necessária e fundamental a discussão sobre os marcadores de gênero e de sexualidade, que são influenciados pelos estereótipos e pelos papéis sociais, que contribuem para a construção de uma imagem de uma masculinidade dominante (LOURO, 2007). As representações da sexualidade se apresentam na distinção social, que incidem sob os sujeitos homossexuais. "A produção da heterossexualidade é acompanhada pela rejeição da homossexualidade. Uma rejeição que se expressa, muitas vezes, por declarada homofobia" (LOURO, 2000, p. 80). Desse modo, a homossexualidade promove a perturbação dos heterossexuais, ela incomoda, inquieta, e provoca a rejeição, porque subverte a ordem, provocando as mais variadas violências, como se apresentaram no relato a seguir.

> Quando eu cursava o ensino médio virei a única e primeira transexual do colégio. As professoras e diretoras não sabiam como lidar com isso. Insistiam em me chamar pelo nome civil e, volta e meia, havia uma piada preconceituosa. Fui proibida de usar o banheiro feminino. A única opção que tinha era de usar o banheiro das pessoas com deficiência. Usaram como desculpa que minha presença iria incomodar as alunas, mas eu tinha um bom relacionamento com elas e muitas ficaram ao meu favor. Foi um momento difícil na escola. Em vez de eu ter uma boa convivência e troca de experiência, me excluíram ainda mais, fazendo com que outros alunos, que ainda não tem noção alguma de nada sobre a sexualidade, me tratassem com preconceito e indiferença, sai da escola. Anos depois fiz um supletivo. (JUDITH, 37 anos, transexual)

E neste também:

---

[8] Minorias sexuais oprimidas é um termo incorporado por mim que buscou retratar que as pessoas homossexuais ou de gêneros divergentes são indivíduos socialmente postos a margem não reconhecidos/as dentro de suas singularidades e oprimidos/as dentro de suas *escolhas.*

> Não tenho sentimento algum pela escola. Nunca fui de fazer grupos na escola, pois sempre me dava mal, me olhavam como se eu fosse estranha, alienígena. Na infância sofri muito bullying, nunca consegui fazer amigos, e não tenho recordações boas da escola, busquei me preservar, não me aproximei de ninguém, não fiz amizades, tentei não ouvir as provocações, fiquei distante de tudo. Terminei os estudos, tive apoio da minha família, que mesmo não gostando muito da minha forma de ser, não se afastaram. Agora no trabalho, tenho a mesma postura, sou quieta e faço meu serviço. O que me incomoda é que não posso usar o banheiro feminino, e no masculino também não há condições de eu entrar. Fico o dia todo sem ir ao banheiro, às vezes passo mal, saio mais cedo. Também tem o problema com o meu nome que ainda não consegui mudar judicialmente, e no meu crachá tem o meu nome de registro, não aceitam nome social. (BERTHA, 26 anos, transgênera)

As duas falas demonstram várias violências. Bertha, em um primeiro momento, no grupo, fala que não tem sentimento algum pela escola, e que não guarda recordações negativas, mas no decorrer de sua fala percebemos que há vários sentimentos em relação à escola. Mesmo que durante o processo de escolarização, conforme ela relatou em outro momento, ela fosse um menino afeminado, já se sentia diferente dos demais colegas, via que não tinha os mesmos gostos e as mesmas vontades, que ela. Encantava-se pelo universo feminino. Sentia-se deslocado naquele espaço, como se tudo ali fosse estranho. Não conseguiu fazer amigos e nem amigas, tornou-se uma pessoa tímida, introspectiva que até hoje não gosta de fazer amizades. Já fez a transição há 6 anos, mesmo assim, não se sente reconhecida enquanto mulher trans, pois os espaços públicos não são feitos para as pessoas transgêneras, principalmente os banheiros.

Sobre a fala da Judith em relação aos banheiros, esse relato é comumente descrito por pessoas transgêneras, e é uma forma de violência. É preciso ter clareza que o termo violência, é um termo polissêmico, ou seja, apresenta diferentes sentidos, pois tem relação com o contexto social, econômico e cultural, com os valores e as tolerâncias de cada grupo (SANTOS, 1999). Todavia, de acordo com Santos, as diferentes formas de violência são estruturadas pelo contexto social, e podem ser compreendidas como atos de excesso, conduzidos por meio de relações de poder (2012). Contudo, é necessário ter ciência de tais atos, e diagnosticar como ações de violência, mesmo este aluno ou aluna sendo uma criança, pois naquele momento em que fez o *bullying* pode, em vezes, passar despercebido para um docente ou para um familiar, sendo entendido como um ato de *brincadeira*, entretanto, essa criança crescerá compreendendo tais atos como naturais, e poderá se tornar uma pessoa intolerante e violenta com todos e todas que se encontrarem fora dos padrões impostos socialmente.

Vale aqui esclarecer que o *bullying* é um termo proveniente da língua inglesa, que significa *valentão*, e se refere a atitudes agressivas, verbais ou físicas, intencionais e repetitivas dentro da escola, e são causadoras de dor e angústia, não possibilitando ao agredido reagir. Essa depreciação das pessoas LGBTQIA+ afeta à saúde mental desses sujeitos, pois a rejeição por parte dos e das colegas faz com que ele ou ela não se sinta pertencente ao grupo. Suas possibilidades de ação e participação são negadas, e por vezes, a tristeza fica tão profunda, que a alternativa é dar fim a própria vida. Essas ações na escola não são imparciais elas criam sentimentos de invisibilidade. A invisibilidade tem algumas facetas e pode ser considerado um poder e uma estratégia de ação, ou uma segregação aliada a negação do sujeito. A invisibilidade é uma característica relacionada ao não reconhecimento social perante aos demais grupos. No caso dos sujeitos LGBTQIA+ trata-se de uma forma de desvalorização e indiferença. Essa invisibilidade é gerada pelo preconceito e pela intolerância e atinge todas as pessoas que se encontram em situações não reconhecidas socialmente, seja na esfera da saúde, econômica, etária, racial, sexual ou religiosa.

> Fingir que alguém não existe nada tem de imparcial, e ignorar costuma ser a melhor forma de fazer valer os padrões de comportamento considerados "bons", "corretos", "normais". O silenciar é a tentativa de ignorar o diferente. (MISKOLCI, 2005, p. 18)

A patologização da homossexualidade e das demais identidades divergentes marginalizou-as, transformando-as em algo contagioso. "Quem não se mostrar apto a ser normalizado torna-se digno de repulsa e abjeção, habilitando-se a ocupar um grau inferior ou nulo de humanidade" (JUNQUEIRA, 2013, p. 490). Esse olhar contagioso, discriminatório e até pecaminoso da escola com as pessoas LGBTQIA+ pode ser traduzido no quadro a seguir, que retrata os percentuais da homofobia em algumas escolas brasileiras de acordo com a pesquisa da UNESCO, que buscou aprofundar o debate sobre sexualidade e gênero, contribuindo para que haja uma reflexão nos espaços escolares na busca de uma educação inclusiva, equitativa e realmente para todos e todas.

| **Dados de Homofobia na Escola** |
| --- |
| 27% Homossexuais e bissexuais declaram sofrer, ou ter sofrido preconceito no ambiente escolar. |
| 13% Afirmaram que a escola foi o primeiro lugar onde sofreram discriminação. |
| 87% Da comunidade escolar (professores/as, alunos/as e pais) tem algum grau de homofobia. |
| 39% Dos estudantes que se identificam como homens relatam que não gostariam de ter um colega homossexual. |
| 35% Dos pais não gostariam que o filho ou filha estudasse com um homossexual. |
| 60% Dos professores/as admitem não ter base para lidar com a diversidade sexual. |

**Quadro 1**: Dados de homofobia na escola. **Fonte**: UNESCO, 2016.

A intenção de uma pesquisa como essa é demonstrar que as escolas devem estar atentas às demandas educacionais da população LGBTQIA+, e que ensinem aos seus estudantes e às suas estudantes que todas as pessoas são iguais, independentemente da identidade de gênero ou da orientação sexual. Evidenciamos, também, no quadro acima, que, de todas as minorias sociais, o público LGBTQIA+ está na lista dos mais indesejados. A razão desse repúdio decorre do que foi padronizado no final do século XIX, em que as relações homoafetivas foram consideradas anormais e criminosas.

Na esfera da saúde, a homossexualidade era tratada como doença até 1990, data em que a *Organização Mundial da Saúde* – OMS retirou da *Classificação Internacional de Doenças* – CID, e o *homossexualismo* (o sufixo *ismo* é relacionado a algum tipo de patologia) passou a ser compreendido como homossexualidade (MOTT, 2003). A patologia é vista por muitas pessoas como predominante nos sujeitos LGBTQIA+, muitos concordam que pode ser um distúrbio, outros acreditam ter relação com falta de caráter. Na verdade, as relações com a sexualidade humana ou com a identidade de gênero não se relacionam com nenhuma dessas questões, e sim com desejos e vontades. Definir uma pessoa por sua sexualidade é reduzi-la apenas a isso, é não compreender que a dimensão humana é bem mais vasta e múltipla.

> Fui chamado de aberração durante o ensino fundamental todo, chegou um momento que não quis mais ir para a escola, nunca apanhei, mas ser chamado de aberração me incomodava muito, chegava a ter pensamentos suicidas, e de ter vontade de matar um dos colegas. As meninas ficavam mais perto de mim, algumas me ajudavam e xingavam os meninos. Chamavam-me de outras coisas também, tinha vários apelidos, todos diziam respeito a minha sexualidade, mas ser uma aberração foi o que mais me trouxe desejo de morte. (LUFE, 22 anos, gay)

A sexualidade humana é uma dimensão da experiência social permeada por inumeráveis questões que dizem respeito ao que se entende por identidade. Apesar de todos os seres humanos serem dotados de sexualidade, ela, em geral, não se expressa da mesma maneira para todos e todas. As ações em prol da equidade de gênero e a favor da diversidade sexual não se referem a privar o campo da vivência da sexualidade da necessidade de impor limites. O que se deseja, ao trazermos ao debate estas questões é problematizar a hegemonia heterossexual como única forma de viver a sexualidade; é fazer com que as pessoas tenham assegurados os direitos à "... dignidade, à liberdade e à autonomia também em suas formas de se relacionar sexual e amorosamente, bem como de expressar a feminilidade e a masculinidade, independente de corresponderem ou não aos estereótipos sociais construídos histórica e culturalmente" (LIONÇO; DINIZ, 2009, p. 12).

Reforçamos a necessidade de pesquisas que retratem as dificuldades, violências e privações das pessoas LGBTQIA+ em todos os espaços sociais mesmo com os estudos e pesquisas fortalecidos no século XXI, dando novos contornos para os campos da educação, saúde, segurança, entre outros. A transversalidade que os estudos de gênero e sexualidade se vinculam em cada uma dessas áreas, contribuem na compreensão das inúmeras violações de direitos vividas por esses sujeitos, já que, as manifestações discriminatórias são fortemente encontradas em vários outros espaços, auxiliando cada vez mais para o enquadramento dos sujeitos de acordo com marcadores identitários de gênero. Entender que a sociedade é plural, e a diversidade sexual não é um tema a ser forçosamente discutido em sala de aula, mas sim um tema a ser discutido porque se faz presente na realidade social, é compreender que a sua não discussão se desdobra em sérios prejuízos sociais e violação de direitos para as pessoas LGBTQIA+ (LIONÇO; DINIZ, 2009). Ao partir dessa compreensão vemos que

> As escolas prestariam um relevante serviço à cidadania e ao incremento da qualidade da educação se se dedicassem à problematização de práticas, atitudes, valores e normas que investem nas polarizações dicotômicas, no binarismo de gênero, nas segregações, na naturalização da heterossexualidade, na essencialização das diferenças, na fixação e reificação de identidades, na reprodução de hierarquias opressivas. (JUNQUEIRA, 2013, p. 488)

A reificação de identidades na reprodução de hierarquias opressivas é uma ação que vem sendo garantida há décadas e foi reforçada por 3 instâncias principais, a família, a igreja e a escola, que juntas, orquestram a inculcação de estruturas inconscientes, e à família coube o papel principal na reprodução da dominação e da visão masculinas. Todo esse processo de classificação repercute como um habitus9 que simula certa neutralidade (BOURDIEU, 1983), que faz com que a cultura sexista historicamente construída, deixe evidente quem é o dominante nas relações. Tal dominação se dividiu em relações sociais de exploração entre os gêneros, repercutindo em formatações classistas, que, sob a forma de hexis corporais opostas e complementares e de princípios de visão e divisão, que levam a classificar todas as coisas do mundo e todas as práticas segundo distinções redutíveis à oposição entre o masculino e o feminino (BOURDIEU, 2014). Essa naturalização da divisão entre os sexos dá uma espécie de ordem social que "... funciona como uma imensa máquina simbólica que tende a ratificar a dominação masculina..." (BOURDIEU, 2014, p. 22). Desse modo:

> A forma particular de dominação simbólica de que são vítimas os homossexuais, marcados por um estigma que, à diferença da cor da pele ou da feminilidade, pode ser ocultado (ou exibido), impõe-se através de atos coletivos de categorização que dão margem a diferenças significativas, negativamente marcadas, e com isso a grupos ou categorias sociais estigmatizadas. Como em certos tipos de racismo, ela assume, no caso, a forma de uma negação da sua

---

9 Conceito utilizado por Bourdieu que o situa no contexto das relações com as formas de socialização humana, guiadas por meio de dispositivos culturais, repassados de geração para geração (1983). Convém destacar que há reflexos desses dispositivos no comportamento, no corpo e no cotidiano de quem o reproduz.

> existência pública, visível. A opressão como forma de
> 'invisibilização' traduz uma recusa à existência legítima, pública, isto
> é, conhecida e reconhecida, sobretudo pelo Direito, e por uma
> estigmatização que só aparece de forma realmente declarada quando
> o movimento reivindica a visibilidade. Alega-se, então,
> explicitamente, a 'discrição' ou a dissimulação que ele é
> ordinariamente obrigado a se impor. (BOURDIEU, 2012, p. 143-4)

Constituída a partir de normas e representações culturais
disseminadas ao longo da história, a violência contra os sujeitos
LGBTQIA+ está interiorizada na cultura machista e falocêntrica10.
Vale reforçar que os discursos misóginos e sexistas estão articulados
com uma ideologia cultural que reforça a superioridade do macho
sobre a fêmea, justificando a ideia de inferioridade e fragilidade
vinculada ao universo feminino. No que se relacionam com a
identidade, as relações de gênero se reforçam nas atribuições dos
papéis distintos de cada gênero, gerando um preconceito que "... atua
ocultando razões que justificam determinadas formas de
interiorizações históricas, naturalizadas por seus mecanismos"
(PRADO; MACHADO, 2008, p. 67) de subordinação e repressão.
Sendo assim, as pessoas não enquadradas no binarismo de gênero
serão sempre as outras, as diferentes, aquelas que a identificação é
impensável (BORRILLO, 2009).

> ... e as violências mais ou menos importantes que, continuamente,
> têm tido como objetivo os estabelecimentos escolares mais
> deserdados, nada mais são que a manifestação visível dos efeitos
> permanentes das contradições da instituição escolar e da violência
> de uma espécie absolutamente nova que a escola pratica sobre
> aqueles que não são feitos para ela. Como sempre, a Escola exclui:
> mas a partir de agora, exclui de maneira contínua... e mantém em
> seu seio aqueles que exclui, contentando-se em relegá-los para os
> ramos mais ou menos desvalorizados. (BOURDIEU, 1999, p. 224)

Identificamos que é comum perceber as discriminações de
gênero como causas para processos de evasão, exclusão ou expulsão
escolar, havendo vários fatores que dificultaram o acesso e a
permanência de pessoas LGBTQIA+ na escola. As violações de
direitos são constantes e as violências se agregam a essas situações.

---

10 Nesta perspectiva, o centro do universo é dominado pelo *falo*, órgão sexual do
homem em sua posição ereta, fortemente cultivado pelos gregos como símbolo de
poder do macho, que demonstra virilidade e fecundidade dominada apenas pelos
homens.

As pessoas que não se submetem aos padrões de feminilidades e masculinidades a partir da ótica dos padrões sociais dominantes são reiteradamente expostas a um ambiente escolar sobrecarregado de agressões físicas e verbais. Suas diferenças convertem-se em desigualdades. E "... passamos a interiorizar essas verdades como se fosse uma pele, algo que está conosco desde sempre, o que nos faz esquecer os inúmeros, cotidianos, reiterados 'ensinamentos': a sexualidade normal e natural é a heterossexualidade" (BENTO, 2011, p. 552). Assim a escola, como parte integrante da sociedade, reproduz relações desiguais entre os sujeitos e consequentemente utiliza de seu poder simbólico para ajustar padrões e delimitar corpos.

## Considerações Finais

As diversas violências vividas pelos sujeitos LGBTQIA+ iniciam, muitas vezes, na infância, quando as crianças começam a apresentar características que não correspondem ao que é socialmente pensado para o seu sexo biológico; e essas violências são provenientes de todas as partes: professores e professoras, coordenação e direção da escola, colegas, vizinhos ou vizinhas, no trabalho e pelos familiares, entre outros.

A escola não está isenta das mazelas que foram perpetuadas no patriarcado, ela se ajusta aos padrões, e rigorosamente demarca os espaços de poder e dos corpos, valendo-se de símbolos e códigos. Ela afirma o que cada um pode (ou não pode) fazer, ela separa ao mesmo tempo em que tenta agregar, informa o *lugar* dos pequenos e dos grandes, dos meninos e das meninas. Além disso, a arquitetura da escola reforça a todos e todas sua razão de existir. Suas marcas, seus símbolos e arranjos arquitetônicos fazem todo sentido dentro de um vigiar panóptico (LOURO, 1997, p. 58).

Essa forma com que a escola age restringe possibilidades e reforça visões do que é ser feminino, e do que é ser masculino, contribuindo para que se acredite que os gestos, características, formas de agir, são processos naturais da essência de ser homem e de ser mulher, e "... a crença na naturalidade dos atributos socialmente criados permite que se constituam os gêneros de forma mais poderosa" (MISKOLCI, 2005, p. 15).

No entanto, é na escola, como espaço educativo e formativo que se pode obter a mudança ou a perpetuação de uma sociedade binária, haja vista que os espaços educativos estão fortemente atrelados à cultura de estereótipos. Todavia, não se trata de ações planejadas e orquestradas pela escola, mas são ações que já estão embutidas nas práticas dos professores e professoras, que agem naturalmente, invisibilizando e excluindo. Isto ocorre porque desde muito cedo somos alinhados conforme os estereótipos do que é um ser feminino e do que é um ser masculino, e enquanto docente, acabamos executando o que nos foi ensinado por meio de nossas relações sociais. Nada mais comum e naturalizado em uma visão conservadora ou ingênua (naturalizada) do que um professor ou professora dizer que a letra de algum menino é tão bonita e caprichada que *até parece letra de menina*, ou de pensar que uma menina que faz bagunça em sala de aula e briga, *age como um menino*. Não há uma compreensão individual de cada ser. São estabelecidas regras comportamentais que julgam ajustáveis a todos e todas. Entretanto, é importante pensar na educação como uma ferramenta "política emancipatória, que deve superar processos discriminatórios socialmente instaurados, a fim de transformar a realidade pela reafirmação da ética democrática. Nesse sentido, a escola é um espaço de socialização para a diversidade" (LIONÇO; DINIZ, 2009, p. 9).

A hostilidade, o *bullying*, as violências simbólicas ou físicas e a invisibilidade são os marcadores que mais apareceram nas falas dos sujeitos. Torná-los sujeitos invisíveis ou não percebidos é uma forma de naturalizar a definição da visão binária como a única válida e, por consequência esses sujeitos são excluídos/expulsos dos processos de escolarização, fazendo com que continuem à margem – destinados a ficarem no *armário ou no canto da sala*.


## Referências

BENTO, B. Na escola se aprende que a diferença faz a diferença. **Revista de Estudos Feministas – REF,** Florianópolis, v. 2, n. 19, p. 548-59, maio/ago. 2011.

BORRILLO, D. A homofobia. *In*: LIONÇO, T.; DINIZ, D. (org.). **Homofobia e educação**: um desafio ao silêncio. Brasília: Letras Livres: Ed. UnB, 2009. p. 15-46.

BOURDIEU, P. A escola conservadora: as desigualdades frente à escola e à cultura. *In*: NOGUEIRA, M. A.; CATANI. A. (org.).

**Escritos de educação**. Petrópolis, Vozes, 1983. p. 39-64.

BOURDIEU, P. **A dominação masculina**. Trad. Trad. Maria H. Kühner. 11. ed. Rio de Janeiro: Bertrand Brasil, 2012.

BOURDIEU, P. **A dominação masculina**. Trad. Maria H. Kühner. 2. ed. Rio de Janeiro: Edições Best Bolso, 2014.

DUBAR, C. **A socialização:** construção das identidades sociais e profissionais. São Paulo: Martins Fontes, 2005.

FERREIRA, S. R. S. F. **O direito ao manejo dos próprios dados, a autodeterminação e a passabilidade trans**: diálogos a partir de um relato. *In*: V Seminário Internacional Enlaçando Sexualidades – sexualidades e relações de gênero: produção e gestão do conhecimento, Salvador, 2017.

JUNQUEIRA, R. D. Pedagogia do armário: a normatividade em ação. **Revista Retratos da Escola,** Brasília, v. 7, n. 13, p. 481-98, dez. 2013.

LIONÇO, T.; DINIZ, D. Qual a diversidade sexual dos livros didáticos brasileiros? *In*: LIONÇO, T.; DINIZ, D. (org.). **Homofobia e educação**: um desafio ao silêncio. Brasília: Letras Livres: Ed. UnB, 2009. p. 9-14.

LOURO, G. L. Gênero, história e educação. **Educação & Realidade,** Porto Alegre, v. 20, n. 2, jul./dez.1995.

LOURO, G. L. **O corpo educado**: pedagogias da sexualidade. Trad. Tomaz T. Silva. 2. ed. Belo Horizonte: Autêntica, 2000.

LOURO, G. L. Pedagogias da sexualidade. *In*: LOURO, G. L. (org.). **O corpo educado**: pedagogias da sexualidade. Belo Horizonte: Autêntica, 2007. p. 7-34.

MISKOLCI, R. Um corpo estranho na sala de aula. *In*: ABRAMOWICZ, A.; SILVÉRIO, V. R. (org.). **Afirmando diferenças:** montando o quebra cabeça da diversidade da escola. Campinas: Papirus, 2005. v. 1. p. 13-26.

MOTT, L. **Homossexualidade**: mitos e verdades. Salvador-BA: Ed. Grupo Gay da Bahia – GGB, 2003.

PRADO, M. A. M.; MACHADO, F. **Preconceito contra homossexualidade**: a hierarquia da invisibilidade. São Paulo:

Cortez, 2008.

SANTOS, C. A construção social do conceito de identidade profissional. **Interações**, n. 8, p. 123-44, 2005.

SANTOS, J. V. T. (org.). **A palavra e o gesto emparedados:** a violência na escola. Porto Alegre-RS: PMPA, SMED. 1999.

UNESCO – ORGANIZAÇÃO DAS NAÇÕES UNIDAS PARA A EDUCAÇÃO, A CIÊNCIA E A CULTURA. **Out in the open:** education sector responses to violence based on sexual orientation and gender identity/expression. Paris: UNESCO, 2016.

VIGANO, S. M. M. **Sujeitos jovens e adultos LGBT**: diálogos sobre gênero, sexualidade e escolaridade. 384 f. Tese. Doutorado em Educação. Universidade Federal de Santa Catarina – UFSC. Orientação de Maria Hermínia Lage Fernandes Laffin. Florianópolis-SC, 2019.

# 5

# O *BULLYING* NA ESCOLA: VIOLÊNCIAS CONTRA PESSOAS COM TEA E POPULAÇÃO LGBTQIA+


ANDRÉ MASAO PERES TOKUDA
EVELYN YAMASHITA BIASI
FABIANA FERRARI
JULIANA FERNANDA DE BARROS


## Introdução

Neste trabalho temos como objetivo discutir a prática do *bullying* dentro das escolas, mais especificamente, as violências sofridas por crianças e adolescentes/jovens com *Transtorno do Espectro Autista* – TEA, bem como aqueles e aquelas que escapam a matriz de inteligibilidade dos gêneros e sexualidades. Tais populações tornaram-se vulnerabilizadas dentro de uma sociedade corponormativa, heteronormativa, machista, misógina e sexista, na qual estabelece padrões de corpos, comportamentos, desejos, sexos, sexualidades e gêneros, e excluí e violenta todos e todas que não se enquadram neste lugar. Assim, pretendemos com este texto levantar problematizações a respeito da inclusão escolar e demonstrar a urgente necessidade de tais temas serem discutidos dentro das escolas.

Inicialmente vale discutirmos sobre a prática de *bullying*, que em muitos momentos aparece de forma banalizada na nossa sociedade, como se fosse uma mera brincadeira entre a comunidade de estudantes, ou seja, visto como uma atitude normal da infância e da adolescência. Muitas pessoas já ouviram, ou mesmo proferiram, comentários do tipo "na minha época não tinha esse tal de *bullying*" ou "na minha época isso não era *bullying*, era só uma brincadeira de criança".

Essas falas comprovam que as expressões, percepções e os comportamentos que as pessoas têm sobre as violências mudam ao longo do tempo (MINAYO, 2006). Isso porque, as violências, como toda prática social, estão permeadas por mudanças que são históricas, sociais, culturais e subjetivas. Dessa forma, um ato pode não ser considerado violento numa determinada época e cultura, mas noutro contexto pode ser veementemente questionado e combatido, a partir da tomada de consciência da sociedade sobre o fenômeno, seus danos e consequências àqueles/àquelas que sofrem, como vem ocorrendo com a presente temática do *bullying*. Como ocorreu em 1982 na Noruega, quando três estudantes, entre dez e quatorze anos, vítimas de *bullying* escolar cometeram suicídio. Este evento impressionou a comunidade e deu início a criação de campanhas e programas de intervenção nas escolas, que tinha por objetivo a conscientização do problema e o apoio às vítimas (STARR, 2005 *apud* TORO; NEVES; RESENDE, 2010).

De fato, pode ser que o *bullying* enquanto prática de violência entre os alunos e as alunas seja um fenômeno de preocupação e reconhecimento social mais atual. No entanto, os primeiros estudos sobre essa temática referem-se à década de 1970 por Dan Olweus (STARR, 2005 *apud* TORO; NEVES; RESENDE, 2010).

A palavra *bullying*, de origem inglesa, segundo Marques e Draper significa "... usar a superioridade física para intimidar alguém" (1996, p. 41). Lopes Neto define o termo *bully* em língua portuguesa como *valentão*, *machão*, pessoa que exerce de forma recorrente comportamentos discriminativos de exclusão, agredindo ou machucando outras; desta forma entende-se que o *bullying* é uma forma de assédio constante a uma pessoa, proporcionando danos emocionais, morais e físicos, mas também é uma construção social e cultural (2005). Os personagens envolvidos nessas violências são a vítima, o agressor[1] e o observador/espectador, pessoa que presencia

---

[1] Ressaltamos que ao longo do texto iremos utilizar o termo *agressor* no masculino para melhor entendimento e padronização, a escolha se deu por ser pessoas do gênero masculino as que mais praticam o *bullying* (BANDEIRA; HUTZ, 2012), também entendendo que esse resultado se dá devido aos estereótipos de gêneros produzidos em nossa sociedade, impondo as pessoas do gênero feminino o lugar de passividade. No entanto a prática do *bullying* não é exclusiva dos meninos, também é exercida por meninas.

o ato de violência e não se manifesta ou denúncia (SILVA, 2010). Essas ações violentas independem do gênero, ou seja, não tem como agressor ou vítima apenas pessoas de um determinado gênero.

Vale ressaltar que o *bullying* é mais recorrentemente na infância e adolescência, mas na vida adulta também tem aumentado sua incidência, ocorrendo em diferentes cenários, como ambientes intrafamiliar (entre pais e filhos, entre irmãos, cônjuges) e extrafamiliar (amigos, professores, vizinhos), decorrente de abuso de poder, com abuso físico, verbal e a exclusão social (MONKS *et al.*, 2009).

O *bullying* é um mal desnecessário, criado e estimulado por agressores e agressoras em escolas, lares, grupos de crianças e jovens, contra os que não estão dentro de padrões cristalizados e estereotipados exigidos por nossa sociedade. Para Smith, torna-se comum o *bullying* contra pessoas com características físicas, socioeconômicas, de etnia e orientação sexual específicas, corroborando com os grupos que são discutidos nesse artigo: pessoas com transtorno do espectro autista e/ou que não se enquadram nos estereótipos de gêneros e sexualidades pré-estabelecidos (2002).

Assim, podemos observar, também, que há uma aproximação deste fenômeno com a ideia de preconceito, refletindo principalmente sobre os fatores psicossociais, físicos e econômicos daqueles que são alvos (ANTUNES; ZUIN, 2008). Para os psicanalistas Jahoda e Ackerman, o preconceito constitui numa "... atitude de hostilidade nas relações interpessoais, dirigida contra um grupo inteiro ou contra os indivíduos pertencentes a ele, e que preenche uma função irracional definida dentro da personalidade" (1969, p. 27 *apud* ANTUNES; ZUIN, 2008, p. 37).

Geralmente, o preconceito é resultado da projeção do indivíduo-agressor de suas ideias, medos e fantasias no objeto-vítima, tornando-o ameaçador e, portanto, digno de ataques. Noutras palavras, a *projeção* é um mecanismo defensivo do ego (eu psíquico) para lidar com aquilo que o indivíduo não consegue suportar em si mesmo. Nela, o sujeito projeta no outro aspectos de sua personalidade e não admite que tais ideias ou comportamentos sejam dele mesmo.

Para Chauí, o preconceito também se refere àquilo que é anterior ao conceito e uma vez que este envolve o desenvolvimento do questionamento e do pensamento, o primeiro apenas é regido pelo sentimento e pela vivência imediata da experiência (2017). Um comentário típico da manifestação do preconceito que está enraizado no nosso cotidiano pode ser lembrado por meio da frase "a primeira impressão é a que fica" demonstrando uma confissão vaga e ignorante sobre o outro.

Na prática do *bullying* observamos uma relação de poder constituída em que o agressor desfruta (ou acredita desfrutar) de uma posição física e/ou social superior à da vítima, colocando-a numa posição de objeto de seu desejo, vontade ou frustração, por meio da imposição de práticas de abusos físicos, psíquicos, morais e sexuais que são muitas vezes justificadas pela diferença do outro e pelo preconceito. Este fenômeno ocorre, na maioria das vezes, longe dos olhos dos adultos e é de difícil detecção, é preciso muita atenção (LOPES NETO; SAAVEDRA, 2004). Um dos primeiros indícios que alguém está sofrendo *bullying*, segundo Wendt, Campos e Lisboa, é o isolamento, pois a vítima sente-se culpada, excluída, envergonhada pelas situações vexatórias expostas (2010). As vítimas segundo Olweus:

> ... podem ser passivas, ou seja, isoladas (excluídas), introvertidas e/ou inibidas; apresentam uma percepção negativa de si mesmas e da situação em si, pois não conseguem vislumbrar alternativas para mudar a situação. Também podem ser provocativas, ao apresentar comportamento agressivo e/ou ansioso, que pode irritar ou provocar tensão no contexto grupal em que estão inseridas. Geram, por consequência, a exclusão do grupo de pares. (1993 *apud* LISBOA; BRAGA; EBERT, 2009, p. 63)

Segundo Giusti, muitos jovens se sentem incompreendidos, com gritos silenciados de dores e medos (2013). As violências e a vitimização que o *bullying* permite tem consequências negativas imediatas e tardias aos envolvidos, pois muitas das vítimas não conseguem encontrar uma luz no fim do túnel ou ar para respirar fora de palavras, atos e comportamentos ofensivos (LOPES NETO, 2005). Nesta esteira, o *bullying* causa não só a exclusão social das vítimas, mas também consequências psicológicas devastadoras, como veremos a frente.

Assim, é muito importante que as famílias sejam orientadas de como agir caso isso estiver ocorrendo na vida de seus filhos e suas filhas (LOPES NETO; SAAVEDRA, 2004). Isso pode se tornar mais difícil quando os cuidadores não conseguem estabelecer uma ligação de afetividade e boa convivência com seus filhos, baseada no diálogo, no período da infância, porque na adolescência pode ser mais difícil estabelecer tal vínculo, pois é um período de transformações, no qual os jovens estão passando por processos de mudanças corporais, fisiológicas e comportamentais, momento que a normalidade está relacionada a adaptação ao meio/grupo em que se encontram, e muitos pais têm dificuldades de compreender esta etapa de transição de seus filhos, fazendo com que não percebam, muitas vezes, que sofrem e/ou cometem bullying (KNOBEL,1981).

Com o avanço tecnológico os pais e cuidadores precisam se atualizar e interagir com o meio digital, pois entender a linguagem desse novo *mundo* permite aproximação com seus filhos, quando essa imersão tecnológica não existe podem, muitas vezes, permanecer excluídos da vida de sua prole, aumentando as dificuldades em acompanha-los no mundo virtual, seja em redes sociais, *blogs*, sites de relacionamentos, *whatsapp*, e até na questão dos provedores de filmes e séries, como a *Netflix*. E nesse meio virtual o *bullying* tem se transformado, toda essa viabilidade tem facilitado que agressores cometam diversos tipos de violências, principalmente moral e psicológica, sem serem identificados e tendo milhares de pessoas assistindo. Um problema mundial que tem afetado e hostilizado pessoas nas redes sociais de forma discriminatória e vexatória, passando a ser conhecido como *cyberbullying* (MONKS *et al.*, 2009; SLONJE; SMITH, 2008).

Para Lévy o ciberespaço proporciona ao que era invisível e individual a se tornar público, seja de forma positiva ou negativa (2001). As redes sociais atraem as pessoas a publicar/postar e consultar conteúdos de todos os tipos, possibilitando assim o acesso de todos os públicos. Essa facilidade, ao acesso às redes sociais, atrai agressores, reforçando seus comportamentos deliberados, repetitivos e hostis, permitindo a exposição daquele que é agredido nas redes sociais. As ofensas e violências que surgem na *internet* são por xingamentos, fotos montadas e vídeos, essas no geral são psicológicas e morais. O mundo digital permite que o agressor atormente a vítima a todo momento.

Assim fica exemplificado que ações de prevenção e proteção são necessárias, pois a violência vem aumentando a cada dia. Segundo dados do *Instituto Nacional de Estudos e Pesquisas Educacionais Anísio Teixeira* – INEP, a ocorrência de *bullying* nas escolas brasileiras é duas vezes maior que a média na América Latina (BRASIL, 2020); esses dados são importantes, pois somente com a visibilidade sobre o

problema que são criadas leis de combate, como em 2015, quando
houve a criação de uma lei para o combate ao *bullying*. A Lei n.
13.185, de 6 de novembro de 2015, instituiu em todo o território
nacional o *Programa de Combate à Intimidação Sistemática (Bullying)*, com
o objetivo de amenizar e intimidar agressores e proteger vítimas
desta violência. As medidas que coíbem o *bullying* e o *cyberbullying*
estão em fase de identificação, desenvolvimento e implantação, e
todas as ferramentas que visem combater essa violência vêm sendo
estudadas, desconstruindo aos poucos a visão cristalizada de que são
apenas brincadeiras.

Vale ressaltar, como colocou Chauí, que a violência é "... um ato
de brutalidade, sevícia e abuso físico ou psíquico contra alguém e
caracteriza relações intersubjetivas e sociais definidas pela opressão
e intimidação, pelo medo e pelo terror" (2017, p. 26). A violência
deve ser compreendida, antes de tudo, como um fenômeno
complexo que gera marcas e agravos às vítimas, aos próprios
agressores e à sociedade como um todo. Acreditamos que
conseguimos fazer até aqui uma breve explicação sobre o que é o
*bullying*, agora discutiremos sobre essa forma de violência contra
populações que se tornaram vulneráveis ao longo do tempo, pessoas
com *transtorno do espectro autista* e/ou dissidentes da matriz de
inteligibilidade dos gêneros e sexualidades, por pertencerem a uma
sociedade normatizante e excludente como a nossa.

## 1 *Bullying* contra pessoas com Transtorno do Espectro Autista

Após a implementação e o fortalecimento da *inclusão escolar* a
partir da *Declaração Universal dos Direitos Humanos* (1948), da *Declaração
Mundial sobre Educação para Todos* (Conferência de Jomtiem, 1990), da
*Declaração de Salamanca* (que trata dos princípios, política e prática em
educação especial, 1994), da *Convenção Interamericana para a Eliminação
de Todas as Formas de Discriminação contra as Pessoas Portadoras de
Deficiência* (Guatemala, 2001), da lei brasileira de inclusão (Lei n.
13.185/2015), dentre outros termos, foi instituído o *direito* das
pessoas com deficiência a estudarem em escolas regulares sem
nenhum tipo de segregação.

A proposta da educação inclusiva é assegurar o direito a inserção,
permanência, participação e inclusão das pessoas com deficiência,
independentemente das suas condições físicas, sociais, linguísticas,
intelectuais, entre outras, ao ensino regular, tendo a escola o dever

de ajustar sua política-pedagógica, recursos metodológicos de ensino e avaliação, bem como a estrutura física e o funcionamento da escola para que contemple a todos os alunos com necessidades especiais.

Em função das desvantagens socioculturais e/ou de suas características particulares, o movimento da educação inclusiva visa combater a exclusão social sofrida por essas pessoas durante anos e garantir as necessidades educativas especiais, por meio do *Atendimento Educacional Especializado* – AEE, de todos os sujeitos-alunos em todas as etapas e níveis de ensino (HONTANGAS; PUENTE, 2010).

> ... além de ser um direito, a educação inclusiva é uma resposta inteligente às demandas do mundo contemporâneo. Incentiva uma pedagogia não homogeneizadora e desenvolve competências interpessoais. A sala de aula deveria espelhar a diversidade humana, não escondê-la. Claro que isso gera novas tensões e conflitos, mas também estimula as habilidades morais para a convivência democrática. O resultado final, desfocado pela miopia de alguns, é uma educação melhor para todos. (MENDES, 2012, p. 4)

De acordo com a *Política Nacional de Educação Especial na Perspectiva da Inclusão*, denomina-se educandos com *necessidades educacionais especiais* – NEE o grupo composto por pessoas com deficiência sensoriais, sendo estas: a deficiência auditiva e visual; pessoas com *deficiências não sensoriais*; aquelas com deficiência física e intelectual; deficiências múltiplas; pessoas com *altas habilidades ou superdotação* – AH/SD; pessoas com *transtorno do espectro autista* – TEA ou que apresente alguma necessidade específica em decorrência de suas características ou condições (BRASIL, 2008). Assim, o termo alunos com *necessidades educacionais especiais* engloba uma multiplicidade de discentes, com ou sem deficiência, que ao longo do seu percurso escolar apresentem alguma dificuldade específica de aprendizagem e necessitem de apoio (LOPES, 2014).

A partir da *Política Nacional de Proteção dos Direitos da Pessoa com Transtorno do Espectro Autista (Lei* n. 12.764/2012), conhecida como *Lei Berenice Piana*, o autismo passou a ser reconhecido legalmente como uma deficiência e a eles foram estendidos todos os direitos previstos que amparam as pessoas com deficiência. E aos alunos com altas habilidades ou superdotação, a legislação assegura o atendimento educacional especializado, para que possam desenvolver suas habilidades e ter acesso ao aceleramento nos seus estudos e enriquecimento curricular no ensino regular.

No Brasil, a partir da implementação de leis, normas e diretrizes sobre a inclusão, a cada ano observa-se o aumento do número de alunos com necessidades especiais matriculados no ensino regular. Segundo Bueno e Meletti, houve aumento de 58% nas matrículas de alunos com NEE de 2000 a 2009 (2011). E de acordo com os dados do Censo Escolar de 2018, publicados pelo INEP, no período entre 2014 a 2018, houve um aumento de 33,2% no número de matrículas de alunos com necessidades especiais (BRASIL, 2020).

Como podemos observar, pessoas com deficiências e/ou necessidades educacionais especiais participam cada vez mais do ensino regular, podendo desenvolver suas habilidades sociais, comunicação e funções psicológicas. Contudo, como apontado por Emerich, Alckmin-Carvalho e Melo, "... para que este processo possa se cumprir de forma efetiva, é preciso superar diversas barreiras, e, entre elas, a receptividade dos colegas de classe à criança com algum tipo de deficiência" (2017, p. 390).

Dentre o público alvo da educação especial, iremos focar neste trabalho nos alunos com TEA, pois devido as suas peculiaridades, são mais vulneráveis ao *bullying* e tendem a sofrer mais com a exclusão e marginalização no ensino regular, segundo pesquisa desenvolvida por Schroeder *et al.*, fazendo parte do grupo de alto risco para vitimização devido a própria natureza de sua condição (2014).

Pessoas com TEA apresentam um transtorno global do desenvolvimento, que se manifesta até os três anos de idade e compromete três grandes áreas do desenvolvimento, sendo elas: comunicação, socialização e comportamento (APA, 2014). Na comunicação, podem apresentar disfunções na linguagem verbal e não-verbal, com pouca ou nenhuma compreensão da expressão facial do outro ao se comunicar, fala ecolálica (repetições mecânicas de palavras ou frases que ouve), monotônica (dificuldade de colocar emoções no seu discurso com alteração de tons e volume), monotemática (falando de um só tema) e algumas crianças podem se comunicar apenas na terceira pessoa. Por avaliarem a linguagem de modo concreto, apresentam dificuldades em identificar as sutilezas e questões subentendidas em um discurso como metáfora, duplo sentido, piada, sarcasmos e ironia. "Essas pessoas podem ser chamadas de 'mentes literais', pois o que interessa para elas é a palavra ou o ato em si, e não a intenção que está por trás do que estão vendo ou ouvindo" (SILVA; GAIATO; REVELES, 2012, p.

38).

Na socialização, podem apresentar disfunção no contato social com o outro e falta de interação social, preferindo, algumas vezes, se manter isolada dos demais. A dificuldade na habilidade de socialização acontece "... não, necessariamente, porque estão desinteressados, mas porque não sabem e não aprenderam a arte de interagir e manter vínculos" (SILVA; GAIATO; REVELES, 2012, p. 23). Manifestam também dificuldades no estabelecimento do contato visual e podem apresentar pobre consciência da outra pessoa, o que prejudica a capacidade de imitar e se colocar no lugar do outro.

No comportamento, as disfunções podem ser divididas em *comportamentos disruptivos cognitivos* e *comportamentos motores estereotipados e repetitivos*. Os *comportamentos disruptivos cognitivos* dizem respeito aos rituais, compulsões, rotinas e interesses circunscritos que são caracterizados por uma adesão rígida a alguma regra ou necessidade de controle. Já os *comportamentos motores estereotipados e repetitivos*, estão relacionadas as ações gestuais e condutas como *flapping* (movimento de balançar as mãos), balançar o copo, emitir sons sem significados, fazer caretas, bater palmas etc. de modo involuntário (SILVA; GAIATO; REVELES, 2012).

Todas essas disfunções descritas podem ocorrer em intensidades variáveis, pois o TEA apresenta graus de comprometimento, havendo uma diversidade dentro do espectro, composto pelo autismo leve (nível 1), moderado (nível 2) e grave (nível 3). A depender da diferença de grau, podemos ter crianças que se isolam por completo ou que apresentam dificuldades muito sutis de interação, aquelas que adquirem uma linguagem adequada ou que não desenvolvem essa habilidade, e, outras que apresentam grande comprometimento no comportamento ou que quase não aparentam nenhuma questão comportamental. Quanto maior o grau de comprometimento do autismo, maiores chances terão de vir a sofrer *bullying* dentro da escola, por terem dificuldade em participar da vida social e de manter relações positivas entre seus pares (FALCÃO, 2017).

Devido aos comportamentos que destoam daqueles esperados pelos neurotípicos, apresentando dificuldades sobretudo nos aspectos essenciais para o desenvolvimento das habilidades sociais (comunicação, interação e comportamento social), tais crianças podem vir a sofrer rejeição e vitimização dentro do espaço escolar.

Na rejeição, há um desprezo, recusa ou baixa preferência do grupo de colegas em interagir com a criança com TEA, excluindo-a do convívio social. Já na vitimização, conhecido como *bullying*, ocorre atos de agressões físicas e/ou verbais, "... isolamento repetidos, sistemáticos e com intenção de causar dano à outra pessoa." que não dispõe de recursos para se defender ou pedir ajuda (EMERICH; ALCKMIN-CARVALHO; MELO, 2017, p. 391).

Como resultado de tais agressões, a vítima pode apresentar algumas consequências psicológicas e acadêmicas, como instabilidade emocional, isolamento, depressão, agressividade, baixo rendimento e evasão escolar. Em alguns casos, devido ao grau de comprometimento do autismo e pela sua dificuldade em ler e interpretar o contexto, algumas crianças podem não perceber que estão sendo vítimas de *bullying* ou de isolamento por seus pares. Assim, cabe a direção da escola, funcionários e funcionárias, e professores e professoras ficarem atentos e atentas a tais questões e implementar medidas e ações de prevenção e combate a rejeição e vitimização.

Pesquisas sobre o *bullying* revelam três classes de comportamentos que comumente são alvos de rejeição e vitimização entre pares e que precisam ser trabalhadas pela escola, sendo: retraimento/timidez, déficits nas habilidades sociais e comportamentos de desatenção e hiperatividade (EMERICH; ALCKMIN-CARVALHO; MELO, 2017). Crianças com TEA tendem a apresentar esses três comportamentos, sendo constantemente alvos de *bullying*. Assim, precisamos estar atentos a essas questões a fim de propiciar um ambiente seguro e de desenvolvimento para todas as crianças e adolescentes, pois como veremos no próximo tópico, *outras* maneiras de ser e existir tornam-se alvos de violências dentro das escolas por, assim como pessoas com TEA, se diferenciarem do que é tido como *normal*.

## 2 O *Bullying* como Expressão da LGBTQIA+Fobia[2]

Questões de gêneros, sexualidades e sexos são temas constantes no *bullying* escolar, reflexo de nossa sociedade que ainda se embasa

---

[2] LGBTQIA+, sigla para Lésbicas, Gays, Bissexuais, Transexuais ou Transgêneros, Queer, Intersexo, Assexual e Todas as outras maneiras identitárias de gênero e orientação sexual. Ao longo do texto iremos discutir o uso do termo LGBTQIA+fobia ao invés de homofobia.

no patriarcado, heteronormatividade, machismos, sexismos e misoginias. Os preconceitos e discriminações contra pessoas que fogem do que é imposto como *normal*, tanto na questão da expressão da identidade de gênero, como em relação a sexualidade, podem gerar diversos tipos de violências: física, psicológica, moral, patrimonial e sexual; muito devido ao dispositivo de sexualidade que impera em nossas relações. Foucault chamou de *dispositivo de sexualidade*, uma série de tecnologias e estratégias utilizadas para conter e disciplinar os corpos (2015), e, aqui vale transcrever como o autor o definiu:

> ... um conjunto decididamente heterogêneo que engloba discurso, instituições, organizações arquitetônicas, decisões regulamentares, leis, medidas administrativas, enunciados científicos, proposições filosóficas, morais, filantrópicas. Em suma, o dito e o não dito são os elementos do dispositivo. O dispositivo é a rede que se pode estabelecer entre estes elementos. (FOUCAULT, 2007, p. 244)

Com isso, partimos da ideia de que os gêneros são construções sociais, culturais, macro e micro políticas, assim como as sexualidades, os desejos, as práticas sexuais e os sexos; no entanto, muitas vezes são capturados, cristalizados e normatizados, fazendo com que se crie padrões de ser e estar no mundo, produzindo sensações, pensamentos, desejos, atitudes, comportamentos, relações, valores, estereótipos, conceitos e preconceitos, discursos e práticas que se devem ter para não fugir de códigos inteligibilidade, para isso se apoiam a instituições reguladoras como o Estado, família, escola, igreja, entre outras, que fazem parte do dispositivo de sexualidade (FOUCAULT, 2015).

Desta forma, as violências de gêneros podem ter como vítimas as mulheres, homens, crianças, adolescentes e pessoas idosas, ocorrendo devido a padrões/normatizações estabelecidos em nossa sociedade, que privilegiam a heterossexualidade e a masculinidade, colocando-os como normas e as dissidências como bordas, contornos, estrangeiras, invisíveis, corpos abjetos (BUTLER, 2003). Essas cristalizações atingem a todas pessoas, não importando o gênero, sexo e sexualidade, pois criam e impõe como cada pessoa deve se portar, com diferenças de intensidade e imposição, com isso quando se nasce com uma vagina, se espera que a pessoa seja do gênero feminino, heterossexual e que a cada dia performe o que é ser uma *menina*, seguindo comportamentos, expressões, sentimentos que se produziram como sendo pertencentes a este gênero

(PENEDO, 2008).

Segundo Foucault ao longo da história foram se construindo formas de interferir e controlar a população e principalmente na questão dos desejos e práticas sexuais, fazendo com que as pessoas reproduzissem somente aquilo que se colocava como *correto*, *normal*, *saudável* e *não pecaminoso*, como o sexo após o casamento, prática sexual apenas para a geração de filho e/ou filha, e ter o outro sexo como objeto de desejos (2015).

Neste sentido, Rubin explica o *sistema sexo/gênero* como um dispositivo/tecnologia para controlar e disciplinar os corpos, auxiliando, principalmente, a continuação da prática de dominação das mulheres pelos homens, sustentando assim o patriarcado e fazendo com que a mulher continue no lugar de objeto (1975). Butler, algum tempo depois, acrescentou ao sistema sexo/gênero os desejos e práticas sexuais (2003); segundo as políticas heteronormativas as pessoas deveriam se enquadrar neste sistema, ou seja, uma pessoa que nasce com o sexo de macho, deverá ter o gênero masculino, desejo heterossexual e ser ativo na prática sexual, e quem nasce com o sexo fêmea, deverá ter gênero feminino, desejo heterossexual e prática sexual passiva; criando se assim um código de inteligibilidade e padronização. Com isso, vão surgindo políticas identitárias, que aprisionam e controlam as pessoas e seu corpos em meros reducionismos. Também se constrói os preconceitos, discriminações e violências de gêneros contra mulheres, crianças, adolescentes, pessoas idosas e LGBTQIA+. Portanto, dentro das instituições de educação o *bullying*, contra pessoas que não *se enquadram* as normas de gêneros e sexualidades, é uma forma de expressão da LGBTQIA+fobia existente em nossa sociedade.

Vale ressaltar que o termo *homofobia* é mais utilizado e conhecido pela população em geral; este foi construído em 1965 por um psicólogo clínico ao ver sua amiga que era lésbica ser agredida verbalmente em público, e tem como significado a aversão, medo e/ou a manifestação de sentimentos negativos contra pessoas que se relacionam afetiva e/ou sexualmente com outra pessoa do mesmo sexo, ou seja, expressão de ódio contra gays e lésbicas mais especificamente (JUNQUEIRA, 2007), mas tem sido utilizado para designar os preconceitos, discriminações e violências contra pessoas que *escapam* a heteronormatividade e binaridade de gêneros.

No entanto, acreditamos que quando se utiliza o termo *homofobia* acaba-se por falar/pensar apenas em homens gays e mulheres lésbicas cisgêneros (pessoa que se identifica com o gênero atribuído ao nascer, como exemplo, pessoa do sexo de macho e identidade de gênero masculina), brancos e brancas de classe social média e alta. Tal termo muitas vezes não representa o homem gay cisgênero, negro e morador da favela, a travesti, as pessoas trans, e tantas outras identidades e expressões de gêneros e orientações afetivas/sexuais. Desta forma acreditamos que ao usarmos LGBTQIA+fobia estaremos abarcando maior número de pessoas que sofrem violências diariamente nas escolas, ruas, e dentro da própria casa.

O *bullying* escolar a partir do dispositivo de sexualidade atinge crianças e adolescentes, que muitas vezes ainda desconhecem seus corpos, desejos sexuais, sua sexualidade e os estereótipos de gêneros que *devem* performar, com isso tornam-se alvos de violências que acabam por não entender por qual motivo ocorre. No filme *Bichas, o documentário*, dirigido por Parente (2016), João Pedro Simões, um dos entrevistados, conta uma passagem em sua escola, quando tinha entre seis a sete anos, de um concurso de dança que participou e pela forma como dançou as pessoas presentes começaram a falar "Ele é uma menina", "Quer ser a Sheila"[3], "É viado!", esse exemplo demonstra como o sistema sexo/gênero/desejo/prática sexual apontado por Butler (2003) funciona, nesse caso através da violência moral e psicológica. João, que nasceu com sexo de macho, não performou o gênero masculino da maneira *adequada*, fugiu da norma, com isso foi penalizado mesmo antes de conseguir entender o motivo.

Em outra passagem, João conta que estava dançando no pátio da escola com suas amigas quando diversos meninos jogaram lixo nele, assim como em outros momentos sempre o xingavam e tentavam agredi-lo fisicamente (PARENTE, 2016). O *bullying* ocorria por João fugir do padrão estabelecido para pessoas que nasceram com um pênis, sua vivência do gênero masculino destoava as normatizações da masculinidade hegemônica[4], e com medo de perder os privilégios que são dados aos homens, estes outros o atacavam, muitas vezes,

---

[3] Sheila em referência a dançarina do grupo "É o Tchan".

[4] O conceito de *masculinidade hegemônica* surge com Connell (1997) e tem sido utilizado na literatura desde então, se entende por *masculinidade hegemônica* as identidades normatizadas colocadas como ideais, centrais, hierarquicamente no poder em certos grupos e/ou sociedades, a qual servirá como referência para outras. No entanto é instável, sempre em processo e territorial, ou seja, se altera ao longo do tempo e espaço.

como maneira de correção, que voltasse a performar a ideia do *macho
alpha*. Andrêo *et al.* apontam que a homofobia se coloca como uma
das linhas no processo de construção das masculinidades, pois ajuda
a negar o universo feminino e qualquer possibilidade de perda do
poder nas relações de gêneros (2016).

Pegando essa ideia emprestada, podemos dizer que a
LGBTQIA+fobia é muitas vezes utilizada para que a
heteronormatividade se perpetue e seus privilégios não sejam
perdidos. Com isso, desde a gestação entramos no sistema
sexo/gênero/desejo/prática sexual (BUTLER, 2003), e durante o
processo de desenvolvimento é passado pela família, uma das
instituições do dispositivo de sexualidade (FOUCAULT, 2015),
modos de ser e estar no mundo, assim como vão sendo ensinados
preconceitos, discriminações, *normatizações* e imposições do que é
normal ou anormal, como performar a identidade masculina e
feminina (não existem outras identidades de gêneros possíveis
quando se fala de sociedades e famílias baseadas no patriarcado,
machismo, heteronormatividade e sexismo, todas as outras
expressões de gêneros e sexualidades são patologizadas e
demonizadas). Esses ensinamentos são levados para escola, local que
muitas vezes são reafirmados por colegas, funcionários e
funcionárias, fazendo com que o *bullying* ocorra contra aquele ou
aquela que ouse romper os limites impostos as suas genitálias.

Essa leitura fica exemplificada na pesquisa de Rondini, Teixeira
Filho e Toledo, a qual foi realizada em escolas com alunos e alunas
do ensino médio; ao todo foram 2159 participantes (2017). O
objetivo da pesquisa foi mapear o discurso dos e das estudantes a
respeito da homossexualidade e no que se baseavam para emitir tais
opiniões, para assim levantar índices sobre a homofobia escolar,
ajudando na proposição de políticas públicas de combate a essas
violências. Foi aplicado uma escala contendo 30 itens nos quais os e
as participantes respondiam se concordavam ou não com uma
afirmação e o grau de concordância, os dados foram analisados a
partir de programas estatísticos. Tiveram como resultado que os e as
participantes, parcialmente, se incomodam com a presença de
pessoas LGBT (termo usado no estudo), sendo que o maior grau de
incomodo parte dos participantes do gênero masculino, tais
dissidências são aceitas desde que estejam invisíveis, *no armário*,
principalmente aqueles com *trejeitos femininos*, ou seja, pessoas com
sexo de macho e expressão de gênero feminina, como ocorreu com

João do filme *Bichas, o documentário*.

Essa intolerância contra pessoas LGBTQIA+ leva a violências muito graves, como apontou Peres em suas escutas de relatos de travestis em Londrina/PR, uma das histórias era de Lilith, que:

> ... ainda não era travesti e se portava como menino, mas devido aos seus trejeitos femininos sempre era molestada e agredida pelos outros meninos que a humilhavam constantemente. Um dia, após o sinal de retorno do recreio, Lilith dirigiu-se ao banheiro (deixava para ir por último para evitar molestações) e foi atacada por nove meninos que a obrigaram a fazer sexo oral e anal com todos do grupo. (2009, p. 246)

A vivência de Lilith não é, infelizmente, exclusivamente sua, esse tipo de violência sexual é apontada por outras pessoas que o pesquisador Peres (2009) teve contato, muitas vezes com a anuência de funcionários e funcionárias das escolas, pois reproduzem a ideia de que essas pessoas são anormais, doentes, imorais, pervertidas e doentes mentais, que só com as violências serão *curadas*. Com isso a escola torna-se mais um local de exclusão para a população LGBTQIA+, assim como todas as pessoas que não se enquadram nas normatizações dos gêneros femininos e masculinos.

O *bullying* a partir dos gêneros, sexos e sexualidades é reflexo da falta de políticas públicas para o combate as violências de gêneros e contra as mulheres, e, principalmente, a não inserção nos currículos escolares da discussão de temas como gêneros, sexualidades, práticas e desejos sexuais, ao contrário, tais problematizações tem sido escondidas, excluídas e/ou tratadas como crimes por alguns gestores, algumas gestoras, pais, políticos e políticas, embasados e embasadas em ideologias conservadoras e religiosas, que fazem parte do dispositivo de sexualidade. Tais questionamentos levariam ao aceite das diferenças, a perda de privilégios e a construção de uma sociedade igualitária, na qual o outro não seja uma ameaça e as possibilidades de ser e estar no mundo sejam infinitas e mais positivas. Assim, pudemos mapear que a diferença - cognitiva, corporal, de gênero, sexo, sexualidade – torna-se muitas vezes alvo preferencial dos autores de *bullying*, levando a efeitos gravíssimos na vida das vítimas, como discutimos melhor a seguir.

### 3 *Bullying* e seus efeitos para a Saúde Mental

O *bullying* pode ter manifestações de ordem física, psíquica, sexual, moral e virtual, descrito como cyber*bullying*. No entanto, compreendemos que toda violência se torna também psicológica, porque atinge diretamente a subjetividade da vítima, ou seja, qualquer ato violento acerta a integridade psíquica da pessoa agredida, sua autoestima e autoimagem, causando prejuízos a nível psicológico e muitas vezes identitário, principalmente no caso das pessoas LGBTQIA+, pois muitas vezes estão em processo de descobrimento de seus corpos e sexualidades.

Ou seja, a ação maléfica do *bullying* pode provocar nas vítimas traumas psicológicos, pois soma-se a questões subjetivas desses sujeitos, inseguranças, medos e incertezas, podendo surgir ainda depressão e ansiedade, muitas vezes provocando uma relação de frustração em relação ao futuro (FANTE, 2011). Para Heloani e Barreto, "... a violência psíquica supera a física em marcas e microtraumas invisíveis, apesar da duração e repetição das condutas abusivas serem comuns a ambas" (2018, p. 56).

Os estudos sobre crianças e adolescentes vítimas de violências demonstram que tais situações podem acarretar transtornos psicológicos e sociais severos, bem como paralisa no desenvolvimento (MINAYO, 2006; GABEL, 1997). De acordo com Minayo:

> O abuso psicológico frequentemente está associado a distúrbios do crescimento e do desenvolvimento psicomotor, intelectual e social. Um ambiente de dominação e humilhação pode potencializar sintomas de agressividade, passividade, hiperatividade, depressão e de baixa estima; ou ainda, aumentar, nos jovens, as dificuldades de lidar com a sexualidade. (2006, p. 90)

Albuquerque, Williams e D'Affonseca, a partir de uma revisão crítica sobre os efeitos do *bullying* e o TEPT, sintetizaram os agravos psicológicos às vítimas apontando os seguintes dados:

> Na esfera emocional algumas consequências do *bullying* listadas na literatura são: problemas ou dificuldades sentimentais, medo, solidão e rebaixamento da autoestima... Em relação a problemas psiquiátricos, tem-se observado presença de ansiedade, depressão, ideação suicida ou tentativas de suicídio... Há ainda a ocorrência de sintomas psicossomáticos, como dores de cabeça, dores de estômago, enurese, tonturas, problemas de sono e dores musculares... (2013, p. 93)

Segundo este estudo, torna-se comum ainda problemas no relacionamento interpessoal, comportamentos agressivos, envolvimento com atividades ilícitas e infracionais, baixo rendimento e abandono escolar, uso e abuso de substâncias psicoativas e desenvolvimento de sentimentos negativos como medo, raiva e desmotivação (ALBUQUERQUE; WILLIAMS; D'AFFOSECA, 2013).

No que tange ao TEPT, este se constitui a partir de um evento traumático que ameaça a vida da pessoa ou de alguém próximo, portanto, configura-se numa experiência própria ou de testemunho frente à ação violenta para outrem. O fato traumático desencadeia uma série de perturbações e doenças psicopatológicas, biológicas e sociais (DIEFENTHAELER, 2018).

Os sintomas do TEPT podem incluir dificuldades de concentração e atenção, diminuição da memória, insônia e pesadelos, medo e síndrome do pânico, associado a reações físicas, como taquicardia, sudorese, evitação e isolamento social, hipervigilância, desconfiança, sintomas persecutórios, revolta, depressão, retraimento social e ideação suicida. Vale ressaltar, como apontado anteriormente, o TEPT pode ser desencadeado não só na pessoa que sofre a violência, mas também em quem a presencia, como no caso das testemunhas do *bullying*, isto é, crianças ou adolescentes que observam práticas de violências voltadas a outros colegas. Por vezes, as testemunhas vivenciam o medo em relação ao agressor e o sentimento de impotência frente à violência, o que também pode causar traumas e paralisias no próprio desenvolvimento (DIEFENTHAELER, 2018).

A longo prazo as vítimas podem desenvolver dificuldades e transtornos psicológicos e sociais tais como insegurança, persecutoriedade, isolamento e retraimento social, ansiedade, síndrome do pânico, depressão e tentativa de suicídio. Para melhor exemplificar, vamos apontar alguns casos, como o da adolescente canadense de quinze anos, Amanda Todd, que sofreu *cyberbullying* nas redes sociais, sendo chantageada, humilhada e ridicularizada por seus agressores, fazendo com que tivesse diversos sintomas depressivos e por várias vezes tentar o suicídio por se sentir sozinha, até que em 2012 se suicidou. Outro caso é o da adolescente de dezessete anos, Júlia Rebeca, que se suicidou com o fio da sua chapinha de cabelo na cidade de Parnaíba-PI após ser exposta no *whatsapp* em vídeo com cenas de sexo, a família só teve acesso ao vídeo após sua morte. Por fim o atentado trágico de Suzano-SP, no qual adolescentes foram executados no ambiente escolar por dois jovens que demonstravam alimentar desejos de vingança após sofrerem *bullying* (GIUSTI, 2013).

Noutro prisma, a literatura tem demonstrado que não é raro os casos em que a pessoa que tenha vivenciado situações anteriores de violências, seja na forma de *bullying* ou outras violências familiares e sociais, passe a se identificar com o agressor e reproduza a experiência de violência  em outras pessoas (DIEFENTHAELER, 2018; BAUER *et al.*, 2006; MINAYO, 2006; GABEL, 1997). Com isso, cabe salientar que vítimas e agressores precisam de suportes emocionais. Segundo Olweus, o agressor é um indivíduo em busca do poder, liderança e destaque em seu grupo. Contudo, apresenta tendência a comportamentos que podem ser autodestrutivos, como o consumo de bebidas alcoólicas e drogas (1993 *apud* LISBOA; BRAGA; EBERT, 2009). Faz-se importante reforçar que a pessoa que pratica o ato de violência, pode em alguns casos estar descontando sofrimentos que sofreu ou sofre, seja por amigos e/ou familiares.

Tristemente, um caminho encontrado por muitos para lidar com o sofrimento é o próprio suicídio ou o homicídio, nesses casos escancarando ao máximo a necessidade de que esse tema seja discutido nas escolas, famílias e na sociedade de modo geral.


## Considerações Finais

Neste artigo, tivemos como objetivo a discussão do *bullying* contra pessoas com TEA e como a expressão da LGBTQIA+fobia de nossa sociedade. Centralizamos nossas discussões nesses grupos devido serem vulnerabilizados e invisibilizados ao longo dos anos, além do fato de serem alvos de preconceitos existentes pelas condições físicas, psíquicas, de gêneros e sexuais que possuem, causados pelas ideologias hegemônicas da corponormatividade, heteronormatividade e machismos, nas quais qualquer corpo que difere da norma, isto é, *o diferente* é tido como alvo de ataques e violências.

Partilhamos da ideia de que é preciso ensinar as crianças e adolescentes/jovens a respeitarem e conviverem com a diversidade, isso implica em como os adultos, que estão em torno dessas, lidam com a diferença, pois suas percepções e comportamentos são impressos e refletem no modo de pensar e agir das crianças.

Nesse sentido, a diferença precisa deixar de ser vista como um problema e passar a ser tratada como diversidade, ou seja, uma das formas e modos de ser e estar no mundo, visto que, quando não sabemos lidar com ela, o que nos diferencia do outro pode nos conduzir a comportamentos de intolerância e exclusão. Para Reis e Omodei:

> Educar na diversidade é ensinar e aprender junto, independente de nossas diferenças físicas, sociais e culturais, para que assim tenhamos um ambiente que favoreça não somente a aprendizagem, mas o respeito ao próximo e o convívio sadio entre os estudantes desenvolvendo assim uma educação inclusiva no ambiente escolar. (2015, p. 124)

Sem dúvida, a educação inclusiva é um grande desafio para todos, pois não basta integrar e garantir o acesso a matrícula e ao espaço escolar, é preciso certificar sobretudo a participação social e aprendizado, além do respeito as suas dificuldades e peculiaridades. Assim, a educação inclusiva se torna também uma grande oportunidade para que possamos desenvolver sujeitos menos preconceituosos e mais receptivos às diferenças.

No que tange às práticas de *bullying*, à medida que não são percebidas e discutidas passa também a não serem barradas, tornando-as violências mascaradas e, por vezes, banalizadas, intensificando suas consequências danosas nos sujeitos envolvidos no contexto escolar. Conforme aponta Camacho:

> Essa violência pode se tornar perigosa porque não é controlada por ninguém, não possui regras ou freios e porque passa a ocorrer constantemente no cotidiano escolar. De tanto acontecer, ela passa a ser banalizada e termina por ser considerada "naturalizada", como se fosse algo "normal", próprio da adolescência. A banalização da violência provoca a insensibilidade ao sofrimento, o desrespeito e a invasão do campo do outro. (2001, p. 128)

Nesse sentido, devemos questionar a sociedade em que vivemos, bem como os padrões de comportamentos e ideias que são banalizados no cotidiano e reproduzidos às cegas, gerando formas de exclusão e violência para determinados indivíduos e grupos sociais. Precisamos reaver nossos pactos sociais de solidariedade e respeito às diversidades, se quisermos construir uma sociedade mais justa e liberta de ataques violentos a qualquer tipo de subjetividade existente.

## Referências

ALBUQUERQUE, P. P.; WILLIAMS, L. C. A.; D'AFFONSECA, S. M. Efeitos tardios do *bullying* e transtorno de estresse pós-traumático: uma revisão crítica. **Psicologia: Teoria e Pesquisa**, Brasília, v. 29, n. 1, p. 91-8, jan./mar. 2013.

APA – AMERICAN PSYCHIATRIC ASSOCIATION. **Manual diagnóstico e estatístico de transtornos mentais – DSM-5**. 5. ed. Trad. Maria I. C. Nascimento *et al.* Porto Alegre: Artmed, 2014.

ANDRÊO, C. *et al.* Homofobia na construção das masculinidades hegemônicas: queerizando as hierarquias entre gêneros. **Estudos e Pesquisas em Psicologia**, Rio de Janeiro, v. 16, n. 1, p. 46-67, 2016.

ANTUNES, D. C.; ZUIN, A. Á. S. Do *bullying* ao preconceito: os desafios da barbárie à educação. **Psicologia & Sociedade**, Porto Alegre, v. 20, n. 1, p. 33-42, abr. 2008.

BANDEIRA, C. M.; HUTZ, C. S. *Bullying*: prevalência, implicações e diferenças entre os gêneros. **Rev. Semestral da Associação Brasileira de Psicologia Escolar e Educacional**, Maringá, v. 16, n. 1, p. 35-44, jan./jun. 2012.

BRASIL. **Lei n. 8.069, de 13 de julho de 1990**: dispõe sobre o Estatuto da Criança e do Adolescente e dá outras providências. Disponível em: <http://www.planalto.gov.br/ccivil_03/leis/l8069.htm>. Acessado em: 7 maio 2020.

______. Ministério da Educação. **Política nacional de educação especial na perspectiva da inclusão**. Brasília: MEC – Secretaria de Educação Especial, 2008.

______. **Lei n. 12.764, de 27 de dezembro de 2012**: institui a Política Nacional de Proteção dos Direitos da Pessoa com Transtorno do Espectro Autista; e altera o § 3º do art. 98 da Lei n. 8.112, de 11 de dezembro de 1990. Disponível em: <http://www.planalto.gov.br/ccivil_03/_ato2011-2014/2012/lei/l12764.htm>. Acesso em 11 jun. 2020.

______. **Lei n. 13.185, de 6 de novembro de 2015**: institui o Programa de Combate à Intimidação Sistemática (*bullying*). Disponível em <http://www.planalto.gov.br/ccivil_03/_ato2015-2018/2015/lei/l13185.htm>. Acesso em: 7 maio

2020.

______. Ministério da Educação e Cultura. Instituto Nacional de Estudos e Pesquisas Educacionais Anísio Teixeira – INEP. **Notas estatísticas:** censo escolar 2018. Disponível em: <http://download.inep.gov.br/educacao_basica/censo_escolar/notas_estatisticas/2018/notas _estatisticas_censo_escolar_2018.pdf>. Acesso em: 5 maio 2020.

BUENO, J. G. S.; MELETTI, S. M. F. Os indicadores educacionais como meio de avaliação das políticas de educação especial no Brasil: 2000/2009. *In*: BUENO, J. G. S. **Educação especial brasileira**: 20 anos depois. São Paulo: Educ, 2011. p. 159-82.

BUTLER, J. **Problema de gênero.** Trad. Renato Aguiar. Rio de Janeiro: Civilização Brasileira, 2003.

CAMACHO, L. M. Y. As sutilezas das faces da violência nas práticas escolares de adolescentes. **Educação e Pesquisa**, São Paulo, v. 27, n. 1, p. 123-40, jan./jun. 2001.

CHAUÍ, M. **Convite à filosofia**. São Paulo: Ática, 2000.

______. **Sobre a violência**. Belo Horizonte-MG: Autêntica Editora, 2017. (Escritos de Marilena Chauí, v. 5)

CONNELL, R. W. La organización social de la masculinidad. *In*: VALDÉS, T.; OLAVARRÍA, J. (eds.). **Masculinidad/es, poder y crisis**. Santiago-Chile: Isis Internacional; Flacso, 1997, p. 31-48.

DIEFENTHAELER, E. C. Vítima e trauma psíquico. *In*: ZIMERMAN, D.; COLTRO, A. C. M. (org.). **Aspectos psicológicos na prática jurídica**. Campinas-SP: Millennium, 2018. p. 608-25.

EMERICH, D. R.; ALCKMIN-CARVALHO, F.; MELO, M. H. S. Rejeição e vitimização por pares em crianças com deficiência intelectual e transtorno do espectro autista. **Revista Educação Especial**, Santa Maria, v. 30, n. 58, p. 389-404, maio/ago. 2017.

FADIMAN, J.; FRAGER, R. **Teorias da personalidade**. Trad. Camila P. Sampaio e Sybil Safdié. São Paulo: HARBRA, 1986.

FALCÃO, C. S. N. *Envolvimento de crianças autistas em bullying de acordo com elas próprias, pais e professores de educação física. 2017. 123 f.* Dissertação (Mestrado Acadêmico em Saúde Coletiva) – Universidade Estadual do Ceará, CE, 2017.

FANTE, C. **Fenômeno *bullying*:** como prevenir a violência nas escolas e educar para a paz. 6. ed. Campinas: Verus, 2011.

FOUCAULT, M. **Microfísica do poder.** Trad. Roberto Machado. Rio de Janeiro: Edições Graal, 2007.

______. **História da sexualidade I:** a vontade de saber. Trad. Maria T. C. Albuquerque e J. A. G. Albuquerque. São Paulo: Paz e Terra, 2015.

GABEL, M. **Crianças vítimas de abuso sexual.** Trad. Sonia Soldfeder. São Paulo: Summus, 1997.

GIUSTI, J. S. **Automutilação:** características clínicas e comparação com pacientes com transtorno obsessivo-compulsivo. 184 f. 2013. Tese (Doutorado em Psiquiatria) – Faculdade de Medicina, Universidade de São Paulo, São Paulo, 2013.

HELOANI, R.; BARRETO, M. **Assédio moral:** gestão por humilhação. Curitiba: Juruá, 2018.

HONTANGAS, N. A.; PUENTE, J. L. B. Atención a ladiversidad y desarrollo de procesos educativos inclusivos. **Prisma Social Rev. de Ciências Sociales**, v. 4, n. 1, p. 1–37, 2010.

JUNQUEIRA, R. D. Homofobia: limites e possibilidades de um conceito em meio a disputas. **Bagoas: Estudos Gays**, v. 1, n. 1, p. 145-66, 2007.

KNOBEL, M. A síndrome da adolescência normal. *In*: ABERASTURY, A.; KNOBEL, M. **Adolescência normal:** um enfoque psicanalítico. Porto Alegre: Artes Médicas, 1981. p. 24-62.

LEVY, P. **O virtual.** Trad. Paulo Neves. São Paulo: Editora 34, 2001.

LISBOA, C.; BRAGA, L. L.; EBERT, G. O fenômeno *bullying* ou vitimização entre pares na atualidade: definições, formas de manifestação e possibilidades de intervenção. **Contextos Clínicos**, São Leopoldo, v. 2, n. 1, p. 59-71, jan./jun. 2009.

LOPES, S. A. Considerações sobre a terminologia alunos com necessidades educacionais especiais. **Revista Educação Especial**, v. 27, n. 50, p. 737-50, set./dez. 2014.

LOPES NETO, A. A. *Bullying*: comportamento agressivo entre estudantes. **Jornal de Pediatria**, Porto Alegre, v. 81, n. 5 (supl), p. 164-72, nov. 2005.

______.; SAAVEDRA, L. H. **Diga NÃO para o** *Bullying*. Rio de Janeiro: ABRAPIA, 2004.

MARQUES, A.; DRAPER, D. **Dicionário inglês português/português inglês**. 15. ed. São Paulo: Ática, 1996.

MENDES, R. H. O pleonasmo da educação inclusiva. *In*: **Global leader**: Fórum Econômico Mundial e Empreendedor Social Ashoka. 2012.

MINAYO, M. C. S. **Violência e saúde**. Rio de Janeiro: Editora FIOCRUZ, 2006.

MONKS, C. P. *et al.* Bullying in differente contexts: Commonalities, differences and the role of theory. **Aggression and Violent Behavior**, v. 14, p. 146-56, 2009.

PARENTE, M. **Bichas, o documentario**. 2016. (38m57s). Disponível em: <https://www.youtube.com/watch?v=0cik7j-0cVU&t=864s>. Acesso em 12 maio 2020.

PENEDO, S. L. **El laberinto** *Queer*: la identidad en tiempos de neoliberalismo. Barcelona: Editorial Egales, 2008.

PERES, W. S. Cenas de exclusões anunciadas: travestis, transexuais, transgêneros e a escola brasileira. *In*: JUNQUEIRA, R. D. (org.). **Diversidade sexual na educação**: problematizações sobre a homofobia nas escolas. Brasília-DF: Ministério da Educação; Secretaria de Educação Continuada, Alfabetização e Diversidade; UNESCO, 2009. p. 235-64.

REIS, L. J. T. S.; OMODEI, J. D. Educação inclusiva e *bullying*: a visão do outro. **Rev. Educação Artes e Inclusão,** v. 11, n. 2, p. 120-40, 2015.

RONDINI, C. A.; TEIXEIRA FILHO, F. S.; TOLEDO, L. G. Concepções homofóbicas de estudantes do ensino médio. **Psicologia USP**, São Paulo, v. 28, n. 1, p. 57-71, 2017.

RUBIN, G. The Traffic in Women: Notes on the 'political economy' of sex. *In*: REITER, R. (ed.). **Toward an anthropology of women**. New York: Monthly Review Press, 1975. p. 27-62.

SCHROEDER, J. H. *et al.* Shedding light on a pervasive problem: a review of research on bullying experiences among children with autism spectrum disorders. **Journal on Autism and Developmental Disorders**, v. 44, n. 7, p. 1520-34, 2014.

SMITH, P. K. Intimidação por colegas e maneiras de evitá-la. *In*: DEBARBIEUX, E.; BLAYA, C. **Violência nas escolas e políticas públicas**. Brasília-DF: UNESCO, 2002. p. 187-205.

SILVA, A. B. B. *Bullying*: mentes perigosas nas escolas. Rio de Janeiro: Objetiva, 2010.

SILVA, A. B.; GAIATO, M. B.; REVELES, L. T. **Mundo singular**: entenda o autismo. Rio de Janeiro: Objetiva, 2012.

SLONJE, R.; SMITH, P. K. Cyberbullying: another main type of bullying? **Scandinavian Journal of Psychology**, v. 49, n. 2, p. 147-54, may 2008.

TORO, G. V. R.; NEVES, A. S.; REZENDE, P. C. M. *Bullying*, o exercício da violência no contexto escolar: reflexões sobre um sintoma social. **Psicologia: Teoria e Prática**, São Paulo, v. 12, n. 1, p. 123-37, 2010.

WENDT, G. W.; CAMPOS, D. M.; LISBOA, C. S. M.. Agressão entre pares e vitimização no contexto escolar: bullying, cyberbullying e os desafios para a educação contemporânea. **Cadernos de Psicopedagia**, São Paulo, v. 8, n. 14, p. 41-52, 2010.

# 6

# HOMOFOBIA, RACISMO E *BULLYING* NA ESCOLA

ADAILSON SILVA MOREIRA

## Introdução

O Brasil é um país constituído da miscigenação de vários povos, mas em especial do branco português, do índio nativo e do africano sequestrado, escravizado e enviado pra cá em grandes quantidades e em condições subumanas[1].

Apesar da disseminação da imagem de uma *democracia racial*, corolário da representação de uma *escravidão benigna*, mais branda, em que pretos e brancos convivem harmoniosamente (GOMES, 2019, p. 34; NASCIMENTO, 2016, p. 48; SCHWARCZ, 1998, p. 188), os pretos[2] quase sempre foram considerados inferiores. Desde o século XVI foi construída entre os portugueses que chegavam ao continente africano uma representação negativa acerca das capacidades intelectuais desses povos (MORAIS, 2007).

A escravidão, antes de qualquer argumento, legitimou a inferioridade dos pretos, e, enquanto durou, inibiu qualquer tipo de discussão sobre cidadania (SCHWARCZ, 1998, p. 185). Como falar sobre esse tema, que implica em direitos e obrigações, de quem não

---

[1] "Este foi um grande país de escravos... talvez o maior país de escravos dos tempos modernos..." (DIAS; GAMBINI, 1999, p. 63).

[2] Não existe consenso sobre o uso dos termos *negro* e *preto*. Há um grande debate ainda em curso entre os defensores dos dois termos. *Negro*, para alguns, perpetua a mentalidade mestre-escravo, evocando a origem do termo grego *nigro* = inimigo, ou do latim *necro* = referente à morte, dentre outros. *Preto*, por sua vez, faz referência à cor da pele como elemento de orgulho e aceitação, razão pela qual optamos por seu uso neste trabalho.

é livre? A concepção da cidadania não alcançava os escravos, e alcançava muito precariamente os poucos libertos.

A escravidão é uma mancha na história humana de todos os tempos e aparece em praticamente todas as sociedades conhecidas. Até mesmo os índios nativos das Américas a praticavam, porém, em escala muitíssimo reduzida (GOMES, 2019, p. 121). No mundo antigo, qualquer pessoa poderia se tornar escrava, independente da etnia, e até mesmo de classe social, geralmente quando fazia parte das populações vencidas em guerras. Os que não eram mortos, tornavam-se escravos dos vencedores.

Na América a escravidão fez surgir uma característica até então inédita: uma *ideologia racista*, que passou a associar a cor da pela à condição inferior. Com isso, o preto seria naturalmente selvagem, bárbaro, preguiçoso, idólatra, de inteligência curta, canibal e promíscuo. A servidão era vista como um meio benéfico para que pudesse ascender à plena humanidade, em estágio civilizatório claramente mais avançado, sendo está sua vocação natural, onde viveria sob a tutela dos brancos (GOMES, 2019, p. 73).

Os fundamentos dessa *ideologia racista* são tão antigos quanto a própria humanidade, enraizados que estão nos *arquétipos* do *inconsciente coletivo*.

Os *arquétipos* são como as matrizes da criatividade psíquica normal, nos sonhos, nas obras de arte e nos mitos. Também aparece na patologia psíquica. E influencia tanto o indivíduo, quando a coletividade. São tipos arcaicos, primordiais, ou seja, imagens universais que existem desde os tempos mais remotos (JUNG, 2011, p. 13, § 5), como é o caso da escravidão.

Jung nos diz, ainda, que:

> Uma camada mais ou menos superficial do inconsciente é indubitavelmente pessoal. Nós a denominamos *inconsciente pessoal*. Este, porém, repousa sobre uma camada mais profunda, que já não tem sua origem em experiências ou aquisições pessoais, sendo inata. Esta camada mais profunda é o que chamamos *inconsciente coletivo*... contrariamente à psique pessoal ele possui conteúdos e modos de comportamento, os quais são... os mesmos em toda parte e em todos os indivíduos. (2011, p. 12, § 3)

Os escravos sempre estiveram presentes na história humana, como se fosse uma parte essencial dela. Na América portuguesa eles estavam inseridos em todas as instâncias e funções sociais, nas mais diversas atividades do dia-a-dia.

A escravidão estava naturalizada e entranhada nas estruturas sociais a ponto de ser improvável que fosse imaginada sem essa divisão tradicional entre quem manda e quem obedece, entre quem é proprietário e quem é propriedade. Esse modelo autoritário e hierarquizado das relações sociais possibilitou a introjeção, em nível do inconsciente coletivo, dessa dinâmica como única realidade possível: o mundo é assim mesmo, e não há nada que possa muda-lo.

Essa *ideologia racista*, ainda persistente na atualidade, podia ser identificada na política, na teologia, na filosofia e no *inconsciente coletivo*, de modo que acabou por influenciar postulados científicos da época, além do senso comum do *ser humano médio*, hoje sem valor algum, embora ainda persistam suas influências.

Durante os três séculos e meio que durou a escravidão na América, inúmeros teólogos, pregadores e chefes da Igreja usaram a *maldição de Cam*[3] para defender o cativeiro dos africanos (GOMES, 2019, p. 74).

O padre Antonio Vieira chegou a aconselhar aos cativos: "... deveis dar infinitas graças a Deus por vos ter dado conhecimento de si, e por vos ter tirado de vossas terras, onde vossos pais e vós vivíeis como gentios; e vos ter trazido a esta, onde instruídos na fé, vivais como cristão, e vos salveis" (2020, p. 8).

Na filosofia, inúmeros pensadores também justificaram a escravidão baseados na crença da inferioridade natural do preto em relação ao branco, tais como David Hume, Voltaire, Kant e Hegel, dentre outros.

Rosseau, Locke e Kant tratam da liberdade como tema e conceito central em suas filosofias, enquanto passam longe de qualquer

---

[3] Noé (do dilúvio) planta um vinhedo, produz vinho, embriaga-se e desmaia, nu, na sua tenda. Seu filho Cam – Noé tem outros dois, Sem e Jafé – entra na tenda e, mais tarde a deixa. Depois de passado algum tempo, Noé aparece: "E Noé acordou do seu vinho, e percebeu o que seu filho mais novo tinha feito a ele" (Gn 9:24). Noé não maldiz Cam, mas Canaã, filho de Cam: "um servo de servos fará dele um seu irmão" (Gn 9:24). Não há nenhuma referência explícita à *raça*, embora se tenha aceitado que Cam (equivocadamente) tenha conotação de *escuro* no hebreu antigo. O que o filho de Noé poderia ter feito para incitá-lo a amaldiçoar seu neto e sua descendência com a escravidão perpétua? Os exegetas do texto têm proposto duas respostas principais. A primeira e básica é a de que Cam violou a antiga proibição israelita contra olhar para o corpo do pai. A segunda resposta é que Cam violou seu pai sexualmente (PINAR, 2008, p. 36). A partir desse postulado religioso, tanto mercadores e donos de escravos, quando segregacionistas e até a Igreja, justificavam a escravidão, que era vista como uma maldição divina imposta às pessoas pretas.

condenação explícita da escravidão, quando não a justificam, principalmente a escravidão promovida pelos europeus nas colônias. É como se uma coisa não se tivesse nada a ver com a outra (PIZA, 2019, p. 47).

Alguns desses pensadores proferiram discursos racistas, justificando a desigualdade racial com base no senso comum, forjado sem críticas, a partir de preconceitos religiosos antigos (PIZA, 2019, p. 47).

John Locke, a título de exemplo, responsável pelo conceito de liberdade na história moderna, era acionista da *Royal African Company*, criada com o único propósito de traficar escravos (GOMES, 2019, p. 64).

Todos esses elementos contribuíram para criar uma condição favorável à escravidão, que a justificava e naturalizava. Porém, mesmo com o controle rígido sobre a população escrava, em terras brasileiras, foi impossível conter o contato e a mistura das etnias.

Mesmo antes da abolição, homens e mulheres pretos já se relacionavam com homens e mulheres das outras etnias, dando início ao processo de miscigenação, que resultou no povo que somos atualmente. O povo brasileiro não é constituído de uma etnia pura e única, mas do resultado dessa mistura.

Esse encontro colocou em contato culturas radicalmente distintas de três continentes, refazendo valores, recriando códigos de comportamento e sistemas de crenças, sem falar na miscigenação étnica resultante (VAINFAS, 1999, p. 7).

Apesar dessa mistura, a sociedade brasileira cultiva de longa data a ideia de uma elite descendente dos nobres europeus, famílias tradicionais que mantiveram costumes e valores de uma supremacia branca, em oposição aos costumes e valores do povo, constituído por grande número de pretos e índios, entendidos como inferiores na escala social, tanto de antes, como de agora[4].

A situação aparece de forma naturalizada, como se as posições sociais desiguais fossem um desígnio da natureza, e, na ausência de uma *política discriminatória oficial* (pós-escravidão), emergiu uma espécie de *boa consciência* que negava o preconceito ou o reconhecia como mais brando, afirmando de modo genérico uma certa harmonia entre os diferentes grupos sociais (SCHWARCZ, 1998, p.

---

[4] "... desde o começo, se dizia que o índio era um animal e o negro uma mercadoria, e que nenhum dos dois tinham alma..." (DIAS; GAMBINI, 1999, p. 69)

179).

Nada mais distante da realidade do que essa ideia. A despeito de qualquer alegação em contrário, proprietários e mercadores de escravos submeteram os cativos africanos ao tratamento mais cruel que se possa imaginar. Deformações físicas resultantes de excesso de trabalho pesado; aleijões corporais consequentes de punições e torturas, às vezes de efeito moral, são algumas das *benevolências* cometidas contra os escravos (NASCIMENTO, 2016, p. 69).

A abolição acabou com esses atos selvagens chancelados pelo poder estatal, porém, manteve toda a indiferença e abandono desta população, que continuou alvo de discriminação até a atualidade.

O século XXI chegou trazendo a pós-modernidade (COSTA, 2004), embora os preconceitos do passado ainda não tenham desaparecido. A mentalidade de uma parcela da população (maioria? minoria? como saber?) continua a mesma do período escravocrata.

Uma pesquisa de opinião pública realizada pelo Instituto de Pesquisas Datafolha, entre os dias 18 e 19 de dezembro de 2018, em que foram entrevistadas 2.077 pessoas, em 130 municípios de todas as regiões do país, pôde ser constatado um percentual crescente de brasileiros que se declararam vítimas de algum tipo de preconceito, e 22% por causa da cor da pela (em 2007 era de 11%) (2020).

O número de boletins de ocorrência de *racismo* e *injúria racial* registrados no estado de São Paulo aumentou 29% entre janeiro e maio de 2018. Foram 195 ocorrências registradas por pretos e pardos nos 5 primeiros meses do ano, contra 151 no mesmo período de 2017 (ARCOVERDE, 2020).

O racismo, além de um problema social, é também econômico, e leva boa parte da população ao desemprego. De acordo com um levantamento do *Instituto Ethos*, em 2019, no país onde pretos e pardos representam mais da metade da população, apenas 6,3% dos pretos ocupam cargos de gerência, e somente 4,7% são executivos nas 500 maiores empresas do Brasil (RBA, 2020a).

A escola, por seu turno, que deveria estar imune ao preconceito e à discriminação, em razão de seus objetivos e fins, é também parte da sociedade e, em alguns casos, contribui para perpetuar essas violências. Embora desenvolva cultura específica, com hábitos, normas e valores próprios, reproduz a cultura geral da sociedade, e aquelas pessoas que sofrem preconceito e discriminação na sociedade, acabam vivenciando essa realidade já na escola e nos primeiros anos de vida, o que significa que a experiência do preconceito é central na vida delas e pode acompanhá-las por todo o ciclo vital.

O estudo do *bullying* tem se tornado comum, não apenas por se tratar de problema educacional, mas, principalmente, social e de saúde, uma vez que afeta diretamente a qualidade de vida e o bem-estar das vítimas (SHEPHERD *et al.*, 2017; ALBUQUERQUE; WILLIAMS, 2015; LEWIS; COGBURN; WILLIAMS, 2015; SOUZA; SILVA; FARO, 2015; WILLIAMS; PRIEST, 2015; LEWIS *et al.*, 2014; PRIEST *et al.*, 2013; PASCOE; RICHMAN, 2009; WILLIAMS; MOHAMMED, 2009).

Contudo, a situação ainda pode piorar. Se somarmos à categoria de exclusão (a etnicidade) outra, a da orientação sexual, as consequências podem ser piores. Ser preto é muito difícil; ser preto e homossexual se torna quase uma situação insuportável para muitos. A estas categorias de exclusão costumam se somar outras: pobreza, violência doméstica, violência institucional, etc.

Assim, é *objetivo* deste trabalho fazer uma reflexão a respeito das diferenças, preconceitos sociais e violência na escola contra crianças e adolescentes pretos e homossexuais, na forma de homofobia e *bullying*, protagonizados por outros jovens e adolescentes, a partir do pressuposto de que as diferenças e estereótipos presentes no cotidiano escolar determinam formas de ações nesse cenário, sendo um dos seus aspectos constitutivos. Além disso, é *objetivo*, também, identificar questões discriminatórias enraizadas histórica e culturalmente que influenciam de modo negativo no processo da formação do sujeito, dentro do ambiente escolar.

Para se atingir esses objetivos, o *método* utilizado foi o de *revisão bibliográfica*, a partir de buscas em bases de dados.

## 1 O negro no contexto brasileiro

Um ano após a abolição da escravatura, foi proclamada a República, em 1889. O novo sistema político não assegurou ganhos materiais ou simbólicos para a população preta. Ao contrário, os pretos foram marginalizados política (sem direito ao *sufrágio*[5] e outras formas de participação política), social (racismo e discriminação) e economicamente (concorrendo com os imigrantes europeus recém chegados pelos postos de emprego disponíveis) (DOMINGUES,

---

[5] Direto de votar e ser votado, no processo político.

2007, p. 102-3).

Tão logo a lei foi assinada, os pretos brasileiros ganharam a liberdade, e perderam casa, comida, trabalho, dono, tudo. Foram colocados nas ruas para viverem por conta e risco de cada um. Da noite para o dia se viram sem qualquer perspectiva. A maioria havia nascido no cativeiro, então voltar para a África não era uma opção. "O povo subdesenvolvido nasce dessa massa de escravos recém-libertados que não tiveram uma política de sobrevivência e vão engrossar a mobilidade da imensa plebe rural brasileira, inchando as periferias das cidades, de onde nunca saíram" (DIAS; GAMBINI, 1999, p. 66-7).

Oficialmente, a escravidão acabou em 1888[6], porém, o país e seus dirigentes jamais se empenharam verdadeiramente, na forma de políticas públicas, para integrar o negro à sociedade. Para Gomes, liberdade nunca significou, para os ex-escravos e seus descendentes, oportunidade de mobilidade social ou melhoria de vida. Não houve, para o preto, acesso a terras, empregos, moradia, educação, saúde ou qualquer outra condição que havia disponível para os brancos. Nunca foram tratados como cidadãos (2019, p. 31).

Os proprietários e autoridades praticavam a libertação de escravos idosos, inválidos e enfermos incuráveis, sem lhes conceder quaisquer recursos, apoio ou meios de subsistência. Em 1888, os africanos e seus descentes foram atirados para fora da sociedade; a abolição exonerou de responsabilidades os senhores, o Estado e a Igreja (NASCIMENTO, 2016, p. 79).

Foram se arrumando como puderam, largados à própria sorte. Passaram a constituir uma classe social no Brasil Imperial, a dos *miseráveis*, sem qualquer ajuda do Estado, embora como libertos, estivessem todos submetidos às obrigações impostas pelas leis nacionais. Tratamento igual para os profundamente desiguais.

À muito custo e fruto da solidariedade recíproca, foram sobrevivendo e o tempo foi passando, eivado de profundas injustiças contra os ex-escravos, que pereciam à margem da sociedade e do amparo estatal.

Ao lado de uma legislação oficial que não engendrava condições mínimas de acesso e permanência na escola, dificuldades com os

---

[6] "Os negros não comemoram mais o dia 13 de maio, abolição da escravatura, considerada uma *data branca*. Preferem comemorar o 20 de novembro, dia da morte de Zumbi dos Palmares, o rebelde e audaz herói do inconformismo." (DIAS, GAMBINI, 1999, p. 71)

custos de uniformes/vestimentas e materiais escolares, necessidade de abandono da escola para contribuir com o sustento familiar, falta de consciência da população egressa do cativeiro da importância da educação, dentre outros, se somava o duro e difícil cotidiano de preconceito e discriminação nas escolas, que contribuía para o afastamento de grande parcela da população preta do processo de escolarização no sistema oficial de ensino (SANTOS *et al.*, 2013, p. 20.866-7).

A escola pública elementar do século XIX foi essencialmente destinada a crianças pobres, pretas e mestiças, já que as famílias ricas buscavam meios próprios de educação de suas crianças. O discurso civilizador destinava-se àqueles que, na percepção das elites, careciam de civilização. Nesse sentido, a escola da época era fundamentalmente inclusiva, porém, foi criada e instalada em condições muito precárias, acabando por não atingir sua finalidade (VEIGA, 2008, p. 504).

Apenas no final do século XX é que as questões raciais ganharam algum amparo estatal e legal, a partir da luta organizada desses coletivos, alcançando *status* igualitário e indo além, com a criminalização do racismo (Lei n. 7.716/1989).

Atualmente os pretos são considerados, pelas leis, exatamente iguais aos brancos, aos orientais, aos europeus, sem qualquer tipo de discriminação. Contudo, esse avanço é apenas no plano jurídico. No âmbito social, muitos ainda cultivam os valores de supremacia branca.

## 2 O negro no contexto educacional brasileiro

Durante o período escravocrata, as crianças pretas raramente frequentavam a escola (SANTOS *et al.*, 2013). Há registros de acesso de escravos à aprendizagem da leitura e da escrita desde o século XVIII, ainda que não necessariamente realizada numa escola (VEIGA, 2008; MORAIS, 2007). Até então, enquanto *propriedade*, o escravo era por definição o *não-cidadão* (SCHWARCZ, 1998, p. 186).

O sistema educacional brasileiro começou bastante frágil, e assim permaneceu por muito tempo, "... projeto de escolarização definido pela precariedade" (GOUVÊA, 2007, p. 124).

Apenas com a vinda da família real, em 1808, é que foram criadas as primeiras escolas formais. Nesse contexto:

> É importante considerar também que o século XIX obviamente não

constitui um período homogêneo. De Colônia a um Estado monárquico e, por fim, a um país republicano, evidentemente o projeto de escolarização da população assumiu diferentes contornos e significados ao longo do período, sendo fruto de políticas educacionais diversas. Não apenas as radicais transformações na ordem política tiveram impacto direto no processo de escolarização, mas também as mudanças econômicas e sociais impuseram a escola papéis diferenciados. Com a expansão econômica, a industrialização, ainda que incipiente, a ampliação dos núcleos urbanos e, principalmente, a desintegração do regime escravista, a escola, na segunda metade do século, foi alvo de políticas públicas mais estruturadas e investimentos mais significativos. Ao mesmo tempo, a forma escolar foi progressivamente adquirindo maior legitimidade social. (GOUVÊA, 2007, p. 125)

A educação brasileira, seguindo o modelo europeu, foi progressiva assumida como responsabilidade do Estado, e como estratégia de coesão nacional, frente ao perigo representado pela insurgência das camadas pobres (GOUVÊA; JINZENJI, 2006, p. 116).

A Constituição Imperial, de 25 de março de 1824, outorgou como garantia da inviolabilidade dos direitos civis e políticos dos cidadãos brasileiros, entre outros dispositivos, a garantia da instrução primária e gratuita a todos os cidadãos (art. 179, item XXXII). Os escravos não tinham esse direito, porque não eram considerados cidadãos, conforme o rol do artigo 6º, da mesma Constituição.

Pelo *Ato Adicional* (Lei n. 16, de 12 de agosto de 1834), que introduziu um conjunto de alterações na Constituição de 1824, a legislação da instrução elementar passou a ser de competência das Assembleias Provinciais (art. 10, item 2º).

Assim, a título de exemplo, em Minas Gerais, a Lei n. 13 (de 28 de março de 1835), que regulava a criação das cadeiras de instrução primaria na província, o provimento e os ordenados dos professores, determinava, em seu artigo 11, que somente as pessoas livres podiam frequentar as escolas públicas e prescrevia multa a ser paga pelos pais que não fizessem seus filhos frequentarem a aula pública, gerando as listas de *pais omissos* (art. 12). De acordo com a legislação, os juízes de paz deveriam encaminhar à presidência da província a relação dos *meninos*[7] que atendiam aos requisitos de obrigatoriedade de frequência escolar (idade e condição de ser livre). Caso os pais não

---

[7] Às meninas o ensino não era obrigatório.

enviassem à escola os filhos aptos, eram considerados *omissos* (VEIGA, 2008, p. 506).

A lei definia apenas a escola elementar, de dois anos de duração e dirigida a crianças entre 7/8 a 12/14 anos, como obrigatória. Esta escola transmitia valores morais, fundados no ideário cristão, e conhecimentos básicos de língua e aritmética, centrados no ler-escrever e contar (GOUVÊA, 2007, p. 126).

Um grande conjunto de leis prescrevia a fiscalização das escolas, professores e alunos, principalmente as públicas. A obrigatoriedade da frequência abrangia apenas os meninos, embora nunca tenha estado perto de ser cumprida (VEIGA, 2008, p. 506).

Como já dito, a escola era destinada, essencialmente, às crianças pobres, já que as ricas eram educadas em casa. A educação era gratuita e obrigatória, porém, a fiscalização do cumprimento da lei era tão precária quanto a própria escola, favorecendo a negligência tanto dos pais quanto das autoridades.

A criança preta precisava ajudar no sustento da família, por isso não tinha tempo para ir à escola, e ninguém se preocupava ( alguém se preocupa atualmente?) com isso!!

Dando um salto no tempo, com a promulgação da Constituição de 1988, o Brasil passou a se pautar pela busca efetiva da condição de um *Estado Democrático de Direito*, com ênfase na cidadania e na dignidade da pessoa humana; contudo, continua possuindo uma realidade marcada por posturas e comportamentos subjetivos e objetivos de preconceito, racismo e discriminação aos afrodescentes, que ainda enfrentam dificuldades para o acesso e permanência nas escolas (SANTOS *et al.*, 2013, p. 20.866).

Era bastante restrito o número de pessoas pobres que tinham acesso e/ou permaneciam nas escolas públicas, pelos mais diferentes motivos, mas especialmente pela inserção precoce no mercado de trabalho, devido a necessidade da ajuda familiar. Quanto aos pretos e pardos, além da pobreza, existiu desde sempre também a questão das diferenças de oportunidades escolares com os brancos (VEIGA, 2008, p. 502).

Atualmente, todas as crianças devem estar matriculadas e frequentar a escola regularmente, por determinação legal (art. 205, CF/88). Contudo, a lei não consegue garantir a permanência e/ou segurança para algumas crianças e adolescentes na escola em virtude de inúmeros problemas que podem surgir tanto na família e sociedade, quanto na própria escola.

Antes de mais nada, a escola está inserida em uma cultura mais ampla, logo, não está imune a ser um local de produção e reprodução de preconceitos, tornando-se um desafio para a educação não apenas a alfabetização ou o ensino do conteúdo programático, mas também o ensino do respeito às diferenças (SOUZA; SILVA; FARO, 2015, p. 290-1).

## 3 Homossexualidade negra

A criança preta carrega no corpo uma série de signos que destacam suas diferenças e a coloca em desvantagem. São marcas que a transformam em algo para todo tipo de violência. A cor da pele, o tamanho do nariz e da boca e a textura do cabelo são indicativos de uma diferença que justifica situações frequentes de agressão que desconsideram inclusive o fato de ser uma criança ou jovem (OLIVEIRA, 2017, p. 121).

Quando olhamos para a sociedade mais ampla, o que vemos é que a infância dos jovens pretos é considerada naturalmente inferior, perigosa e indistinguível da vida dos adultos. Eles não merecem a mesma presunção de inocência que os jovens brancos, em especial em situações de vida ou morte (PATTON, 2020).

Esse aspecto é facilmente observado nas páginas dos noticiários policiais (AGÊNCIA ESTADO, 2020; LIMA, 2020; VELOSO, 2020), e atinge a escola em todas as suas dimensões.

O aspecto racial já é bastante grave e excludente, mas não é o único a afligir aqueles que além de serem pretos, carregam também a condição de gays, lésbicas e transexuais.

Ser gay num país tão homofóbico como o Brasil não é nada fácil. Ser gay e preto aumenta consideravelmente as chances de vivenciar situações de preconceito e discriminação[8].

Nesse sentido, tanto o racismo quanto a homofobia foram e continuam sendo utilizados para reduzir os sujeitos aos quais se referem àquilo que é interpretado como defeito, em comparação ao padrão heteronormativo vigente. Pretos e pretas, gays afeminados, viados e bichas foram desacreditados, considerados ilegítimos diante dos olhos do homem branco heterossexual que faz uso de discursos

---

8 "Ser negro e LGBT+ numa sociedade racista e LGBTfóbica como a do Brasil, é viver diariamente refém da violência, da discriminação e do preconceito..." (SILVA *et al.*, 2019, p. 105)

religiosos, de leis e da ciência para naturalizar e essencializar sua suposta superioridade (OLIVEIRA, 2017, p. 47-8), inclusive no que se refere a crianças e adolescentes, que são alcançados dentro da escola.

O homossexual preto é estigmatizado por pertencer a uma raça supostamente inferior, assim como é estigmatizado, por pretos e brancos, pela representação negativa da sexualidade contra-hegemônica presentes na sociedade heteronormativa (LIMA; CERQUEIRA, 2007, p. 271).

Isso porque, no senso comum, ser preto é sinônimo de *heteronormatividade* e *virilidade*. A própria aspereza da existência das pessoas pretas pode levar a se pensar que não existe a possibilidade de divergência nas questões da sexualidade. Se, por ventura, ainda no senso comum, homens pretos não encenarem tais performances discursivas e corporais, podem ser acusados de negarem sua própria origem e contrariando as matrizes hegemônicas da raça (MELO; LOPES, 2014, p. 653).

Contudo, homossexuais e transexuais pretos existem, possuem direitos e prerrogativas assentados nas leis constitucionais brasileiras (art. 5°, CF/88), quanto em estatutos internacionais que protegem e asseguram os *Direitos Humanos* e devem ser respeitados como cidadãos que são, embora este ainda seja um ideal longínquo, tarefa para as próximas gerações.

## 4 Homofobia e *bullying*

A escola, enquanto instituição social responsável pela organização, transmissão e socialização do conhecimento e da cultura, revela-se também como um dos espaços em que as representações negativas sobre o preto e a homossexualidade são difundidas. Exatamente por isso, a escola, independente de suas particularidades, deve tornar-se um local em que estas representações podem ser superadas (ALBUQUERQUE; WILLIAMS, 2015, p. 664; SANTOS *et al.*, 2013, p. 20.867), para que crianças e jovens (e todas as pessoas) possam se expressar mais espontaneamente.

No entanto,

> A escola é, sem dúvida, um dos espaços mais difíceis para que alguém *assuma* sua condição de homossexual ou bissexual. Com a suposição de que só pode haver um tipo de desejo sexual e que esse

> tipo – inato a todos – deve ter como alvo um indivíduo do sexo oposto, a escola nega e ignora a homossexualidade (provavelmente nega porque ignora) e, desta forma, oferece muito poucas oportunidades para que adolescentes ou adultos assumam, sem culpa ou vergonha, seus desejos. O lugar do conhecimento mantém-se, com relação à sexualidade, como o lugar do desconhecimento e da ignorância. (LOURO, 2003, p. 30)

Essa ignorância deliberada da escola e seus entes constitutivos (professores, diretores, colaboradores e pais) tem um custo psicológico muito alto para aqueles e aquelas que não conseguem se encaixar no modelo heteronormativo e racial, e portanto, podem não se sentirem acolhidos pela escola em suas demandas mais íntimas e sensíveis, permanecendo frágeis diante de violências cotidianas.

Além disso, inúmeros problemas familiares e sociais acabam por dificultar a permanência ou determinar a exclusão de crianças e adolescentes da escola, tais como: pobreza, alcoolismo, violência social e familiar, separação dos pais, dentre outros.

Nas escolas, as crianças e adolescentes interagem com outros, que são diferentes deles ou de seu grupo familiar e social, em função, dentre outros aspectos, da cor, da sexualidade, da nacionalidade, do corpo, da classe socioeconômica (SALLES; SILVA, 2008, p. 150). As diferenças existem de todas as formas. Porém, algumas acarretam maior reprovação do que outras.

O que antes era compreendido como *brincadeira*[9], atualmente é identificado como *bullying*, se caracterizando por ações repetitivas de abuso (físico, verbal, material ou exclusão social) em relações desiguais de poder entre pares, produzindo sofrimento para aquele que é alvo (SOUZA; SILVA; FARO, 2015, p. 290).

O que se destaca no fenômeno do *bullying* é a repetição e a diferença de poder entre o agressor e a vítima. Essa diferença pode resultar da idade, tamanho, apoio recebido dos demais colegas, e até velado dos adultos, e desenvolvimento emocional e/ou físico.

Aspecto importante nesta situação é que a manifestação de ideias e comportamentos preconceituosos não aparecem entre os muito pequenos do nada. A discriminação e o preconceito aparecem a partir do exemplo de adultos. Ninguém nasce preconceituoso: aprendemos nossos preconceitos. E aprendemos, no mais das vezes,

---

[9] Quando insultos adquirem a forma de brincadeira "... perdem qualquer possibilidade de discussão ou de denúncia de racismo, já que brincar permite o jogo da humilhação sem que ele esteja claramente declarado" (NUNES, 2014, p. 108).

de nosso núcleo familiar através da transmissão dos valores e costumes.

Quando uma criança ou adolescente manifesta comportamento preconceituoso, quase sempre é porque viu seus pais, ou outros adultos próximos, falando ou se comportando dessa forma.

Sendo a escola ponto de convergência de diversas culturas, valores e hábitos diferentes, acaba por ser palco de manifestações hostis e até violentas, conhecidas como *bullying*.

A *criança negra* poderá ser vítima de preconceito em razão da cor da pele e da condição social. Muitas pessoas (alunos e até professores e funcionários) poderão entender que o lugar deles é a *subalternidade*, e dispensar-lhes tratamento inferiorizado e até mesmo violento.

O *menino homossexual*, na medida em que for mais ou menos efeminado, vive inúmeras experiências de perseguição, terror e violência, já que geralmente as vítimas apresentam características diferenciadas que as tornam alvos fáceis da violência, podendo ser a orientação sexual e/ou identidade de gênero (ALBUQUERQUE; WILLIAMS, 2015, p. 664).

Como fenômenos sociais, podemos estabelecer uma aproximação entre *bullying* e *preconceito*, uma vez que este define grupos mais vulneráveis a se tornarem alvos. Esse tipo de violência pode ser orientada pelo preconceito racial, religioso, regional ou oriundo da diversidade sexual (SOUZA; SILVA; FARO, 2015, p. 290). Quando a homofobia na escola é traduzida em palavras e ações, acaba tornando-se *bullying homofóbico* (ALBUQUERQUE; WILLIAMS, 2015, p. 664; DINIZ, 2011, p. 42).

Nesse sentido, a *homofobia*, fruto do preconceito, é qualquer atitude de hostilidade contra os/as homossexuais. Trata-se de uma manifestação autoritária que consiste em designar o outro como contrário, inferior ou anormal (BORRILLO, 2010, p. 13).

Embora *homofobia* (preconceito) e *bullying* sejam semelhantes, guardam diferenças fundamentais: o *preconceito* assume caráter mais amplo, presente nas mais variadas fases do desenvolvimento humano, envolvendo pessoas de diferentes gêneros, raças, idades, naturalidade e condição socioeconômica, dentre outras características, envolvendo aspectos cognitivos, afetivos e comportamentais, não se limitando ao *bullying*, ocorrendo de diversas formas, desde as veladas até as diretas. Já o *bullying* ocorre mais na esfera interpessoal das relações e é essencialmente comportamental na forma de xingamentos e ações violentas e agressivas, por exemplo

(SOUZA; SILVA; FARO, 2015, p. 290).

Também podemos observar que *racismo*, neste mesmo sentido, age de maneira sutil, em razão de suas implicações legais, sendo pouco acionado abertamente sob a forma de discurso. A *homofobia*, por sua vez, se manifesta de maneira mis explícita, compondo o vocabulário cotidiano de estudantes e professores como um dos muitos recursos buscados na construção de uma heterossexualidade, sendo não apenas consentida, mas também ensinada nas escolas (OLIVEIRA, 2017, p. 49).

Assim, a homofobia pode estar presente nas escolas de diferentes formas, até mesmo como *violência simbólica*[10], que pode ser percebida, por exemplo, nos materiais didáticos, nas concepções curriculares e nas relações pedagógicas normatizadoras (ALBUQUERQUE; WILLIAMS, 2015, p. 664).

O *bullying homofóbico* tem resultado na evasão escolar de estudantes que expressam identidades sexuais e de gênero diferentes da norma heterossexual, e mesmo nas tentativas de suicídio de adolescentes em conflito com sua identidade sexual e de gênero, devido aos preconceitos e a discriminação sofrida na escola (DINIZ, 2011, p. 42-3).

## 5 Consequências do preconceito

Pesquisas têm demonstrado que a influência do preconceito e da discriminação (percepção de tratamento injusto), em razão de diferenças étnicas e de orientação sexual, podem provocar importantes problemas de saúde (SHEPHERD *et al.*, 2017; ALBUQUERQUE; WILLIAMS, 2015; LEWIS; COGBURN; WILLIAMS, 2015; WILLIAMS; PRIEST, 2015; LEWIS *et al.*, 2014; PRIEST *et al.*, 2013; PASCOE; RICHMAN, 2009; WILLIAMS; MOHAMMED, 2009).

A experiência de múltiplas formas de discriminação, em razão das diferenças étnicas, constituem estressores psicológicos significativamente aumentados que provocam uma série de comportamentos de risco e problemas de saúde. Após compilação de 134 estudos, publicados entre 1986 e 2007, enfocando o vínculo

---

[10] Trata-se de uma forma de violência que não se apresenta fisicamente, ela "... exerce sobre os corpos, diretamente, e como que por magia, sem qualquer coação física; mas essa magia só atua com o apoio de predisposições colocadas, como molas propulsoras, na zona mais profunda dos corpos" (BOURDIEU, 2012, p. 50).

direto entre a discriminação percebida e a saúde, bem como os caminhos entre discriminação percebida e comportamentos de saúde e discriminação percebida e respostas de estresse fisiológico e psicológico através de uma combinação de meta-análise e síntese de pesquisa. Os resultados apontaram para a hipótese de que a discriminação percebida realmente tem uma relação significativa com (a) os resultados de saúde mental e física, (b) vias causais para respostas psicológicas e fisiológicas mais estressadas, e (c) aumento da participação em comportamentos não saudáveis e diminuição da participação em comportamentos saudáveis (PASCOE; RICHMAN, 2009).

Pesquisadores há muito tempo especulam que a exposição à discriminação pode aumentar o risco de doenças cardiovasculares (infarto do miocárdio e acidente vascular cerebral); comparados a outros fatores de risco psicossocial, estudos epidemiológicos e comunitários de larga escala que examinam associações entre relatos de discriminação e risco de doenças cardiovasculares, surgiram apenas recentemente. Esta revisão abrangeu os estudos publicados entre 2011-2013. Os resultados apontam para o papel das experiências discriminatórias como fatores de risco potencial para múltiplos desfechos em saúde, incluindo pelo menos alguns indicadores de risco de doenças cardiovasculares. Experiências discriminatórias variam em quão emocionalmente intenso, imprevisível, ameaçador, frequente, ambíguo, negativo, incontrolável e perturbador do funcionamento individual e familiar que são – todas as características que poderiam afetar suas consequências para a saúde (LEWIS *et al.*, 2014).

A discriminação e o preconceito são cada vez mais reconhecidos como determinantes das desigualdades raciais e étnicas em saúde, com evidências crescentes de fortes associações entre essa modalidade de violência e os resultados da saúde do adulto e também da criança e do jovem.

Crianças e jovens são consideradas particularmente vulneráveis aos efeitos deletérios da discriminação. Um trabalho teve por objetivo realizar *revisão sistemática* de estudos que examinam as relações entre discriminação racial e saúde da criança e do jovem. Foram identificadas 121 pesquisas que incluíam definições e medidas de discriminação racial e a natureza das associações relatadas, publicadas a partir de 2006, utilizando delineamentos transversais, e realizada nos Estados Unidos, com jovens de 12 a 18 anos. As populações afro-americanas, latinas e asiáticas apareceram com mais frequência nesses estudos. Dos trabalhos examinados, os resultados em saúde mental (por exemplo, indicadores de depressão e ansiedade) mostraram que 76% possuem associações estatisticamente significativas com a vivência da discriminação racial. Associações estatisticamente significativas também foram encontradas em mais de 50% das associações entre discriminação racial e saúde mental positiva (por exemplo, indicadores para autoestima e resiliência) e problemas de comportamento e bem-estar (PRIEST *et al.*, 2013).

A partir de dados longitudinais entre crianças indígenas na Austrália e vários indicadores de discriminação racial, foi possível coletar informações sobre o impacto da exposição precoce ao racismo na saúde infantil. Foram utilizados dados de 1.239 crianças indígenas de 5 a 10 anos em todo o país, examinando associações entre discriminações raciais relatadas pelos cuidadores (medindo as experiências diretas das crianças e a exposição indireta por parte do cuidador principal e da família) e uma série de outros dados de saúde física e mental. Os resultados mostraram que dois quintos (40%) dos cuidadores primários, 45% das famílias e 14% das crianças indígenas com idades entre 5 e 10 anos, foram vítimas de discriminação racial em algum momento, com 28 a 40% delas a experimentando persistentemente (relatado em vários momentos). Todas essas experiências foram associadas a um estado de saúde mental infantil precário (alto risco de problemas emocionais ou comportamentais clinicamente significativas), dificuldades de sono, obesidade e asma. Os resultados indicam que a discriminação racial direta e persistente é prejudicial à saúde física e mental das crianças indígenas na Austrália, e sugere que a exposição prolongada e mais frequente à discriminação, aquela que começa no início da vida, pode afetar os múltiplos domínios da saúde (SHEPHERD *et al.*, 2017).

Pesquisa recente revela que antecipar a discriminação, aquele pressentimento da experiência de ser alvo de discriminação, tem impactos negativos no sono, na saúde mental e na pressão arterial. Segundo os estudos, a ativação repetida ou crônica de imagens cognitivas de um estressor pode servir para prolongar o estresse e exacerbar os efeitos negativos na saúde. Esse *estresse antecipado*, refletido na vigilância crônica (fracasso em relaxar), pode levar à desregulação do funcionamento emocional e fisiológico, que pode aumentar os riscos de várias doenças (LEWIS; COGBURN;

WILLIAMS, 2015).

A homofobia pode estar presente nas escolas de diversas formas, envolvendo múltiplos agentes escolares e favorecendo o desenvolvimento de diferentes sintomas psicológicos e psiquiátricos por parte das vítimas.

Outra pesquisa teve por objetivo descrever os relatos retrospectivos de estudantes universitários sobre as suas piores experiências escolares motivadas por homofobia, apontando a duração das mesmas, os principais agressores envolvidos e os sintomas advindos dessas experiências. Entre os 638 participantes que responderam ao estudo, 21 (3,3%) descreveram componentes homofóbicos como pior experiência. Os relatos descrevem principalmente vitimização verbal e também situações de isolamento social, sendo que para 14 desses estudantes a experiência durou *anos*. Em relação às consequências da homofobia, 19 participantes apontaram que se *incomodaram* muito com a experiência, sendo descritos sintomas clinicamente significativos, tais como de depressão e de transtorno de estresse pós-traumático (ALBUQUERQUE; WILLIAMS, 2015).

Por fim, segundo dados do IBGE, quase metade dos jovens pretos, de 19 a 24 anos, não conseguiram concluir o ensino médio em 2018 (44,2%). Para as mulheres pretas o índice chega a 33%, evidenciando o racismo estrutural da sociedade brasileira (RBA, 2020b).

Todas essas consequências acarreta danos não apenas às vítimas, mas a toda sociedade, que sente os efeitos de uma dissociação psicológica, negando aspectos da própria constituição física, histórica e social. Em outras palavras, dificulta a formação da identidade brasileira, que mescla elementos de povos e culturas bem diferentes.

## 6 A identidade (afro)brasileira

Aquilo que chamamos essência, o que caracteriza o povo, ou seja, a identidade brasileira, foi formada por diversos povos diferentes, conforme vimos. O grau de miscigenação foi tão grande, que é difícil encontrar atualmente quem não tenha, ainda que distante, um antepassado índio, negro e/ou imigrante.

> O Brasil acaba sendo uma costura de muitos retalhos, onde vão-se agregando ao todo as graves dores que cada um traz na alma. O

> resultado é um Frankestein no qual ninguém se reconhece. Ou porque são negados e exterminados, como os índios; ou porque são massacrados, como os negros; ou porque são rejeitados no torrão natal, como os imigrantes... sem falar no português, com sua autoestima no pé e nenhum orgulho de raça, colaborando para amargar o caldo. Quer dizer, somos um mingau meio indigesto. (DIAS; GAMBINI, 1999, p. 77)

Entender essa identidade, ou a *alma brasileira*, é aceitar todos esses elementos diferentes, como partes da própria constituição física, psíquica, histórica e social.

No período escravocrata, do ponto de vista psicológico, era impensável qualquer associação entre os povos diferentes para constituição do sujeito: "como é que o branco podia absorver como parte de sua identidade algo que considerava como mercadoria? Como dar valor humano àquela carne que ele comprava examinando os dentes, o ventre, açoitando até a morte... Então, não era humano" (DIAS; GAMBINI, 1999, p. 65).

A experiência traumática deixa marcas em todos os atores, ou seja, na vítima e também no algoz, assim como nos expectadores, naqueles que assistem e/ou participam de alguma forma.

Por mais que se negue, a escravidão foi uma chaga na história do país, e ainda não foi sequer elaborada psicologicamente[11], quanto mais esquecida e superada. Não ficou no passado, ainda repercute na sociedade atual. "Não é possível pensarmos que isso passou com o fim da escravidão e não deixou marcas" (DIAS; GAMBINI, 1999, p. 65).

Atualmente, as pessoas em geral, quando questionadas, se dizem contra o racismo e afirmam claramente que ele tem de ser combatido. O racismo explícito é condenado socialmente e tende a diminuir. Contudo, tal condenação não significa que tenha deixado de existir. Podemos notar mudança significativa na manifestação do racismo, que agora é muito mais sutil, mas a sua função continua a mesmo, qual seja, a de organizar as relações de poder e justificar as desigualdades sociais (NUNES, 2010, p. 28). Mudaram os padrões sociais, mas as mentalidades ainda não acompanham essa mudança.

Assim, "... ninguém nega que exista racismo no Brasil, mas sua prática é sempre atribuída a 'outro'" (SCHWARCZ, 1998, p. 181), a

---

[11] "No Brasil, há um débito psíquico que, se não for formulado e trabalhado, não permitirá que surja um novo processo de conscientização de identidade..." (DIAS; GAMBINI, 1999, p. 66)

responsabilidade acaba não sendo assumida.

Numa sociedade declaradamente racista, a discriminação não costuma apresentar ambiguidades, é direta. No entanto, numa outra democrática, como a nossa, as ideias racistas acabam entrando em conflito com as normas igualitárias. O racismo sutil existe provavelmente porque os países democráticos já possuem normas antirascistas (NUNES, 2010, p. 29).

Mas, se estas normas atualmente existentes não conseguem mudar as mentalidades, qual a sua utilidade?

Apesar das leis não terem a capacidade de mudar as mentalidades, elas servem para intimidar a conduta racista, por meio das penas que prescreve, como multa e/ou reclusão. As pessoas deixam de praticar o crime de racismo não porque mudaram seus valores e conceitos sobre o assunto, mas porque precisam obedecer aos determinantes da lei. Já é um começo. Além disso, as punições aplicadas servem de exemplo para desestimular a ação de outras pessoas.

Para que um jovem gay afeminado e preto consiga permanecer na escola é necessário que desenvolva estratégias de resistência tanto contra o racismo quanto contra a homofobia (OLIVEIRA, 2017, p. 49).

E para que isto aconteça, é necessário que esses jovens vulneráveis (pretos, pobres, gays, transexuais, etc.) sejam aceitos, acolhidos e protegidos por quem tem a obrigação d assim fazer: pais, família, professores e funcionários escolares e a sociedade como um todo.

Somente assim, crianças e jovens poderão sentir orgulho de sua cor da pele e sua orientação sexual e de gênero, sejam elas quais forem, porque o que caracteriza a espécie humana (e todas as outras espécies existentes!!) é a diversidade dentro da uniformidade da espécie.


## Conclusões

Diante do que vimos, foi possível identificar que a experiência da vivência da discriminação étnica, racial e homofóbica nas salas de aula possui significativa longevidade histórica, não é recente e vem-se acumulando há mais de duzentos anos (VEIGA, 2008, p. 504).

Temos um conjunto de leis avançadas, o país foi uma das primeiras nações que aboliu a pena de morte, há uma ideia disseminada de que detestamos as soluções violentas e um desejo de ser um povo brando e comportado, porém, a realidade não confirma essa ideia. Temos uma herança escravagista embutida na alma e profundamente arraigada em nosso estilo de vida (DIAS; GAMBINI, 1999, p. 67).

A vivência do preconceito (seja em que modalidade for) está diretamente relacionada a questões negativas envolvendo saúde física e mental. Por outro lado, quando existe apoio social, estímulo para enfrentamento ativo e identificação pelo grupo, há maior probabilidade de superação (PASCOE; RICHMAN, 2009, p. 547).

Contudo, é necessário ir além da promoção de uma atitude apenas tolerante para com a diferença, o que em si já é uma grande tarefa. As sociedades fazem parte do fluxo mais geral da vida e a vida só persevera, só se renova, só resiste às forças que podem destruí-la através da produção contínua e incansável de diferenças, de infinitas variações. As sociedades também estão em fluxo contínuo, produzindo a cada geração novas ideias, novos estilos, novas identidades, novos valores e novas práticas sociais (CARRARA, 2009, p. 15).

A ignorância sobre *homofobia, racismo* e *bullying,* assim como a presunção assumida por professores de que a escola só deva discutir assuntos universais, sendo somente a norma da heterossexualidade concebida como natural e universal, exclui a sexualidade de estudantes gays e faz com que a diversidade sexual e de gênero seja um tema excluído do currículo, mesmo das aulas de *educação sexual* (DINIZ, 2011, p. 47).

Com isso, para concluir, reafirmamos as evidências científicas observadas por meio das pesquisas aqui apresentadas. Evidências estas que sugerem que as categorias *homofobia, racismo* e *bullying* podem provocar: desregulação do funcionamento emocional e fisiológico por meio de respostas mais estressadas; alto risco de problemas comportamentais; indicadores de depressão e ansiedade (com impacto no sono, na saúde mental e na pressão arterial); risco de doenças cardiovasculares; obesidade; asma e transtorno do estresse pós-traumático que pode se manifestar por anos. Além disso, também destacamos o alto índice de evasão escolar.

## Referências

AGÊNCIA ESTADO. **No Brasil e nos EUA, negros correm mais risco de ser mortos pela polícia**. Disponível em

<https://www.correiobraziliense.com.br/app/noticia/mundo/2 020/06/ 14/interna_mundo,863640/brasil-e-eua-negros-correm-mais-risco-de-ser-mortos-pela-policia.shtml>. Acesso em 23 jun. 2020.

ALBUQUERQUE, P. P.; WILLIAMS, L. C. A. Homofobia na escola: relatos de universitários sobre as piores experiências. **Rev. Temas em Psicologia**, v. 23, n. 3, p. 663-76, 2015.

ARCOVERDE, L. **Crimes de racismo e injúria racial crescem 29% em São Paulo em 2018.** Disponível em <https://g1.globo.com/sp/sao-paulo/noticia/2018/07/27/crimes-de-racismo-e-injuria-racial-crescem-29-em-sao-paulo-em-2018.ghtml>. Acesso em 15 jun. 2020.

BORRILLO, D. **Homofobia**: história e crítica de um preconceito. Trad. Guilherme J. F. Teixeira. Belo Horizonte: Autêntica, 2010. (Ensaio geral; 1)

BOURDIEU, P. **A dominação masculina**. Trad. Trad. Maria H. Kühner. 11. ed. Rio de Janeiro: Bertrand Brasil, 2012.

BRASIL. **Constituição Politica do Imperio do Brazil (de 25 de março de 1824)**: manda observar a Constituição Politica do Imperio, offerecida e jurada por Sua Magestade o Imperador. Disponível em <http://www.planalto.gov.br/ccivil_03/Constituicao/ Constituicao24.htm>. Acesso em 17 jun. 2020.

BRASIL. **Lei n. 16, de 12 de agosto de 1834**: faz algumas alterações e adições à Constituição Política do Império, nos termos da lei de 12 de outubro de 1832. Disponível em <https://www2.camara.leg.br/legin/fed/leimp/1824-1899/lei-16-12-agosto-1834-532609-publicacaooriginal-14881-pl.html>. Acesso em 17 jun. 2020.

BRASIL. **Constituição da República Federativa do Brasil de 1988**. Disponível em <http://www.planalto.gov.br/ccivil_03/constituicao/constituica o.htm>. Acesso em 16 jun. 2020.

BRASIL. **Lei n, 7.716, de 5 de janeiro de 1989**: define os crimes resultantes de preconceito de raça ou de cor. Disponível em

<http://www.planalto.gov.br/ccivil_ 03/leis/l7716.htm>. Acesso em 15 jun. 2020.

CARRARA, S. Educação, diferença, diversidade e desigualdade. *In*: BARRETO, A.; ARAÚJO, L.; PEREIRA, M. E. **Gênero e diversidade na escola**: formação de professoras/es em gênero, orientação sexual e relações étnico-raciais: livro de conteúdo. Rio de Janeiro: CEPESC; Brasília: SPM, 2009. p. 13-15.

COSTA, A. M. N. A passagem interna da modernidade para a pós-modernidade. **Rev. Psicologia Ciência e Profissão**, v. 24, n. 1, p. 82-93, 2004.

DATAFOHA – Instituto de Pesquisa. **Preconceito**. Disponível em <http://media.folha. uol.com.br/datafolha/2019/01/16/adebadbad191eec6d752f5825 b00cb45prc.pdf>. Acesso em 15 jun. 2020.

DIAS, L.; GAMBINI, R. **Outros 500**: uma conversa sobre a alma brasileira. São Paulo: SENAC, 1999.

DINIZ, N. F. Homofobia e educação: quando a omissão também é signo de violência. **Educar em Revista**, n. 39, p. 39-50, jan./abr. 2011.

DOMINGUES, P. Movimento negro brasileiro: alguns apontamentos históricos. **Rev. Tempo**, v. 12, n. 23, p. 100-22, 2007.

GOUVÊA, M. C. S. JINZENJI, M. Y. Escolarizar para moralizar: discursos sobre a educabilidade da criança pobre (1820-1850). **Revista Brasileira de Educação**, v. 11, n. 31, p. 114-32, jan./abr. 2006.

GOUVÊA, M. C. S. A escolarização da criança brasileira no século XIX: apontamentos para uma re-escrita. **Revista Educação em Questão**, Natal, v. 28, n. 14, p. 121-46, jan./jun. 2007.

GOMES, L. **Escravidão:** do primeiro leilão de cativos em Portugal até a morte de Zumbi dos Palmares. Rio de Janeiro-RJ: Globo Livros, 2019. (Uma história da escravidão no Brasil, v. 1)

JUNG, C. G. **Os arquétipos e o inconsciente coletivo**. Trad. Maria L. Appy e Dora M. R. F. Silva. 7. ed. Petrópolis-RJ: Vozes, 2011. (Obra complete de C. G. Jung; v. 9/1)

LEWIS, T. T. *et al.* Self-reported experiences of discrimination and cardiovascular disease. **Current Cardiovascular Risk Reports**, v. 8, n. 1, p. 365-80, 2014.

LEWIS, T. T.; COGBURN, C. D.; WILLIAMS, D. R. Self-reported experiences of discrimination and health: scientific advances, ongoing controversies, and emerging issues. **The Annual Review of Clinical Psychology**. v. 11, p. 407-40, 2015.

LIMA, J. D. **O racismo autoriza a polícia a atirar indiscriminadamente.** Disponível em <https://www.nexojornal.com.br/entrevista/2020/05/23/%E2%80%98O-racismo-autoriza-a-pol%C3%ADcia-a-atirar-indiscriminadamente%E2%80%99>. Acesso em 23 jun. 2020.

LIMA, A.; CERQUEIRA, F. A. Identidade homossexual e negra em Alagoinhas. **Rev. Bagoas Estudos Gays: Gêneros e Sexualidades**, v. 1, n. 1, p. 269-86, 2007.

LOURO, G. L. Pedagogias da sexualidade. *In*: LOURO, G. L. (org.). **O corpo educado**: pedagogias da sexualidade. Trad. Tomaz T. Silva. 2. ed. Belo Horizonte: Autêntica, 2003. p. 7-34.

MELO, G. C. V.; LOPES, L. P. M. Ordens de indexicalidade mobilizadas nas performances discursivas de um garoto de programa: ser negro e homoerótico. **Rev. Linguagem em (Dis)curso – LemD**, Tubarão-SC, v. 14, n. 3, p. 653-73, set./dez. 2014.

MORAIS, C. C. Ler e escrever: habilidades de escravos e forros? Comarca do Rio das Mortes, Minas Gerais, 1731-1850. **Revista Brasileira de Educação**, v. 12, n. 36, p. 493-504, set./dez. 2007.

NASCIMENTO, A. **O genocídio do negro brasileiro**: processo de um racismo mascarado. 3. ed. São Paulo: Perspectivas, 2016.

NUNES, S. S. Racismo contra negros: sutileza e persistência. **Revista Psicologia Política**, v. 14, n. 29, p. 101-21, jan./abr. 2014.

NUNES, S. S. **Racismo contra negros:** um estudo sobre o preconceito sutil. Tese. 227 f. Doutorado em Psicologia. Instituto de Psicologia. Universidade de São Paulo – USP. São Paulo-SP, 2010.

OLIVEIRA, M. R. G. **O diabo em forma de gente**: (r)existências de gays afeminados, viados e bichas pretas na educação. Tese. 192 f. Doutorado em Educação. Universidade Federal do Paraná. Curitiba-PR, 2017.

PASCOE, E. A.; RICHMAN, L. S. Perceived discrimination and health: a meta-analytic review. **Psychological Bulletin**, v. 135, n. 4, p. 531-54, 2009.

PATTON, S. *Racismo americano*: nos EUA, crianças negras são vistas como ameaças aos brancos. Disponível em <https://www.brasil247.com/oasis/racismo-americano-nos-eua-criancas-negras-sao-vistas-como-ameacas-aos-brancos>. Acesso em 22 jun. 2020.

PINAR, W. F. O corpo do pai e a raça do filho: Noé, Schreber e a maldição do pacto. **Rev. Brasileira de Educação**, v. 13, n. 37, p. 35-44, jan./abr. 2008.

PIZA, S. O paradoxo de Hegel: liberdade e escravidão nas colônias. **Rev. Eletrônica Estudos Hegelianos**, v. 16, n. 27, p. 41-69, 2019.

PRIEST, N. *et al.* A systematic review of studies examining the relationship between reported racism and health and wellbeing for children and young people. **Social Science and Medicine**, v. 95, p. 115-27, 2013.

PROVÍNCIA DE MINAS GERAIS. **Lei n. 13, de 28 de março de 1835**: regula a criação das cadeiras de instrução primária, o provimento, e os ordenados dos professores. Disponível em <https://www.almg.gov.br/consulte/legislacao/completa/completa.html?tipo=LEI&num=13&comp=&ano=1835&aba=js_texto Original>. Acesso em 17 jun. 2020.

RBA – REDE BRASIL ATUAL. **Pesquisa mostra que racismo também é um problema econômico**. Disponível em <https://www.redebrasilatual.com.br/trabalho/2019/06/pesquisa-mostra-que-racismo-tambem-e-um-problema-economico/>. Acesso em 15 jun. 2020a.

RBA – REDE BRASIL ATUAL. **Evasão escolar é maior entre jovens negros**: é a violência do racismo. Disponível em <https://www.redebrasilatual.com.br/educacao/2019

/09/evasao-escolar-e-maior-entre-jovens-negros-e-a-violencia-do-racismo/>. Acesso em 15 jun. 2020b.

SALLES, L. M. F.; SILVA, J. M. A. P. Diferenças, preconceitos e violência no âmbito escolar: algumas reflexões. **Cadernos de Educação**, Pelotas-RS, v. 30, p. 149-66, jan./jun. 2008.

SANTOS, A. O. *et al.* **A história da educação de negros no Brasil e o pensamento educacional de professores negros no século XIX**. XI Congresso Nacional de Educação – EDUCERE. Pontifícia Universidade Católica do Paraná – Curitiba, 2013. p. 20.855-69.

SCHWARCZ, L. M. Nem preto nem branco, muito pelo contrário: cor e raça na intimidade. *In*: SCHWARCZ, L. M. (org.). **História da vida privada no Brasil**: contrastes da intimidade contemporânea. São Paulo: Cia. das Letras, 1998. v. 4. p. 173-244.

SHEPHERD, C. C. J. *et al.* The impact of racial discrimination on the health of Australian Indigenous children aged 5-10 years: analysis of national longitudinal data. **International Journal for Equity in Health**. v. 16, n. 1, 2017.

SILVA, L. C. *et al.* Efetividade dos direitos fundamentais e ações afirmativas para os negros LGBT+. **Rev. Diálogos**, Dossiê Procadi, p. 99-119, out. 2019.

SOUZA, J. M.; SILVA, J. P.; FARO, A. *Bullying* e homofobia: aproximações teóricas e empíricas. **Rev. Quadrimestral da Associação Brasileira de Psicologia Escolar e Educacional**, v. 19, n. 2, p. 289-97, maio/ago. 2015.

VAINFAS, R. Colonização, miscigenação e questão racial: notas sobre equívocos e tabus da historiografia brasileira. **Rev. Tempo**, v. 4, n. 8, p. 7-22, ago. 1999.

VEIGA, C. G. Escola pública para os negros e os pobres no Brasil: uma invenção imperial. **Rev. Brasileira de Educação**, v. 13, n. 39, p. 502-16, sep./dec. 2008.

VELOSO, L. **Anuário da violência**: 75% dos mortos pelas polícias brasileiras são negros. Disponível em <https://www.almapreta.com/editorias/realidade/anuario-da-violencia-75-dos-mortos-pelas-policias-brasileiras-sao-negros>. Acesso em 23 jun. 2020.

VIEIRA, A. (padre). **Sermão XIV**. Disponível em <http://www.dominiopublico.gov.br/download/texto/fs000032pdf.pdf>. Acesso em 16 jun. 2020.

WILLIAMS, D. R.; MOHAMMED, S. A. Discrimination and racial disparities in health: evidence and needed research. **Journal of Behavioral Medicine**, v. 32, p. 1, p. 20-47, 2009.

WILLIAMS, D. R.; PRIEST, N. Racismo e saúde: um corpus crescente de evidência internacional. **Rev. Sociologias**, v. 17, n. 40, p. 124-74, sep./dec. 2015.

7

# O ENTRE-LUGAR DO ESTUDANTE SURDO INDÍGENA: O BULLYING COMO PRÁTICA CONSTITUTIVA DA EXCLUSÃO DA EXCLUSÃO

ICLÉIA CAIRES MOREIRA
MICHELLE SOUSA MUSSATO

## Introdução

Este texto tem por objetivo geral problematizar a dupla condição de exclusão do sujeito surdo indígena no cenário educacional. Especificamente, interessa-nos observar as relações de saber-poder constitutivas da prática do *bullying* para com este sujeito e analisar as marcas de sua dupla exclusão (MUSSATO, 2017) frente a hostipitalidade (DERRIDA, 2003) que o ambiente escolar lhe proporciona. A constituição do *corpus* se concatenou a partir da coleta de relatos de sujeitos surdos indígenas da etnia Terena, moradores da aldeia Cachoeirinha, localizada no município de Miranda, em Mato Grosso do Sul[1]. Essa empreitada científica nasceu

---

[1] O *I Encontro dos Terena Surdos* foi um acontecimento discursivo para o *Posto Indígena Cachoeirinha* e para todo o município de Miranda-MS. O que incitou a busca por problematizar como se dá o processo de constituição identitária dos surdos dessa etnia, haja vista a invisibilidade a que são acometidos. No dia seguinte ao evento a pesquisadora Mussato, reúniu-se com voluntários à pesquisa e leu, com todos, seu projeto de pesquisa e o *Termo de Consentimento Livre e Esclarecido* – TCLE, de modo que os enunciadores se sentissem livres para aceitar ou recusar a proposta. Cinco foram os colaboradores (três ouvintes e dois surdos) que concederam entrevistas gravadas e filmadas que *a posteriori* foram transcritas e recortadas conforme as regularidades apresentadas, sob o prisma conceitual da arqueogenealogia de Foucault (1996, 1997a). E por questões éticas lá suscitadas e acordadas, os materiais

da observação de que estes sujeitos são alvo de discriminação amparada em sua condição física e no estereótipo étnico vinculado ao espectro colonial.

Diante deste contexto, partimos da hipótese de que o sujeito surdo indígena tem sua representação identitária erigida a partir de um entre-lugar (BHABHA, 2001) que o subjetiva sob o rastro da exclusão, na escola indígena, por ser surdo e sob espectro colonial da exclusão, na escola urbana, por ser indígena. É sabido que a *Lei de Diretrizes e Bases da Educação*, inscrita sob o n. 9.394/96, demanda que o sujeito indígena seja acolhido e escolarizado dentro da escola indígena, salvaguardadas suas idiossincrasias étnicas. Entretanto, por ser surdo, a escola indígena não se sente capacitada para acolhê-lo, restando aos familiares uma inserção em escolas regulares urbanas que, por sua vez, o discriminam (mesmo que inconscientemente) pela sua origem étnica. Neste cenário o sujeito vê-se hostilizado em ambos os ambientes educacionais que, tecnicamente, deveriam estar preparados de ofertar-lhe acolhimento e escolarização de maneira equânime.

Sob este cenário descrito, valemo-nos do aporte teórico transdisciplinar da *análise do discurso discursivo-desconstrutiva*, subsidiada pelos escritos de Pêcheux, Foucault e Derrida (CORACINI, 2007), da *arqueogenealogia foucaultiana* (1996; 1997a; 1997b; 2007; 2014), de pesquisas decoloniais (SANTOS, 2007; MIGNOLO 2003; QUIJANO, 2005) e estudos culturalista (BHABHA, 2001; BAUMAN, 1998) com a finalidade de promovermos uma reflexão sobre o delineamento das práticas de exclusão, alicerçadas em relações de saber-poder, criadoras de fronteiras  abissais entre sujeitos e culturas.

O gesto interpretativo erigido apontou que a prática de *bullying* se presentifica, via inscrição na/da ordem discursiva (FOUCAULT, 1996), na relação dos surdos indígenas com a língua materna e a língua do outro, com a cultura materna e a cultura do outro, nos cenários educacionais. O que afere a emergência de sua condição de (in)visibilidade alicerçada na exclusão da exclusão, na condição de margem da margem, tornando-o estrangeiro em seu território Terena e estrangeiro dentro dos liames do que se considera ser surdo dentro da escolarização regular brasileira.

---

não utilizados não serão divulgados e manter-se-ão o anonimato dos enunciadores.

# 1 Condições de produção

## 1.1. Nuances sócio-históricas construtoras da representação estereotipada do sujeito indígena no cenário educacional

Conforme Moreira, o discurso é o lugar de produção e realização de possibilidades de sentidos (2018). A partir desta consideração, podemos salientar que a tomada dos sentidos como efeito do simbólico, vincula-se às condições sócio-históricas e ideológicas do dizer. É sob esta linha de raciocínio que serão problematizados, neste subitem, aspectos histórico-sociais que concatenam a representação do sujeito indígena e sua etnicidade no cenário educacional. A ideia é refletir quais aspectos político-sociais promovem o agenciamento da conduta do branco[2] ao discriminar o indígena surdo, a partir de uma postura de hostipitalidade (DERRIDA, 2003) mediante o recebimento deste sujeito na escola.

É sabido que, nas últimas décadas, políticas inclusivas de amplitude mundial têm possibilitado a emergência de diversos discursos sobre a necessidade de inclusão social das culturas ditas minoritárias à sociedade brasileira. Este cenário de reflexões sobre como incluir o outro, o marginalizado, o discriminado dentro das esferas nacionais e internacionais deu origem à *Convenção sobre a Proteção e Promoção da Diversidade Cultural*, evento ocorrido em 2005, durante a 33ª Conferência Internacional da ONU (Organização das Nações Unidas) e que resultou em um documento final ratificado pelo governo brasileiro em 2006. Este documento, de foro internacional, serviu de base para a organização de políticas públicas brasileiras responsáveis por incluir o sujeito indígena, suas histórias e culturas no cenário escolar como forma de saber institucionalizado. É do ideário da convenção que nasce a Lei n. 11.645/08, cuja responsabilidade está em dispor da obrigatoriedade do ensino das histórias e culturas indígenas dentro da sala de aula (MOREIRA, 2016).

Promulgada em 10 de março de 2008, a Lei n. 11.645 preocupou-se com o que deveria ser ensinado dentro da sala de aula do ensino regular do branco, mas não se atentou em orientar/verificar como deveria ser ensinado. Essa situação instaurou uma problemática in(ex)cludente dentro do processo de construção da representação

---

[2] Em consonância com Hall, usamos o termo *branco* para nos referir a todos que não se autodeclaram indígenas (2002).

destes povos, nas aulas, nos materiais didáticos, nas intervenções e práticas pedagógicas. Trouxe para a pauta da educação, de forma oficial, a visão sobre os povos indígenas, suas histórias e culturas, enviesada pelo espectro colonial, dando margem a (re)significação da matriz representativa do bom-selvagem, cuja primeira aparição data de 1500 e está presente na carta de Pero Vaz de Caminha ao rei de Portugal (MOREIRA, 2016).

O processo de soberania ocidentalista, delineado pela colonização, continuou a ser reverberado dentro dos muros escolares, agora amparado pela lei que deveria dar voz a história e a cultura indígena para quebra de estereótipos (BHABHA, 2001). Entretanto, sua implementação e não direcionamento das práticas inclusivas, acabou por reforçá-los. Tal conjuntura, conforme Souza, desencadeou uma representação ligada a subcidadania e criou um abismo valorativo entre brancos e indígenas (2003). Mesmo que Mato Grosso do Sul seja o segundo Estado em população indígena do país, diante desse cenário, ainda vemos a discriminação das nossas diversas etnias delineando-se nas práticas discursivas e de acolhimento destes sujeitos nas escolas e na sociedade.

Pode-se dizer que a prática de in(ex)clusão nasce do campo jurídico-administrativo e desemboca na esfera escolar concatenando uma teia de saberes e poderes microcapilarizada (FOUCAULT, 1997a) geradora de construções discursivas ofensivas e perpassadas de preconceito, a que damos o nome de *bullying*. Refletir sobre tais aspectos históricos-sociais nos ajuda a (d)enunciar, a naturalização das verdades circulantes que majoritarizam algumas línguas e culturas e minoritarizam outras, delegando-lhes um papel de dependência e vulnerabilidade (MOREIRA, 2018).

## 1.2 Surdo/Indígena: Condições de produção do sujeito

Residentes da aldeia Cachoeirinha, localizada em Miranda, MS, Indígena Surdo (IS) e Indígena Ouvinte (IO), informantes assim denominados para salvaguarda de sua identidade, pertencem a uma família de etnia Terena, em que três crianças são surdas e quatro são ouvintes, e relatam a experiência do funcionamento educacional social e escolar dos surdos indígenas, sobretudo de IS. IS e seus irmãos surdos tiveram o acesso negado ao processo educacional diferenciado étnico na escola indígena, em decorrência de a instituição não possuir suporte adequado para o atendimento do aluno surdo. Ao serem matriculados na escola municipal de Miranda, após cinco anos de interdição ao ensino-aprendizagem regular, estes sujeitos foram escolarizados mediante os ditames da época, passando pela oralização e, posteriormente, pelo ensino *bilíngue* envolvendo o ensino de Língua Portuguesa e Libras (MUSSATO, 2017).

Obrigada a aprender a língua do branco para garantir o acesso à educação a seus filhos, a mãe do sujeito-enunciador relata sua dificuldade na comunicação com os filhos e com a falta de orientação sobre os aspectos ligados à educação familiar e escolar de um sujeito surdo Terena. Com três filhos nascidos surdos, esta família encontrou uma forma de promover o processo de aquisição e apreensão do conhecimento de *mundo* destas crianças, calcado na ação de apontar com as mãos e a partir de sinais estabelecidos no seio maternal (MUSSATO, 2017). Sobretudo entre os irmãos, faziam-se trocas comunicativas geradoras de sentidos e estabelecedoras de laços. Tais sinais são considerados aqui uma língua, constituída de um padrão próprio, que lhe confere esse status a partir dos pressupostos de Soares, "língua de sinais terena" (2018).

A partir de Quadros, pode-se afirmar que os irmãos surdos indígenas traçam alternativas de comunicação utilizando-se de uma modalidade diferente de linguagem, uma língua de sinais que se caracteriza por ser espaço-visual. Devido à ausência da audição plena, os sujeitos não baseiam a comunicação pelo canal oral-auditivo, mas pela visão e espaço corporal (1997). Como observado em Kumada (2012) e Lima (2013) o processo de constituição da língua de sinais em ambientes *caseiros*, em ambientes indígenas, ocorre de forma semelhante ao exposto pela mãe dos sujeitos pesquisados. Conforme relatos da mãe observa-se que a comunicação estabelecida em casa acontece no espaço, por meio de articulações visuais: as mãos, o corpo, os movimentos e o espaço de sinalização, sendo esses os veículos de percepção e (re)produção linguística.

Dessa forma, os sinais são formados por meio da combinação de formas e de movimentos das mãos e de pontos de referência no corpo ou no espaço, como explicita Quadros: "os sinais são formados a partir da combinação do movimento das mãos, podendo este lugar ser uma parte do corpo ou um espaço em frente ao corpo" (1997, p. 46). Para a autora, essas articulações das mãos "podem ser comparadas aos fonemas e às vezes aos morfemas". A língua de sinais que emerge do/no seio familiar é compreendida como língua materna dos sujeitos por se tratar da língua da mãe (CORACINI, 2007). Acresce-se, neste ínterim, que a língua de sinais terena, representa a língua que acolhe, confere pertencimento e dá possibilidade de os surdos indígenas narrarem-se enquanto *eu* perante a sociedade.

Conforme Mussato, seu ingresso a um território outro (escola urbana), não habitado pela língua e pela cultura que o constitui, confronta sua identidade, sua subjetividade e estabelece um embate (2017). Conflito gerador de estereotipação diante do que é ser índio, do que é ser surdo, do que é ser corpo deficiente, do que é ser sujeito da falta. Em grande medida, isso decorre de dizeres oficiais, cujas legislações visam inclui-los sob o prisma de uma educação indígena e uma educação de surdos, tratadas em separado. Por esta razão, este processo de acolhimento acaba por gerar rejeição, hostipitalidade[3] (DERRIDA, 2003), vinculada a dupla diferença constitutiva deste sujeito que carece, portanto, de políticas de ensino de língua(s) e de ações pedagógicas que criem pontes, pois até o momento, a falta de amparo legal, concomitante, apenas abriram abismos.

Diante deste contexto, IS relata que ao não dominar a Libras, considerada a língua materna do surdo e trampolim para a compreensão da L2, a língua portuguesa, dentro do ambiente de *inclusão* do/no ensino regular, passou a ser ridicularizado pelos seus colegas. O *bullying* aqui (d)enunciado, ultrapassa a condição linguística, provocando marcas de subjetividade que se entrelaçam e se entretecem, sob uma memória discursiva, que vilipendia e violenta o sujeito-enunciador por ser indígena e por ser surdo.

A condição de surdez, por si, já é uma forma de o sujeito ser considerado na sociedade como um transgressor da *normalidade* (FOUCAULT, 1997b), do padrão eleito para a *perfeição*. A marca étnica, por sua vez, também transgride o ideal de *eu social* aceito/eleito pela hegemonia. Sob estas duas perspectivas de ser e de estar no mundo, os surdos terena vivenciam uma pluralidade linguística cultural, marcada pela língua de sinais emergente,

---

[3] *Hostipitalidade*: é um conceito cunhado por Jaques Derrida (2003), a partir do qual o estudioso reflete o quanto a hospitalidade pode ser hostil. Isto é, o processo de acolhida não se dá sem condições, ele impõe certas restrições ao hóspede que podem ser latentes ou explicitas a depender da situação. Ainda que o hospedeiro acolha o seu hóspede, o vê como inimigo, o estrangeiro dentro do território do outro, aquele que veio quebrar a rotina pela sua marca da diferença.

preservada no ambiente familiar, trazendo resquícios da cultura da etnia Terena; pela aquisição e apreensão da língua portuguesa escrita no ambiente escolar urbano, por meio da aprendizagem e aprimoramento da Libras e pelo (re)descobrimento da língua terena, ensinada por sua mãe e irmã aos demais sujeitos participantes de uma educação escolar indígena em sua aldeia.

Tudo isso, possibilita que os sujeitos-enunciadores se percebam num embate identitário, confrontando sua constituição subjetiva que é discriminada, excluída do/no processo socioeducacional, por meio de práticas de ridicularização e violência: *bullying*. Acrescenta-se aqui que, a prática preconceituosa de discriminação racial, cultural, étnica, linguística advém de ditos e escritos outros, anteriores ao que se conceitua *bullying*, mas que, ao ser resgatado via memória discursiva, atualizam a estereotipação violenta, corroborando práticas ofensivas para com os surdos indígenas.

O processo de alojamento do surdo indígena às bordas da sociedade hegemônica4 se dá pelo ato de dispersão de dizeres categorizadores, elitistas, segregadores que podem ser compreendidos como fomento para a construção da objetivação e da subjetivação desses sujeitos diante da discriminação, do preconceito e de práticas de violência. Tal condição, pode ser vista como um motivo preponderante para a criação de uma legislação que olhe para o surdo indígena, conferindo-lhe direitos e representações em discursos pedagógicos, condizentes com a sua forma de existência.

## 2 Trama teórica transdisciplinar

Ao ratificarmos que nossa trama teórico-metodológica parte de uma mobilização transdisciplinar, esclarecemos que o aporte teórico mobilizado nasce de um processo de entretecimento de fios de diferentes saberes, capazes de compreender as problemáticas emergentes de nosso *corpus* (MOREIRA, 2018). Segundo Coracini, transdisciplinarizar é uma mobilização inerente ao traçado científico de análise que evoca outras formas de saber que ajudem a dar conta de explicar a emergência das possibilidades de efeitos de sentidos que a *análise do discurso*, nossa teoria de base, não foi capaz de abranger

---

4 Sociedade hegemônica é aqui entendida como aquela que detém uma relação de poder que se quer hierárquico, com vestígios de um processo de homogeneização do que considera diferente, anormal, deficiente. A sociedade branca ouvinte.

(2007).

Neste sentido, entrelaçamos nossa urdidura teórica a partir da *análise do discurso discursivo-desconstrutiva* (CORACINI, 2007), da arqueogenealogia de Foucault (1996, 1997a, 1997b, 2007, 2014), da visada decolonial (SANTOS, 2007; MIGNOLO 2003; QUIJANO, 2005) e estudos culturalistas (BHABHA, 2001; BAUMAN, 1998) para construir um dispositivo orientador de nossas reflexões analíticas, mediante o processo de interpretação do recorte segmentado para este texto.

A perspectiva *discursivo-desconstrutiva* (CORACINI, 2007) nos é valiosa enquanto dispositivo de leitura/interpretação capaz de questionar as obviedades do dizer emergentes da materialidade articulada às condições sócio-históricas de sua produção. Nela encontramos suporte para utilizar a noção de sujeito, memória discursiva, condições de produção, formação discursiva e interdiscursividade advindas da *análise do discurso* cunhada por Pêcheux, somadas ao ideário de Foucault e Derrida. Seu enleio desconstrutivo é pautado no rastreamento das relações de poder, amparado nos estudiosos mencionados, permite interrogar a linguagem, o sujeito, os saberes, as *verdades* já naturalizadas, a condição de hostipitalidade, de modo a sondar as bases formadoras destes dizeres e suas possibilidades de efeitos de sentidos até então escamoteados, ou relegadas à pulsão de morte.

Por meio da arqueogenealogia (FOUCAULT, 1996; 1997a; 1997b; 2007; 2014), valemo-nos do método de escavação dos sentidos possíveis para compreendermos o funcionamento dos discursos que delineiam os saberes e poderes circulantes em uma dada época, além dos espectros e rasuras (re)significados no acontecimento discursivo em análise. Conforme Moreira, é por meio do método de Foucault (2014) que "descrevemos as condições de existência e de possibilidade dos enunciados, suas regularidades de dispersões, bem como as filiações arregimentadas por regras específicas de formação" (2018, p. 517). A partir de Foucault (1996; 1997b), utilizamos também da noção de ordem discursiva, do conceito de anormalidade e de agenciamento de conduta para discutirmos como o não atendimento a um padrão social instituído e cristalizado, historicamente, podem fazer com que os sujeitos sejam agenciados/governamentalizados a discriminar e violentar o outro por sua diferença.

Bauman (1998) e Bhabha (2001), respectivamente, nos auxiliam na compreensão da concatenação de uma sociedade mantenedora de padrões estéticos segretatórios e no entendimento da condição de entre-lugar daqueles que destoam do modelo instituído. De modo a promover uma mudança de olhar, frente a liquidez que perpassa a contemporaneidade e que requer dos sujeitos uma postura aberta ao outro e a(s) sua(s) identidade(s), sem que se queira que ela caiba o tempo todo no padrão da hegemonia. Assim, refletem a noção de alteridade enquanto constitutiva do social, do cultural, do identitário devido ao processo de hibridação e imbricamento ocorridos por conta do contato entre sujeitos, entre línguas, entre lugares.

A fim de lançar um olhar sobre as questões sócio-históricas e seus desdobramentos na contemporaneidade, o assentamento teórico decolonial (SANTOS, 2007; MIGNOLO 2003; QUIJANO, 2005) vem contribuir com a problematização das ações estatais, das formas de organização do sistema-mundo-patriarcal que regeu e rege a organização, a distribuição do valor cultural e da renda da sociedade relegando uma posição de superioridade para uns e de subalternidade e discriminação para outros sujeitos que habitam o mesmo território nacional. Situação que tornou o sujeito indígena estrangeiro em sua própria casa e estabeleceu um abismo, uma linha divisória (SANTOS, 2004) entre brancos e indígenas calcada na colonialidade do poder e do saber (MIGNOLO, 2003; QUIJANO, 2005).

## 2.2 *Bullying*: Espectros de uma formação discursiva excludente

Observa-se que a questão do *bullying* e seu combate tem ganhado um espaço enunciativo em diversas áreas do conhecimento, produzindo concepções teórico-científicas que o (re)categorizam e o analisam pelo prisma de sua constituição, da relação entre sujeitos e suas consequências. O *bullying* encontra-se em meandros de reflexões críticas e aprofundadas vinculadas à educação, família, saúde pública, igualdade social, cultura, políticas públicas, ações da área jurídica e uma série de desdobramentos temáticos pertinentes às práticas da sociedade.

Fante explica que o termo *bullying*, é originário do inglês e foi "adotado em muitos países para definir o desejo consciente e deliberado de maltratar uma outra pessoa e colocá-la sob tensão" (2005, p. 27). Este termo expressa os comportamentos agressivos e anti-sociais para com o outro, o diferente daquilo que o agressor acredita ser o *normal*.

Essa definição de *bullying*, ao longo tempo e mediante diferentes culturas e concepções subjetivas, sofreu/sofre deslocamentos. Desse modo, a noção de *bullying* passou a abranger todo "um conjunto de atitudes agressivas, intencionais e repetitivas que ocorrem sem motivação evidente, adotado por um ou mais alunos contra outro(s), causando dor, angústia e sofrimento..." assim, "... insultos, intimidações, apelidos cruéis, gozações que magoam profundamente, acusações injustas, atuação de grupos que hostilizam, ridicularizam e infernizam a vida de outros alunos levando-os à exclusão, além de danos físicos, morais e materiais" (FANTE, 2005, p. 28-9), denotam manifestações do comportamento desta forma de violência.

Ainda, segundo Fante, observa-se que o *bullying* apresenta como uma de suas principais características, "talvez a mais grave delas, a propriedade de causar traumas ao psiquismo de suas vítimas" (2005, p. 30). Interessadas na análise de como o *bullying* marca a constituição subjetiva de surdos indígenas da etnia terena, em um processo de escavação de regularidades, identificou-se que os surdos terena são alvos de preconceitos, gozações, zombaria, discriminação e exclusão no universo educacional. Não apenas no ambiente escolar, mas nos territórios sociais onde transitam, sua singularidade (surdez, etnicidade, língua e cultura) é motivo de escárnio, afetando seus processos de identificação, sua constituição identitária, pois passa a introjetar a representação de sujeito *anormal, monstro humano* (FOUCAULT, 1997b), imperfeito que seus colegas atiram sobre ele, numa conjuntura de *hostipitalidade* (DERRIDA, 2003).

Dado o percurso transdisciplinar eleito para nosso gesto analítico, buscamos descortinar, a seguir, como as estratégias de regulação via norma apagam a existência da alteridade do surdo indígena, conferindo-lhe um espaço de dupla exclusão, tendo em vista os dizeres circulantes perpassados pelo processo colonialista e segregador gerador de diferenças na sociedade. Diante disso, vemos que a educação do surdo indígena, na tentativa de o incluir, o compara e o subalterniza, por utilizar-se de uma língua outra, por pertencer a uma cultura outra, por ter em sua pele traços outros, que não correspondem ao que fora eleito como padrão, desejável, prestigiado.

Na sequência trazemos como o *bullying* se inscreve, enquanto prática discriminatória e de violência, em uma formação discursiva da exclusão, sob o agenciamento que dita o que pode ou não ser dito (FOUCAULT, 1997a) na relação entre sujeitos, línguas e construções socioideológicas.

## 3 Um gesto de interpretação: a prática do *bullying* como forma de violência à diferença identitária

Os recortes que ora apresentamos fazem parte de uma entrevista coletada no ano de 2015, na Aldeia Cachoeirinha no município de Miranda–MS. Esta coleta se deu durante o evento promovido pelos familiares dos indígenas surdos, *I Encontro dos Terena Surdos*, com autorização prévia dos enunciadores, além da assinatura do *Termo de Consentimento Livre e Esclarecido* – TCLE, justificando as intenções de pesquisa junto a Universidade Federal de Mato Grosso do Sul. O processo de transcrição segue os preceitos asseverados pelo NURC – Norma Urbana Oral Culta[5]. Deste *corpus*, elegemos um IS (Indígena Surdo), para problematizarmos a questão do *bullying* sofrido no ambiente escolar citadino pelo sujeito enunciador, ao ser inserido no ensino regular enquanto aluno surdo.

O recorte eleito inscreve-se sob a *formação discursiva* da exclusão, ao apresentar um relato (R1) de violência verbal contra o sujeito pela sua constituição identitária. Vejamos:

> R1: IS: o fato de não ter língua de sinais... de não saber nada... sentia preconceito... eu não conhecia os sinais... não sabia me comunicar e não era compreendido... me discriminavam e eu não entendia... eu tentava entender por que me chamavam de bobo... de tolo... isso fazia eu me sentir mal... me sentia um nada... por não ter uma comunicação em Libras eu era zoado por brincadeirinhas de mau gosto... riam de mim... eu me sentia discriminado... ofendido...

Diante da materialidade discursiva deste excerto, é possível ver que o IS traz em sua narrativa de si a ideia de ser fonte de seu dizer, ignorando as vozes interdiscursivas que constituem seu discurso

---

[5] NURC é um projeto que visa ao estudo da fala culta, média, habitual, através de uma documentação sonora capaz de fornecer dados precisos sobre a nossa língua, respeitadas as diferenças culturais de cada região, adotando-se, para isso, critérios rigorosos que assegurassem o controle de variáveis (Ver: https://nurcrj.letras.ufrj.br/). Utilizamos, nesses relatos, as regras de transcrição e marcação de pausas, de modo a rastrear os processos subjetivos do ato de enunciação.

(PÊCHEUX, 1988). Além disso, crê que este enunciado é monossêmico, isto é, acredita ser o detentor do controle dos sentidos do que fora dito, tomando para si a representação de incapaz que o outro lança sobre ele, mediante a prática do *bullying*. Contudo, podemos observar e rastrear em seu dito aquilo que Sacks afirma em seus estudos sobre a situação das pessoas com surdez. O autor assevera que tais sujeitos eram considerados *incapazes de desenvolver a fala* (portanto *mudos*), *incapazes* considerados pela lei e pela sociedade "como pouco mais do que imbecis" (1998, p. 27). Este espectro de incapacidade circula no bojo social a partir de formações discursivas médicas e legais há muito tempo e reverbera, se ressignifica, nas práticas discriminatórias da atualidade, de modo a repercutir e ecoar no discurso do agressor e, consequentemente, no dizer do próprio sujeito alvo do preconceito.

Ainda diante desta narrativa de si, podemos notar que o IS utiliza o advérbio de negação *não*, sob o efeito de denegação, acoplado a verbos de ação que predispõem o efeito de sentido de aquisição e domínio de um conhecimento, a saber: "não ter, não saber, não conhecia, não era, não entendia". Em uma formulação que permite a emergência de efeito de sentido de ser desprovido daquilo que, em tese, sob a égide de seus agressores, deveria dominar. A denegação, aqui, funciona também como um modo de tomar conhecimento daquilo que está reprimido, o desejo de pertencer, de conhecer, recalcado no sujeito (ECKERT-HOFF, 2003).

Mesmo com a Libras reconhecida e legitimada pela Lei n. 10.436/2002 e pelo Decreto n. 5.626/2005, com diretrizes a observar a educação de surdos e seu processo de aquisição e apreensão linguística, o espectro do cientificismo clínico assombra o fazer educacional, social e cultural. Este espectro traz marcas indeléveis de uma pretensa perfeição, do corpo, da língua e de tudo o que precisa ser corrigido, moldado, adaptado para tornar-se o ideal. Situação condicionada pelo processo de colonização que abjeta tudo o que parece transgredir/destoar dos princípios de prestígio da hegemonia (a classe respeitada, *eurocentrada*, que é branca, ouvinte, normal). Diante deste contexto, podemos interpretar que o IS não está nem no patamar do surdo escolarizado que também é excluído, sua marginalização está para além deste *locus*, disso decorre a ideia que ao sofrer *bullying* este sujeito enunciador é alocado na margem da margem existencial.

Esta condição de dupla exclusão, incita o agressor a ofendê-lo

(FANTE, 2005) e fomenta construção de um estereotipo deste sujeito, da sua língua e de sua cultura que parte de sua própria voz. Vê-lo sofrer gera satisfação no agressor que deseja fazê-lo reverberar o discurso do outro, do branco, que o discrimina, que é hostil a sua presença, que ri dele, o ofende, fazendo-o introjetar a representação de que é *bobo, tolo*, sob o olhar do o(O)utro[6]. Neste sentido instala-se uma condição de *hostipitalidade* (DERRIDA, 2003), na qual o hospedeiro (o branco) tanto hospeda quanto hostiliza o diferente (surdo indígena) sob uma postura de imposição de condição para sua existência no meio em que foi inserido, a saber: dominar a Libras.

Na esteira desta conjuntura, podemos dizer que se instaura um desejo de normalização (FOUCAULT, 1997b) do sujeito indígena surdo, ao impor de forma violenta a necessidade de domínio da Libras para que seja aceito no meio social em que se encontra. Esta conduta do(s) agressor(es) é agenciada pela prática discursiva excludente inscrita do/no processo educacional, nas relações escola/aluno, professor/aluno, aluno/aluno, amparada no espectro colonial do sistema-mundo-patriarcal (MIGNOLO, 2003).

Tais relações de saber-poder (FOUCAULT,1996) (sobre)determinadas nas políticas públicas, nas políticas linguísticas (leis, decretos, livros didáticos, práticas discursivas pedagógicas, construções sociais, históricas, ideológicas e culturais) objetiva e subjetiva este sujeito mediante a prática da violência gerada pelo *bullying*, caracterizada pela imposição do que é norma e legitima o *normal* (FOUCAULT, 1997b).

Neste quadrante descrito, quando a escola urbana interdita o uso e acesso à língua materna ao rotulá-la enquanto *língua caseira*, a língua que conferia pertencimento ao IS, acolhimento, ganha tom pejorativo diante a modalidade formal da(s) língua(s) oficial(is) padrão e o torna estrangeiro dentro do processo de aceitação e aquisição de um novo código linguístico que é o passaporte para ser incluso no novo cenário educacional. O sentimento de proteção e conforto da/na (sua) língua se esvai, desvanece, restando ao surdo indígena as representações de violência que o branco lhe atribuiu, pelo domínio do conhecimento que lhe garante acesso àquele universo hegemônico.

---

[6] O Outro (com inicial maiúscula) é um termo utilizado por Jacques Lacan (1998) para designar um lugar simbólico (o significante, a lei, a linguagem, o inconsciente) que determina o sujeito de maneira externa a ele, ou intra-subjetiva, da/na sua relação com o desejo (CORACINI, 2007; ECKERT-HOFF, 2003).

Segundo Ferreira o item lexical *bobo*, categorização dada ao IS por seus agressores, significa "quem vive fazendo graças, zombarias e bobagens; tolo; sem valor ou importância; insignificante" (2009, p. 180), enquanto *tolo*, outra forma pela qual o IS é ofendido, é tido como aquele que não tem inteligência ou juízo, idiota (2009, p. 779).

Estas categorizações enunciadas no relato do IS, nos permitem interpretar que o branco o vê como aquele que é desprovido de inteligência e idiota (aquele que tem atraso mental), o que nos leva ao discurso clínico patologizante vinculado a incapacidade de aprender. Tais dizeres afetam a subjetividade do sujeito-enunciador, conduzindo-o a um sentimento de inferioridade, de esterotipação (BHABHA, 2001), de anulação dos traços que o constituem como sujeito para assumir uma posição subalterna e marginalizada frente a sociedade hegemônica.

Assim, no trecho "isso fazia eu me sentir mal... me sentia um nada...", do discurso do IS emerge o efeito de sentido de que o sujeito-enunciador se sente como um *estranho no ninho*, um estrangeiro em seu lar, ao enunciar que o outro não respeita ou valoriza sua comunicação por meio de sua língua materna. De modo que ele passa a duvidar se a língua que ele acredita "... habitar seja realmente habitável, que ele tenha dela tomado posse..." (TAVARES, 2010, p. 65). A hostipitalidade (DERRIDA, 2003) a que é submetido no ambiente escolar o faz sentir não pertencente a qualquer sociedade, onde o entre-lugar é significado como não-lugar para sua língua, para sua cultura, para si.

Para os surdos indígenas, apre(e)nder essa(s) língua(s) que os exclui(em), que marca(m) a diferença entre os surdos e os ouvintes, saber a Libras e a Língua Portuguesa, significa fazer parte de uma *família*, de uma sociedade, de uma nação, deixando de ser rotulados como *anormais* ou como *deficientes, incapacitados*, um sujeito a corrigir (FOUCAULT, 1997b). Nesse ínterim, os surdos indígenas foram/são vistos pelos agentes que os discriminam, ofendem, excluem, como *sujeitos sem língua* e, com isso, "... permanecem numa posição de exclusão da língua (oral e de sinais) e, consequentemente, da cultura..." (DALCIN, 2006, p. 212) (ouvinte e surda, indígena e branca). Desse modo, o desejo de completude (CORACINI, 2007) motiva o IS a adentrar o universo linguístico do outro, dos surdos brancos, daqueles que se utilizam da Libras como forma de se expressar, de se comunicar, interpelando-se da/na Língua Portuguesa, para fazer cessar as agressões, violências, vilipendiências do *bullying* a que são acometidos.

A instituição escolar urbana não confere legitimidade ao sistema linguístico advindo do seio maternal, demonstrando uma impossibilidade de inscrição dos sujeitos indígenas surdos à cultura escolar, uma vez que as maiores incidências discursivas recaem sobre a falta de acesso ao conhecimento por *não saberem Libras*. A Libras é representada como um dispositivo de saber-poder que oportuniza aos sujeitos-enunciadores a compreensão das relações de força contidas na ordem do discurso (FOUCAULT, 1996).

É sabido que uma formação discursiva é composta por uma rede de filiações sobre um determinado saber que mediante as relações de força, exercícios de poder, determinam a regularidade enunciativa. A partir disso, no relato a seguir, R2, buscamos observar como se dá a representação que o indígena ouvinte (IO) relata a partir dos conflitos vividos por seu irmão IS, advindos das práticas de escárnio em diferentes territórios, no entre-lugar constitutivo do(s) dizer(es).

Institui-se aqui a amplitude da incidência da formação discursiva excludente do *bullying* para além do ambiente institucional escolar; procuramos (des)velar os interdiscursos que são atualizados nos atos de agressão, violência e vilipendiências direcionadas aos surdos indígenas da etnia terena, e como isso afeta os familiares ouvintes que estão ao redor. O elo entre os recortes analisados, neste artigo, foi instituído para demonstrar a condição de entre-lugar/não-lugar a que o IS é acometido.

Do questionamento "Como é ser irmão de índio surdo?" (MUSSATO, 2015) o IO, irmão ouvinte de IS, responde:

> R2: IO: Pro *pessoal aqui da aldeia... eles num sabe de nada né?... as pessoa aqui na aldeia né?* acho que é difícil... *as pessoa aceita ele...* às vezes eu fico triste... quando o pessoal chama ele de MÓKERE... que dizer *burro* em português né?... *queria que o pessoal reconhecesse né?* que eles são *normais...* que não são *burros* né? *todo mundo...* pra eles são burros né? *mas a gente sabe que eles são inteligentes...* eles são inteligentes...

Ao assumir a posição de enunciador, IO designa os sujeitos indígenas surdos, por meio de uma *anáfora exofórica*[7], *eles*, que diz respeito a uma referência que remete a algo identificável no contexto

---

[7] *Anáfora exofórica*: é um procedimento textual de busca de um referente que está fora do texto. Isto é, ele não foi inaugurado no texto para busca intratextual, mas se faz presente como algo do que ou de quem se fala a partir de um contexto dado. Quando IO fala "Eles" está se referindo aos seus irmãos surdos.

situacional, isto é, fora do texto e remete a seus irmãos (CARDOSO, 2003). Este dêitico pessoal na terceira pessoa do singular e do plural, *eles, ele*, na sequência, é recategorizado, pelo adjetivo terena *mókere* "... o pessoal chama ele de mókere...", cujo significado em terena é macaco.

Tendo em vista que a "recategorização anafórica ocorre quando uma anáfora opera uma transformação no referente que vinha sendo construído até então" (CAVALCANTE, 2007), a expressão *mókere* é uma recategorização para índios surdos considerados como bichos, e/ou representados enquanto seres irracionais, macacos, conforme tradução da palavra da Língua Terena. Assim o surdo indígena é representado como aquele em que sua limitação auditiva, implica na impossibilidade de aprendizado. Por não ouvir, não falar, *não poder se comunicar*, seus conterrâneos pensam ser inviável qualquer forma de ensino-aprendizagem, o que se confirma no trecho em que o IO relata que creem que o IS e os demais irmãos surdos: "... num sabe de nada... né?".

Ao proferir a palavra *nada*, o efeito de sentido do dizer de IO é de que os seus irmãos são excluídos da aldeia, já que a sua deficiência auditiva os separa dos demais, por não possuírem o padrão de normalidade dos indígenas Terena. Ao articularmos essa situação com os estudos de Bauman (1998), podemos interpretar que a pessoa que não está vinculada a nenhum modelo moral ou estético social traz o incômodo da sua presença, por ser *imaginada* como estranha pelo outro. Ainda para corroborar o efeito de sentido do item lexical *nada*, Neves ressalta que "uma palavra indefinida não necessariamente é indeterminada" (2000, p. 533), portanto compreende-se que o *nada* significa que os irmãos de IO são/estão impossibilitados de exercer qualquer tipo de função social, o que traz, para os moradores da aldeia, uma representação negativa da sua identidade e a formação discursiva da exclusão do *bullying* e inutilidade dentro do seio desta comunidade.

Nosso gesto de interpretação nos faz inferir que este pronome indefinido *nada* parece simbolizar exatamente o seu oposto; de modo que esse *nada* não represente a ausência, mas sim, presença: tudo que os índios surdos são incapazes de realizar, quando comparados aos ouvintes. Para o surdo, a impossibilidade pela realização plena da audição, sem próteses ou implante, determina que este não é capaz de realizar tudo que um ouvinte faz: ouvir e ter uma fala sem características diferenciadas acometidas pela necessidade de tratamento fonoaudiológico, dominar o terena, compreender e emitir comandos de voz diante dos ensinamentos da cultura.

A necessidade de afirmação de que os índios surdos são *normais* nos conduz a uma incursão analítica sobre o não dito no fio intradiscursivo de que estes são anormais no contexto sócio-histórico. Para tanto, em relatos sobre a educação de surdos é declarado o objetivo de *normalizá-los* (FOUCAULT, 1997b). Neste discurso específico, *normalizar* aparece com o sentido de *igualar*, mas diante da nossa interpretação o surdo é visto como alguém que não poderá ser *normal*, ou *igual*. *Normalizar* pode ser entendido como atribuir a uma identidade específica todas as características positivas possíveis em relação às quais as outras identidades são avaliadas de forma negativa, considerando que existe uma identidade eleita como a *melhor*, a correta, a padrão. Essa postura é legitimada em discursos contidos em decretos, declarações e leis quando afirmam a necessidade *especial* desse sujeito imperfeito, pois sua *deficiência* pode "obstruir sua participação plena e efetiva na sociedade em igualdade de condições com as demais pessoas" (art. 2º, Lei n. 13.146/2015).

O IS é considerado anormal por não ser ouvinte. Entendemos então, pela genealogia da anomalia feita por Foucault (1997b) que estes sujeitos ditos *anormais* assumem posições diante das representações do *monstro humano* que é visto fora dos padrões de normalidade estabelecidos pelos padrões, considerados aceitáveis pela sociedade. E, ainda no campo *jurídico biológico*, o índio surdo parece violar as *leis da natureza* já que um de seus cinco sentidos não parece desempenhar a função para a qual foi criado. Isso implica dizer que a produção da fala também não se realiza plenamente.

A comunidade terena (ambiente por si só de aprendizagem para o indígena), bem como a sociedade hegemônica ouvinte que está supramencionada nos vocábulos *as pessoa* e *pessoal*, traz discursos outros promotores do não reconhecimento das capacidades intelectuais, laborais e comunicativas dos sujeitos surdos indígenas. A tentativa de IO de solicitar reconhecimento por parte de tal sociedade, revela-nos, pela anáfora encapsuladora *todo mundo*, que os surdos indígenas não são vistos como merecedores de respeito dentro da sociedade hegemônica envolvente e na própria comunidade terena onde residem. Isso é demonstrado pelo uso do dêitico de lugar *aqui* em *pro pessoal aqui da aldeia*. O único lugar em que é visto como capaz é em seu seio familiar, grupo minoritário ao qual o enunciador assevera pertença ao dizer: "mas a gente sabe que eles são inteligentes".

Compreende-se então que IO conduz seu discurso à persuasão dos seus interlocutores, uma vez que, conforme explica Cavalcante a anáfora encapsuladora é um mecanismo linguístico fundamental para a organização das sequências argumentativas que permite ao enunciador, dentre outras estratégias discursivas, conduzir a linha de pensamento de tal forma que o seu interlocutor seja convencido da validade do juízo de valor defendido no seu discurso (2003).

Dando prosseguimento a análise, trazemos nosso foco para o operador argumentativo, *mas* que marca uma relação de desigualdade entre os segmentos coordenados, inserindo o valor semântico de gradação/oposição, enquanto a aldeia e o branco não consideram o IS: "... mas a gente (a família) sabe que eles são inteligentes".

IO expressa o desejo de que a deficiência auditiva não seja vista como anormalidade vinculada a incapacidade intelectual, seus irmãos são inteligentes. Mesmo assim, assevera ser difícil a aceitação de seu discurso por parte da comunidade indígena terena: "... acho que é difícil... as pessoa aceita ele...". Nesse momento, observa-se a tentativa de inclusão e aceitação desses sujeitos à aldeia, mas também se percebe uma resistência por parte da comunidade indígena em reconhecê-los como capazes. IO também realiza *estratégias*, como o uso da repetição, "... mas a gente sabe que eles são inteligentes... eles são inteligentes...", para resistir ao olhar discriminatório e ofensivo do outro para com seus irmãos.

A resistência pode ser estabelecida por métodos e técnicas diferentes que variam de acordo com a época; esses métodos e técnicas são as condutas diárias, os enfrentamentos e as táticas que os sujeitos ou grupos sociais revelam no decorrer da sua luta. Na esteira das pesquisas de Foucault (1996) nós podemos empreender que a repetição constitui uma regularidade, uma estratégia para fazer ecoar um discurso de resistência a exclusão do outro.

Ao compreender que é pelo olhar do outro que o sujeito se representa e essa representação é externada pela linguagem (CORACINI, 2007), IO faz uso do marcador discursivo fonológico *né?* ("... não são burros né?"), como tática de certificação da atenção do ouvinte, pede sua concordância para manter aberto o canal comunicativo (RISSO; SILVA; URBANO, 1996). Isso induz seu interlocutor a concordar com o seu discurso e validar sua posição.

Assim, ao se apropriar de seu lugar na ordem do discurso, IO busca deslocar e relativizar as *verdades* estabelecidas pela sociedade, abalando a hegemonia do poder ouvinte sobre os surdos, a prática do *bullying*, solicitando o reconhecimento da identidade de cidadãos de seus irmãos surdos indígenas, pois, conforme prossegue Foucault (2007), as relações de poder se estabelecem abrindo possibilidade para a resistência, de modo que os surdos indígenas conquistem poder oportunizado pelo saber, construam e professem uma imagem de si diferente da representação de inúteis, incapacitados, anormais atribuídas pelo(s) agressor(es) (branco, indígena, ouvinte).

## Considerações Finais

> A história dos surdos começa muda, apagada e triste. Começa semelhantemente a história de diversos segmentos minoritários de pessoas que se caracterizam por algum tipo de estranheza, como que denunciando a dificuldade que o homem tem de aceitar o diferente, o deficiente, o trabalhoso, o feio, o imperfeito. (GESSER, 2009, p. 84)

A epígrafe transposta acima, apesar de trazer as considerações acerca do surdo da sociedade hegemônica, vem ao encontro da compreensão de nossa análise sobre as representações dos sujeitos surdos indígenas que, igualmente à margem, acabam por assumir posições (de) sujeitos determinadas pela sociedade hegemônica ouvinte.

É possível perceber a necessidade de promover deslocamentos acerca dos discursos remetidos aos surdos indígenas como mecanismo de inclusão e aceitação desses sujeitos por parte da sociedade hegemônica. Pois, as relações de poder induziram a promoção de discursos que ainda persistem na memória discursiva e nas práticas discursivas dos índios e dos brancos sobre o que é ser surdo vinculada a incapacidade e/ou impossibilidade de aprendizado (MUSSATO, 2015; 2017).

Observamos, materializado no discurso, a formação discursiva médica, em que o índio surdo é identificado como acometido de uma patologia que o torna anormal, não humano, *mókere*, aquele que tem um problema. Esta condição em que as *verdades* sobre os discursos da surdez, até pouco tempo atrás, estavam alocadas, exclusivamente, nos tratados de medicina e de audiologia, agora circula dentro do ambiente educativo.

As representações para surdos na escola e na clínica foram produzidas em articulações discursivas que os representam, nomeiam, definem, limitam, explicam, normalizam e alteram sua identidade. Este olhar sobre o surdo ganhou espaço na sociedade, na escola, no currículo feito e conduzido por ouvintes, traçou um procedimento estabelecimento de fronteiras entre as alteridades. Da mesma forma a clínica, enfocando o problema como doença, trouxe os termos de corpo surdo pensado a partir da falta de audição, falta da fala, inibição de um sentido. Na clínica o corpo surdo é alvo da categoria anormal. Apresentado como o corpo a corrigir. A norma estabeleceu o que é deficiência e, consequentemente, hoje, deficientes são todos aqueles com uma *necessidade especial*, especial, específico, diferente, fora do padrão (MUSSATO, 2015, 2017).

Em vista disto, em confronto com a norma, o corpo surdo, em termos teóricos foi transportado para o quadro da deficiência. Inseridos na categoria *deficientes* continuou-se com a estratégia da hegemonia que, para afirma-se como perfeita, desmerece o outro. Duplamente excluído, observamos que os surdos tiveram diluída sua representação, escamoteada sob o véu de uma inclusão que os segrega. A este imaginário, soma-se a representação de indígena, também construída sob o liame da inferiorização para justificar a supremacia do europeu e sua empreitada imperialista sobre as terras que hoje chamamos de Brasil (MIGNOLO, 2003).

Entendemos que o IO e o IS são faces da mesma moeda, a da exclusão, em uma situação de *bullying* não sofre apenas o agredido, mas a família toda é acometia do estigma atribuído a seu ente. Deste modo, nosso gesto interpretativo, almeja ser a semente que clama aos demais pesquisadores que olhem para tais sujeitos, desloquem as *verdades* instituídas, cristalizadas, abalando a hegemonia do poder ouvinte sobre os surdos indígenas, um conjunto de pessoas até então desconsiderado pela academia, mas que é alvo de sofrimento e violência em busca de sua construção subjetiva, identitária.

O que está em jogo, por trás de todo processo de construção de um saber sobre si e sobre o outro, é a luta pelo poder, são as possibilidades de resistência ao que oprime/vilipendia as formas de existência consideradas não-padrão. Sob este prisma, ensejamos contribuir, como pesquisadoras, com a abertura de espaço para o debate sobre esses sujeitos, mediante a temática proposta, para que os surdos indígenas sejam considerados, respeitados na sua idiossincrasia e possam, assim, construir e professar uma imagem de si liberta das amarras do preconceito de ambas as culturas pelas quais transita para (re)existir.

## Referências

BAUMAN, Z. **O mal-estar da pós-modernidade**. Trad. M. Gama. Rio de Janeiro: Jorge Zahar, 1998.

BHABHA, H. **O local da cultura.** Trad. M. Ávila; E. L. L. Reis; G. R. Gonçalves. Belo Horizonte: Editora UFMG, 2001.

BRASIL. **Lei n. 13.146, de 6 de julho de 2015**: institui a Lei Brasileira de Inclusão da Pessoa com Deficiência (Estatuto da Pessoa com Deficiência). Disponível em <http://www.planalto.gov.br/ccivil_03/_ato2015-2018/2015/lei/l13146.htm>. Acesso 01 jun. 2020.

______. **Lei n. 11.645, de 10 março de 2008**: ltera a Lei n. 9.394, de 20 de dezembro de 1996, modificada pela Lei n. 10.639, de 9 de janeiro de 2003, que estabelece as diretrizes e bases da educação nacional, para incluir no currículo oficial da rede de ensino a obrigatoriedade da temática "História e Cultura Afro-Brasileira e Indígena". Disponível em <http://www.planalto.gov.br/ccivil_03/_Ato2007-2010/2008/Lei/L11645.htm>. Acesso em 01 jun. 2020.

______. **Decreto n. 5.626, de 22 de dezembro de 2005**: regulamenta a Lei n. 10.436, de 24 de abril de 2002, que dispõe sobre a Língua Brasileira de Sinais – Libras, e o art. 18 da Lei n. 10.098, de 19 de dezembro de 2000. Disponível em <http://www.planalto.gov.br/ ccivil_03/_ato2004-2006/2005/decreto/d5626.htm>. Acesso em 01 jun. 2020.

______. **Lei n. 10.436, de 24 de abril de 2002**: dispõe sobre a Língua Brasileira de Sinais – Libras e dá outras providências. Disponível em <http://www.planalto.gov.br/ccivil_03/leis/2002/l10436.htm>. Acesso em 01 jun. 2020.

______. **Lei n. 9.394, de 20 de dezembro de 1996**: estabelece as diretrizes e bases da educação nacional. Disponível em <http://www.planalto.gov.br/ccivil_03/leis/l9394.htm>. Acesso em 01 jun. 2020.

FERREIRA, A. B. H. **Miniaurélio**: o dicionário da língua portuguesa. 8. ed. Curitiba: Positivo, 2009.

CARDOSO, S. H. B. **A questão da referência**: das teorias clássicas à dispersão dos discursos. Campinas, SP: Autores Associados, 2003.

CAVALCANTE, M. M. Expressões referenciais: uma proposta classificatória. *In*: MORATO, E. M; BENTES, A. C.; LIMA, M. L. C. (orgs.). **Cadernos de estudos linguísticos**. São Paulo: Unicamp, 2003. p. 105-16.

CORACINI, M. J. **A celebração do outro**: arquivo, memória e identidade: línguas (materna e estrangeira): plurilinguismo e tradução. Campinas: Mercado de Letras, 2007.

DERRIDA, J. **Anne Dufourmantelle convida Jacques Derrida a falar da hospitalidade.** Trad. A. Romane. São Paulo: Escuta, 2003.

DALCIN, G. Um estranho no ninho: um estudo psicanalítico sobre a constituição da subjetividade do sujeito surdo. *In*: QUADROS, R. M. (org.). **Estudos surdos I**. Petrópolis-RJ: Arara Azul, 2006, p. 186-215.

ECKERT-HOFF, B. A denegação como possibilidade de "captura" do não-um no tecido do dizer. *In*: CORACINI, M. J. F. (org.). **Identidade & discurso**: (des)construindo subjetividades. Campinas: Editora Unicamp/ Chapecó: Argos Editora Universitária, 2003. p. 285-302.

FANTE, C. A. Z. **Fenômeno *bullying*:** como prevenir a violência nas escolas e educar para a paz. Campinas: Versus, 2005.

FOUCAULT, M. **A ordem do discurso**. Trad. L. F. A. Sampaio. 23. ed. São Paulo: Loyola, 1996.

______. **Microfísica do poder**. Trad. R. Machado. 11. ed. Rio de Janeiro: Graal, 1997a.

______. **Os anormais**: cursos do Collège de France (1970-1982). Trad. A. Daher. Rio de janeiro: Jorge Zahar, 1997b. p. 49-58.

______. **A arqueologia do saber**. Trad. L. F. B. Neves. 8. ed. Rio de janeiro: Forense Universitária, 2007.

______. Método. *In*: FOUCAULT, M. **História da sexualidade I**: a vontade de saber. Trad. M. T. C. Albuquerque e J. A. G. Albuquerque. São Paulo: Paz e Terra, 2014. p. 100-12.

GESSER, A. **Libras? Que língua é essa?**: crenças e preconceitos em torno da língua de sinais e da realidade surda. São Paulo: Parábola Editorial, 2009.

HALL, S. **A identidade na pós-modernidade**. Trad. T. T. Silva e G. Lopes. 11. ed. Petrópolis: Vozes, 2002.

KUMADA, K. M. O. **"No começo ele não tem língua nenhuma, ele não fala, ele não tem libras, né?"**: representações sobre línguas de sinais caseiras. Dissertação (Mestrado em Linguística Aplicada) Campinas: Unicamp, 2012.

LACAN, J. **Escritos**. Rio de Janeiro: Jorge Zahar, 1998.

LIMA, J. M. S. **A criança indígena surda na cultura guarani-kaiowá**: um estudo sobre as formas de comunicação e inclusão na família e na escola. Dissertação (Mestrado em Educação). Dourados: UFGD, 2013.

MIGNOLO, W. **Histórias locais/projetos globais**: colonialidade, saberes subalternos e pensamento liminar. Trad. S. Oliveira. Belo Horizonte: UFMG, 2003.

MOREIRA, I. C. Análise discursiva de documento oficial: um olhar transcultural sobre a inclusão das histórias e culturas indígenas no cenário educacional brasileiro. *In*: **V Colóquio Internacional de Estudos Linguísticos e Literários**, 2018. Programa de pós-graduação em Letras – Anais eletrônicos. Disponível em: <http://cielli2018.com.br/anais>. Acesso em 26 maio 2020.

______. **O processo de subjetivação do indígena em material didático subsidiado pelas (novas) tecnologias**. Dissertação (Mestrado em Letras). Programa de Pós-Graduação em Letras da Universidade Federal de Mato Grosso do Sul – CPTL, Três Lagoas, 2016. 133 f.

MUSSATO, M. S. **O que é ser índio sendo surdo?**: um olhar transdisciplinar. Dissertação (Mestrado em Letras) Programa de Pós-Graduação em Letras da Universidade Federal de Mato Grosso do Sul – CPTL, Três Lagoas, 2017. 175 f.

______.; SOUZA, C. C. "O pessoal chama ele de mòkere": representações sobre o índio surdo. *In*: Anais do **II Seminário Regional Diálogos Interculturais, Currículo e Educação de Fronteira Étnico-racial**. Dourados: UFGD, 2015. Disponível em

<https://drive.google.com/file/d/0B7AxcCGceUUEZTY0T3ItVUdVU2s/view>. Acesso em: 29 maio 2020.

NEVES, M. H. M. **Gramática de usos do português**. São Paulo: Editora UNESP, 2000.

PÊCHEUX, M. **Semântica e discurso**: uma crítica à afirmação do óbvio. Trad. E. P. Orlandi. Campinas: Editora da UNICAMP, 1988.

PROJETO NORMA LINGUÍSTICA URBANA CULTA – NURC. **Página inicial**. Disponível em: <https://nurcrj.letras.ufrj.br/>. Acesso em: 1 jun. 2020.

QUADROS, R. M. **Educação de surdos**: a aquisição da linguagem. Porto Alegre: ARTMED, 1997.

QUIJANO, A. Colonialidade do poder, eurocentrismo e América Latina. *In*: LANDER, E. (org.). **A colonialidade do saber:** eurocentrismo e ciências sociais: perspectivas latino-americanas. Buenos Aires, Argentina: Clacso, 2005. p. 227-278.

RISSO, M. S.; SILVA, G. M. O.; URBANO, H. Marcadores discursivos: traços definidores. *In*: KOCH, I. G. V. (org.). **Gramática do português falado**. 2. ed. Campinas, SP: Editora da UNICAMP, 1996. v. VI. p. 21-59.

SACKS, O. W. **Vendo vozes**: uma viagem ao mundo dos surdos. Trad. L. T. Motta. São Paulo: Companhia das Letras, 1998.

SANTOS, B. S. Para além do pensamento abissal: das linhas globais a uma ecologia de saberes. **Revista Crítica de Ciências Sociais**, v. 78, p. 3-46, out. 2004.

SOUZA, J. **A construção social da subcidadania**: para uma sociologia política da modernidade periférica. Belo Horizonte: Editora da UFMG, 2003.

TAVARES, C. N. V. **Identidade itine(r)rante**: o (des)contínuo (des)apropriar-se da posição de professor de língua estrangeira. 265 f. Tese (doutorado em Linguística Aplicada). Instituto de Estudos da Linguagem da Universidade Estadual de Campinas, Campinas, 2010.

# 8

# AS FRATURAS PEDAGÓGICAS: VIOLÊNCIA NO AMBIENTE ESCOLAR

CLAUDIMAR PAES DE ALMEIDA
LEONÉ ASTRIDE BARZOTTO

## Introdução

A violência é um fenômeno de grande complexidade que atinge de forma direta e indireta os indivíduos. Dentro de cada época histórica ela teve sua representatividade e forma de apreciação, porém ganhou novas configurações com o tempo e o espaço. Atualmente ela é reflexo de instabilidade na sociedade, ou seja, atinge profundamente as relações humanas e cria uma atmosfera de fragmentação social, e também se caracteriza como um elemento onipresente.

Não exclusa desse contexto, a violência no espaço escolar tem se mostrado como grande problema social. Depredações, uso de drogas, porte de armas, conflitos internos e externos, entre outras situações, são práticas reveladoras da violência percebida na escola. Dentro dessa realidade existem as violências dirigidas aos professores. No entanto, há dificuldades no monitoramento dessas ocorrências, pois tais modalidades de violência não são captadas pelos sistemas tradicionais de informação.

Dessa forma, pesquisas voltadas para esse assunto são necessárias para conhecer e compreender as características e os fatores envolvidos nesse fenômeno e a prevalência deles no contexto escolar. Conforme Espalege *et al.*, um estudo norte-americano[1] investigou dois mil professores atuantes em variados níveis de

---

[1] *The APA Task Force on Violence Directed Against Teachers.*

ensino: o objetivo era obter informações sobre suas experiências com a violência no espaço escolar. Levantou-se que 80% relataram ter sofrido ao menos uma experiência de violência no último ano, sendo 94% praticadas por alunos. Quase metade dos professores (44%) comentou ter sido agredida fisicamente (2013).

Agressões, ameaças, insultos, manifestações de racismo, humilhações e até mesmo a morte configuram o ambiente escolar e a vida dos professores, causando sensação de insegurança e medo. Nas últimas décadas, a mídia tem pronunciado uma enxurrada de notícias de violência causadas contra os docentes.

Em Franciscópolis, na Região do Vale do Jequitinhonha – MG, uma professora foi agredida com socos, chutes e puxões de cabelo pela mãe de uma aluna, quando saía da escola. Professora de 59 anos foi agredida a tapas pela mãe de um aluno dentro da escola, em Porto Alegre – RS. Um mês depois em outra escola, oito estudantes arremessaram mesas e cadeiras em uma professora, em São Paulo – SP. Numa escola no Rio das Ostras, na Região dos Lagos – RJ, o professor Thiago dos Santos Conceição, de 32 anos, foi hostilizado pela turma do 9º ano com ameaças, xingamentos e empurrões. Professor Júlio César Barroso de Sousa, de 41 anos, foi morto a tiros por um aluno do Colégio Estadual Céu Azul, em Valparaíso – GO, após uma discussão. Professor de História em Escola Estadual de Cravinhos – SP leva soco após chamar a atenção do aluno que torcia o braço da colega. Professora de 61 anos é agredida pela mãe de aluno numa escola municipal de Pindamonhangaba – SP, o acontecimento gerou uma campanha de educadores contra a violência (BERNARDO, 2020; DAROIT, 2020; G1.GLOBO.COM, 2019).

Os acontecimentos supracitados, ocorridos na última década, montam um capítulo de violência descrito em várias páginas marcadas pelo sangue docente. Nesse sentido, o objeto deste capítulo é discutir as representações sociais de violência contra professores no contexto escolar, apresentando diversas situações reais de algumas regiões do Brasil e evidenciando os múltiplos atos violentos e das consequências acarretadas a esse profissional.

## 1 Através das teias da violência: conceitos e definições

Conceituar violência é um processo ambíguo e complexo, implica diversas posições teóricas e sugere vários elementos. Torna-se difícil de elencar de modo satisfatório as formas de violência por serem tão numerosas. A mídia tem sido um grande veículo de manifestação sobre este fenômeno, e por meio de profissionais especializados tem oferecido alternativas de solução. Entretanto, ninguém consegue evitá-la completamente, pois está presente na sociedade de forma multifacetada, ou seja, apresenta-se sempre numa nova configuração. Logo, torna-se importante refletir sobre suas origens, a natureza e as suas consequências, sejam elas materiais ou morais.

A violência parte de dois estados: o natural e o artificial. O primeiro estado, fundamenta-se na ideia de que a violência é própria de todos os seres humanos e ninguém está livre dela. O segundo estado vê a violência como o exagero de força de uns sobre outros. Segundo Paviani:

> A origem do termo violência, do latim, *violentia*, expressa o ato de violar outrem ou de se violar. Além disso, o termo parece indicar algo fora do estado natural, algo ligado à força, ao ímpeto, ao comportamento deliberado que produz danos físicos tais como: ferimentos, tortura, morte ou danos psíquicos, que produz humilhações, ameaças, ofensas. (2016, p. 8)

A prática da violência exprime ações adversas à liberdade e também contrárias à vontade do indivíduo, residindo nesses atos a dimensão moral e ética. Tais características gerais sobre o conceito de violência mudam com o tempo e o espaço, conforme os padrões culturais de vida de cada época ou grupo, dificultando-se assim, dentro do campo semântico um conceito uniforme.

Pode-se colocar como exemplo o casamento da mulher que, em determinada sociedade e realidade social e histórica era submetida a determinadas situações, consideradas hoje inadequadas. A pena de morte pode ser outro exemplo, vista como legal ou ilegal, implicada por um posicionamento ético para aquele que a analisa de formar radical. A partir desses exemplos e de tantos outros, pode-se observar as relações existentes entre violência, ordem social, cultural e legal, e ainda, com a consciência moral dos indivíduos.

Para Paviani dependendo do objeto, do método e da investigação, as ciências tem diferentes definições de violência. Ela pode ser descrita, analisada e interpretada pelas diversas áreas do conhecimento como a Filosofia, a Sociologia, a Antropologia, a Psicologia, a Psicanálise, dentre outras (2016). Pilatti corrobora ao dizer que:

> É extremamente difícil dar um conceito à violência, pois ela pode

ser considerada como forma de relação pessoal, relação política, social e cultural, e ser uma resultante dessas interações. É um componente cultural considerado normal e natural dependendo do local e da época considerados. É um fenômeno positivo em alguns momentos e negativo em outros, mas sempre complexo. (2016, p. 28)

Partindo dessa complexidade difundida pelo lugar e tempo, atualmente, a violência é percebida como uma doença presente no corpo social. Em dado momento surge como causa e em outro como consequência, todavia, representa a ruptura causadora do esfacelamento do tecido social. Não determina lugar, classe, raça, condições econômicas, gênero; ela é um elemento onipresente e se concretiza das múltiplas formas.

Carvalho compara a violência com uma doença endêmica, pois ela não surge do nada ou repentinamente (2016). De acordo com o autor, a injustiça social, a omissão do Estado, o analfabetismo, a precariedade na saúde e o não acesso aos bens produzidos socialmente são constituintes da propagação e do desenvolvimento da violência. O menino pedinte, hoje no sinal, poderá ser amanhã o assassino do caixa do supermercado, da balconista da loja ou do segurança do banco. Logo, percebe-se a complexidade ao se pensar ou estudar a violência, pois ela se manifesta de múltiplas maneiras e resulta de muitos fatores.

Toledo diz que a violência possui algumas características como: ser um fato humano e social, pois está presente em todas as sociedades, embora com intensidades diferentes em cada uma; ser histórica, pois ela se apresenta de forma particular em cada sociedade e época; abrange todas as classes e os segmentos sociais, embora algumas expressões de violência sejam mais típicas de uma classe que a outra; e por último, estar dentro de cada um de nós, ou seja, é da natureza humana (2103).

Nesse sentido, a violência se desdobra em seus mais variados tipos: criminal, coletiva, institucional, interpessoal (intrafamiliar e comunitária), autoinfligida, cultural (gênero, racial e étnica), entre outras. Denominada como *abuso* ou *maus-tratos* ao se tratar de sua natureza, a violência possui seis modalidades de expressão: violência física, sexual, psicológica, negligência, abandono e privação de cuidados. Cada tipo e natureza de violência citada atinge de forma específica com maior ou menor proporção determinados grupos a depender do contexto em qual está inserido.

Coelho, Silva e Lindner comentam sobre a ampliação dos estudos voltados para o tema violência, principalmente na área da saúde. Tais iniciativas têm ocorrido devido ao reconhecimento da dimensão do fenômeno da violência como um grave problema de saúde pública e de suas consequências à saúde física e psicológica dos indivíduos (2014). Dentre os vários contextos que a violência atinge, é necessário colocar em pauta de discussão o escolar, haja vista a grande repercussão dos atos violentos cometidos nesse espaço atualmente.

## 2 Violência no contexto escolar

A problemática da violência vem chamando a atenção de diversos estudiosos do campo educacional e sendo objeto de grande preocupação no meio escolar. Conceituada como ato agressivo contra alguém física ou psiquicamente, e caracterizada dentro das relações interpessoais como medo, terror, opressão e intimidação, a violência não se reduz ao plano físico, pois também se manifesta e se concretiza por meio dos preconceitos, signos, desenhos, metáforas, ou seja, por elementos que venham a ser interpretados como ameaça.

Não se limitando à utilização da força física, a violência constitui sua natureza a partir da possibilidade ou ameaça de usá-la, sendo representada como produto do poder, haja vista a possibilidade de impor a vontade ou desejo de um indivíduo sobre o outro. A violência explicita "[...] o desrespeito, a negação do outro, a violação dos direitos humanos que se soma à miséria, à exclusão, à corrupção, ao desemprego, à concentração de renda, ao autoritarismo e às desigualdades presentes na sociedade brasileira" (SILVA; SALLES, 2010, p. 218).

Nesse contexto, a violência no ambiente escolar tem se tornado uma ação cotidiana e acentuada. Segundo Silva e Salles:

> Nas escolas, segundo os professores, a violência está aumentando não somente do ponto de vista quantitativo como também do qualitativo. Os tipos de violência assinalados por eles como estando mais presentes no dia a dia escolar são as ameaças e agressões verbais entre alunos e entre estes e os adultos. Os professores em seus relatos têm destacado que a violência, principalmente o desrespeito, é uma constante no meio escolar. Eles indicam que a violência na escola pública está banalizada, provocando inclusive

que vários atos deixam até de serem percebidos como violentos. Embora menos frequentes, as agressões físicas também estão presentes. (2010, p. 2018)

As autoras, nas últimas linhas, evidenciam ao destacarem que "vários atos deixam até de serem percebidos como violentos" o processo de naturalização da violência, isto é, atos violentos considerados *normais*, por isso as frases "vai se acostumando", "isso sempre acontece", "isso é normal por aqui", "já estou acostumado com isso, advindas dos agentes participantes do espaço escolar.

A revisão da literatura sobre o assunto violência escolar ao evidenciar determinadas perspectivas teóricas, tem ganhado destaque em relação às análises e investigações empíricas sobre o tema. Os estudos enfocam a violência em suas múltiplas facetas: física, verbal, agressões, autoagressões (suicídio), depredação da escola, furtos, oposição às atividades escolares e comportamentos delinquentes.

De acordo com Silva e Salles os estudos demonstram que os agressores além de serem fisicamente mais fortes exibem as seguintes atitudes: "... reagem com maior agressividade, são provocadores, apresentam tendência à hiperatividade, manifestam pouca empatia com os demais e inclusive se mostram satisfeitos com o sofrimento que provocam. São egocêntricos, hedonistas e têm uma autoestima defensiva alta" (2010, p. 221). Logo, mostram-se insatisfeitos e mantêm uma relação hostil com a escola e com aqueles que fazem parte dela.

Constituindo-se como um grande problema social, a violência na escola difundida na maioria das situações pelo comportamento agressivo, expressa-se nos conflitos interpessoais, nos danos ao patrimônio e também nos atos criminosos. Quanto aos conflitos interpessoais, eles são frequentes nas escolas brasileiras, causam implicações físicas e psicológicas e, consequentemente, afetam os resultados escolares, a formação social dos alunos e o desempenho dos professores e demais envolvidos no processo educacional.

As atitudes e ações advindas dos indivíduos que compõem o ambiente escolar influenciam no comportamento de todo o grupo, isto é, se na escola prevalecem traços constantes de violência, os alunos tendem a ser violentos. Conforme Becker e Kassouf "... se o ambiente escolar for caracterizado pela presença da violência, a concentração dos estudantes aumenta a probabilidade dos conflitos agressivos, uma vez que a escola proporciona a concentração geográfica dos alunos e aumenta a interação entre eles" (2016, p. 654).

Desse modo, a escola deve estar atenta às manifestações de violência e identificar os indivíduos com tendência comportamental violenta, procurando apresentar alternativas para a resolução dessa problemática, pois "... a escola é, por excelência, o espaço em que se deve refletir sobre a própria função social, e, assim, potencializar os educandos para que se percebam e se sintam sujeitos de sua história individual e coletiva, capazes de exercerem plenamente a cidadania" (SILVA, 2010, p. 33).

Corrente nas escolas públicas e privadas, em países subdesenvolvidos e desenvolvidos, a violência nas escolas é um fenômeno desafiador e crescente. Pesquisas recentes apontam episódios constantes de violências institucional, físicas e psicológicas em nível elevado, colocando em risco a escola, um dos principais espaços do processo de socialização, civilização e formação.

Para exemplificar, Silva ao comentar os estudos realizados em Belém – PA por Pontes, Cruz e Mello (2007), destaca que, a partir de uma pesquisa com educadores: 65% dos entrevistados identificaram violências físicas, 70% identificaram violência contra o patrimônio e aproximadamente 40% registraram a ocorrência de violências psicológicas nas escolas (2010). Apesar da pesquisa ter sido realizada em 2007, percebe-se que há décadas o clima escolar já revela um alto grau de tensão.

As práticas de violência nas escolas acontecem em todos os lugares do país, é quase diário o registro de tais ocorrências; a mídia com seus diversos canais de comunicação tem noticiado e relatado de forma rotineira acontecimentos como xingamentos em sala, brigas, desrespeito a colegas e professores. Não são incomuns esses conflitos.

Cristini revela que Minas Gerais registrou em 2018, 10,6 mil casos de violência em escolas públicas e particulares em 6 meses (janeiro a junho). Os tipos mais frequentes levantados foram: furto (28,2%), ameaça (9,1%) e brigas (7,9%). A autora destaca a ocorrência de episódios extremos que resultam no encaminhamento dos envolvidos pela polícia. Um exemplo, relata ela, foi o que aconteceu quando um adolescente de 14 anos portava uma faca na Escola Estadual Amélia Josefina Kessen, no bairro Nova Suíça, Região Oeste de Belo Horizonte. O episódio se deu por causa de rixa entre colegas, porém nada aconteceu devido a intervenção da polícia

(2018).

Marrone destaca a partir da pesquisa realizada pela **Faculdade Latino-Americana de Ciências Sociais – FLACSO,** em parceria com o **Ministério da Educação e a Organização dos Estados Interamericanos – OEI** que, cerca de 25% dos casos de agressão foram seguidos de roubo e furto dentro da escola. Os dados revelam também a prevalência da violência verbal e a agressão via meio digital. Segundo os estudos, a violência não pode ser caracterizada apenas pelas agressões físicas e homicídios, apesar de serem menos recorrentes no espaço escolar, mas a discriminação, ameaças e xingamentos, confundidos em muitas situações como brincadeiras, são considerados ações violentas, tendendo a evoluir para agressões mais graves (2016). Todos esses atos contribuem na permanência e na ampliação de um ambiente escolar hostil.

Ao lado das violências consideradas aparentes, ou seja, aquelas que atingem o corpo e os bens, estão as consideradas *invisíveis* ou *toleradas*, dentre elas as ofensas, humilhações, perseguições. Essas são perpetradas diariamente no contexto escolar entre crianças, adolescentes e jovens como *brincadeiras*. Pontes e Cruz contribuem: "este é o caso do *bullying* e do assédio moral. Violências que, muitas vezes quando toleradas ou até estimuladas pelas escolas, dão lugar a graves agressões, chegando até ao homicídio" (2010, p. 7).

O Fundo das Nações Unidas para a Infância – UNICEF faz um alerta para a violência escolar no Brasil. Apesar de não trazer dados específicos sobre o país, o órgão das Nações Unidas em estudos realizados nacionalmente revela que a violência entre colegas nas instituições de ensino marca a vida de meninas e meninos brasileiros. Nessa perspectiva, o levantamento realizado pela *Pesquisa Nacional de Saúde do Escolar*, do Instituto Brasileiro de Geografia e Estatística – IBGE, focada em alunos do nono ano do Ensino Fundamental, revelou o seguinte:

> - 14,8% dos estudantes do nono ano afirmam ter deixado de ir à escola, pelo menos um dia, nos 30 dias anteriores à pesquisa, por não se sentir seguros no caminho de casa para a escola ou da escola para casa;
>
> - 7,4% dos estudantes entrevistados disseram ter sofrido *bullying* na maior parte do tempo ou sempre, nos 30 dias anteriores à pesquisa;
>
> - Quando perguntados se eles próprios haviam praticado *bullying* nos 30 dias anteriores à pesquisa, 19,8% responderam que sim;

- 23,4% dos estudantes entrevistados responderam ter se envolvido em alguma briga ou luta física, pelo menos uma vez, nos 12 meses anteriores à pesquisa;

- 12,3% dos estudantes entrevistados foram seriamente feridos, pelos menos uma vez, nos 12 meses que antecederam à pesquisa;

- 5,7% dos estudantes se envolveram em brigas na qual alguém usou alguma arma de fogo, nos 30 dias que antecederam à pesquisa;

- 7,9% declararam ter se envolvido em alguma briga com arma branca. O percentual é maior entre meninos (10,6%) do que entre meninas (5,4%). E é maior entre estudantes da rede pública, 8,4%, do que entre aqueles da rede privada, 5,3%. (IBGE, 2016, p. 44-71)

O demonstrativo manifesta que milhares de estudantes foram vítimas da violência. Diversos são os episódios ocorridos dentro do espaço escolar. São verificáveis comentários, seja pela mídia, pelos diversos meios de comunicação, nas conversas entre educadores, pais e alunos, em congressos e palestras e em pesquisas recentes sobre a manifestação de algum tipo de violência no território do ensino e da aprendizagem, a escola. Essa é uma realidade comum e enfraquecedora do processo educacional.

Numa pesquisa realizada pelo Instituto Locomotiva e pelo Sindicato dos Professores do Ensino Oficial do Estado de São Paulo – Apeoesp, revela que 54% dos professores já sofreram algum tipo de violência nas escolas. Em 2017, o percentual era 51% e, em 2014, 44%. Entre os estudantes, 37% declararam ter sofrido violência (em 2014 eram 38%, e 2017, 39%). Em 2019, 81% dos estudantes e 90% dos professores souberam de casos de violência em suas escolas estaduais no último ano. Ocorrências mais frequentes de violência nas escolas estaduais envolveram *bullying*, agressão verbal, agressão física e vandalismo (SOUZA, 2020).

Entre os estudantes, há mais casos de *bullying*, citados por 62% deles e, entre os professores, as ocorrências mais frequentes são de agressão verbal, citada por 83% dos docentes. Tem-se, nesse caso, o *bullying* como uma reação ou ponto de partida para outras práticas de violências. Vale ressaltar que a percepção da violência pelos professores aumentou nos últimos anos: 71% dos estudantes e 71% dos professores perceberam o aumento este ano. Em 2017, a percepção era de 72% para os estudantes e 61% para os professores. Em 2014, a taxa era menor: 70% e 57% respectivamente (SOUZA, 2020).

O quadro de violência em todas as suas manifestações, conforme demonstrado acima, é preocupante; são relatos de episódios de discriminação, agressões verbais, físicas e morais. A violência no contexto escolar colabora para a criação de uma atmosfera do medo, da insegurança e de frustrações. Não indiferente a essa estatística, o professor como agente presente deste ambiente é também *alvo* de muitas mazelas e atitudes violentas advindas dos alunos; por isso a importância de discutir tal realidade confrontante e desafiante na vida dos docentes.

## 3 Retratos da violência contra docentes

Ao tratar da violência escolar, a relação existente entre alunos e professores torna-se um dos focos de atenção dos estudos. É prevalente a tensão criada em sala de aula por parte dos alunos para demonstrarem aos seus pares tanto o descompromisso com a instituição escolar quanto a busca de reconhecimento por desafiarem a autoridade ali presente. Indisciplina, a relação interpessoal fragmentada, confrontos, ameaças dos mais diferentes tipos, tapas, socos, depressão, exclusão, calúnia, dentre outras, são violências na escola e em sala de aula.

A violência escolar no Brasil mostra que a relação conflituosa persistente na escola tem criado uma atmosfera de medo entre professores, implicando em muitas situações na busca de segurança policial. Essa alternativa de certa forma atinge a qualidade da interação educativa e também o clima escolar.

Silva e Salles, ao comentarem sobre estudos feitos por Sposito (2001) sobre a violência escolar no Brasil, consideram que a partir da década de 1990 ocorreu um momento de mudanças em relação à presença da violência nas escolas públicas, não sendo presenciados somente atos de vandalismo, mas também práticas constantes de agressões interpessoais. Como consequência, as agressões entre alunos e professores tornaram-se mais presentes e evidentes nas escolas brasileiras, chagando ao ponto de acontecer o afastamento de vários docentes por problemas de saúde (2010).

Presencia-se a partir desses fatores certa crise na função socializadora da escola, pois as manifestações de violência desconcertaram e sinalizaram as dificuldades dela em criar possibilidades de enfrentamentos e condutas capazes de solucionaram tais conflitos no âmbito da convivência democrática.

As ponderações supracitadas apontam para uma realidade escolar marcada pela presença do constante enfrentamento/desrespeito ao outro. Segundo Silva e Salles, "a falta de polidez, a transgressão aos códigos de boas maneiras, se repetem sem parar, o que difere da violência das condutas criminosas ou delinquentes. Esses atos podem, parece-nos, ser enquadrados naquilo que se chama de incivilidade" (2010, p. 222).

As práticas desrespeitosas com o outro, são evidenciadas pelas incivilidades, muitas vezes reveladas pelas pequenas agressões, provocando múltiplos conflitos e desestabilizando as relações interpessoais. O desrespeito, na maioria das vezes, é provocado pelo fato dos alunos reivindicarem um tratamento de igualdade entre eles e os professores. Para Silva e Salles, "... isto é um relacionamento não hierárquico, como se a relação com o adulto devesse seguir os mesmos moldes das relações entre pares" (2010, p. 222).

O contexto escolar têm evidenciaço as mudanças ocorridas e a influência do *clima escolar* quanto à incidência da violência nesse ambiente. Diariamente, as notícias relatam que a violência na escola tem aumentado tanto de forma quantitativa quanto qualitativa, sendo mais recorrentes entre alunos e professores as ameaças e as agressões verbais.

Oliveira, ao realizar uma pesquisa com professores da rede pública de escolas estaduais, na cidade de João Pessoa – PB, constatou a partir dos relatos desses profissionais que a violência, principalmente o desrespeito, é uma prática constante no meio escolar. Comentam sobre a banalização da violência na escola, causando inclusive nova visibilidade a esse fenômeno, ou seja, muitos atos deixam de ser vistos como violentos (2014).

O cotidiano educacional está exposto de forma direta ou indireta à violência. O professor tem sofrido agressões constantes, sendo violado em sua integridade física, moral e psicológica. Parece viver num terreno, onde a naturalização da violência se faz presente. Tais episódios remontam a uma sociedade historicamente marcada pelo olhar do colonizador. Neste caso, a violência é o instrumento de opressão, dominação e ao mesmo tempo desestabilizador do lugar, onde a socialização e a civilidade deveriam ser princípios norteadores.

A violência estabelecida no espaço escolar, manifestada pelo comportamento dos alunos, coloca os professores numa situação de conflitos diante da proposta de um ensino libertador (caso esse seja seu objetivo), e também, como elucidam Oliveira e Martins, diante "... de uma realidade insuportável, na qual os educadores recorrem a expedientes autoritários e até mesmo violentadores, a fim de manter a 'ordem geral'. São estabelecidas regras, controles, punições e dominações para disciplinar os alunos em estado de rebeldia" (2007, p. 95).

Partindo de estudos demonstrativos em relação à violência contra professores, Melanda *et al.* apresentam a análise de entrevistas e questionários realizados com 789 professores das escolas de Ensino Fundamental e Médio da rede estadual de Londrina – PR. Foram focadas 20 (vinte) escolas do município, de forma a obter informações significativas sobre a violência contra professores, em específico a violência física (2018).

Quanto ao relacionamento com os alunos, os professores (10,3%) classificaram como regular ou ruim. Tratando-se a outras situações de violência no ambiente escolar, 601 professores (76,3%) informaram ter sido testemunhas de algum episódio de violência física, e 169 (21,4%) relataram ter sofrido ameaças. Dos professores entrevistados, 62 (7,9%) citaram tentativa ou agressões físicas, seis (0,8%) com o uso de armas brancas e quatro (0,5%) com armas de fogo. Os depoimentos de vitimização por violência na escola, sobre algumas formas de violências, foram de 8,4%, pois houve professores que sofreram mais de um tipo de violência. Logo, o estudo identificou que um em cada 12 professores comentou ter sofrido violência física na escola (MELANDA *et al.*, 2018).

Para fins de subsídios e argumentos, sobre a violência presente no dia a dia dos decentes nas escolas brasileiras, Santos (2015) ao fazer um levantamento no *Google* e no *Google Acadêmico* (Tabela 1), usando as palavras *violência, aluno, professor, docente* e *ambiente escolar*, obteve os seguintes resultados:

| Descrição | Google | Google Acadêmico |
|---|---|---|
| Violência aluno professor | 607.000 | 33.900 |
| Violência ao docente | 22.100.000 | 95.400 |
| Violência contra os docentes no ambiente escolar | 777.000 | 33.100 |

**Tabela 1:** Resultados de buscas no Google e no Google acadêmico

pelas expressões contendo violência.
**Fonte**: SANTOS, 2015.

Por meio dos descritores acima, percebe-se a abrangência do assunto em questão e da importância de ser discutido. O tema *violência contra docentes* vem sendo pautado e discutido em artigos, documentos, sites e em noticiários de forma preocupante. Assim, contribuindo com os relatos acima, o site da *British Broadcasting Corporation* – BBC Brasil, ao realizar uma enquete em 2014 com mais de 100 mil educadores, entre esses professores e gestores, que atuavam em escolas do Segundo Ciclo do Ensino Fundamental e Ensino Médio, classificou o Brasil como um dos países que se encontravam no topo de violência nas escolas (BBC BRASIL, 2020).

No mesmo direcionamento, a *Organização para a Cooperação e Desenvolvimento Econômico* – OCDE, ao realizar uma pesquisa sobre violência em escolas com mais de 100 mil professores, também destacou o Brasil como líder no *ranking* de agressões contra docentes. 12,5% dos professores participantes declararam terem sido vítimas de agressões verbais e intimidações de alunos, pelo menos uma vez na semana (OCDE, 2020).

Segundo o levantamento feito pela Globonews, em São Paulo, o quantitativo de agressões a docentes em 2018 havia crescido 73% comparado ao ano anterior. Assinala ainda a investigação feita em 2019 pelo Sindicato dos Professores de São Paulo, na qual aponta que mais da metade dos docentes da rede estadual de ensino já sofreu algum tipo de agressão, sendo a mais comum a agressão verbal (44%), seguida por discriminação (9%), *bullying* (8%), furto/roubo (6%) e agressão física (5%) (D'AGOSTINI, 2020).

O Ministério da Educação – MEC, diz não ter dados padronizados em relação à violência escolar. Entretanto, o *Instituto Nacional de Estudos e Pesquisas Educacionais Anísio Teixeira* – INEP, órgão ligado ao Ministério, a pedido da BBC Brasil, tabulou os últimos dados referentes ao ano de 2011 (Tabela 2). Conforme os resultados, um terço dos professores participantes da pesquisa respondeu que já foi agredido verbalmente por alunos. De dez, um afirmou ter sofrido ameaças e, aproximadamente, um de cinquenta afirmou ter apanhado de estudantes. As perguntas lançadas para os docentes foram:

| Perguntas para os Professores | Sim | Total |
|---|---|---|
| Você foi ameaçado por algum aluno? | 19.588 (9,6%) | 223.253 |
| Você foi agredido verbalmente por algum aluno? | 73.857 (33%) | 223.019 |
| Você foi agredido fisicamente por algum aluno? | 4.195 (1,9%) | 224.991 |

**Tabela 2**: Perguntas realizadas na pesquisa do INEP em 2011 com professores da rede pública.
**Fonte**: INEP, 2011.

As estatísticas apresentadas revelam a realidade violenta vivenciada nas últimas décadas por diversos docentes no Brasil. Os noticiários vêm narrando com grande frequência violências sofridas pelos professores. Muitos já passaram por situações traumáticas, marcando suas vidas e seus corpos física e psicologicamente. Chutes, empurrões, palavrões, socos, tapas, ameaças e ofensas são advindos dos alunos, e às vezes, pelos pais destes. Alguns conseguem superar os casos e os traumas sofridos, outros não conseguem voltar à sala de aula. O espaço privilegiado para o ensino e a aprendizagem, para a formação de cidadãos, tem passado por alguns momentos de confrontos.

Alguns casos nos últimos anos foram notícias marcantes nos jornais televisivos. Em 2017 aconteceu o caso da professora Marcia Friggi (Figura 1), de 51 anos, agredida por um aluno de 15 anos. Mencionam Tenente e Fajardo que, ao solicitar ao aluno para colocar o livro que estava entre as pernas sobre a mesa, a professora foi xingada. Em seguida, o aluno jogou o livro em sua direção, e ao encaminhar o jovem para a direção escolar, Friggi acabou sendo alvo de socos e agressões (2020).

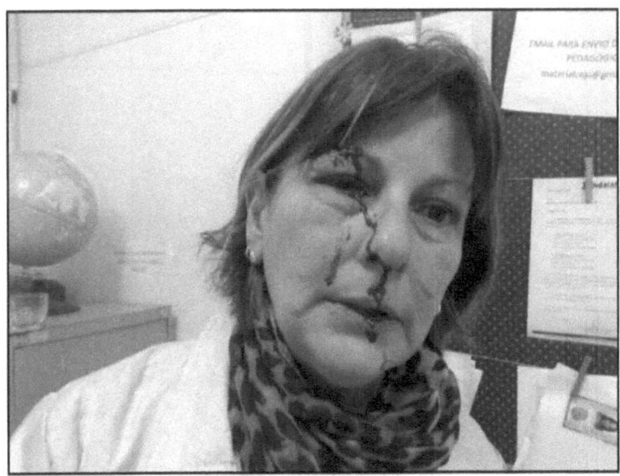

**Figura 1** – Professora Marcia Friggi momentos após ser agredida
pelo aluno na sala de aula em Indaial-SC.
**Fonte**: g1.globo.com (2020).

A professora enfrentou, antes da agressão física (livro em seu rosto, socos), outra modalidade de violência, o xingamento (violência verbal), tanto no interior da sala de aula quanto externo a ela, ao direcioná-lo à diretoria. Tenente e Fajardo aludem que dados globais atuais colocam o Brasil como um dos países mais violento contra esses profissionais (2020). No entanto, há a ausência de levantamentos internos em função do diagnóstico dessa problemática.

Em 2018, Paulo Procópio (Figura 2), 62 anos, professor de Geografia e História há 20 anos, após 15 minutos de ter distribuído a avaliação de geografia sobre globalização, um aluno de outra turma interrompeu a aula sem pedir permissão, chamando sua prima em voz alta. O professor se dirigiu ao aluno e pediu para que ele parasse de atrapalhar a avaliação e se retirasse, pois poderia conversar com ela no fim da aula ou no recreio. Isso foi o suficiente para que o adolescente de 12 anos jogasse o seu caderno no professor. Comenta Martins a partir do testemunho do professor que, ao abaixar para pegar o caderno já foi surpreendido com um soco no rosto, e em sequência por vários outros socos. O caso teve grande repercussão nacional nas redes sociais (2020).

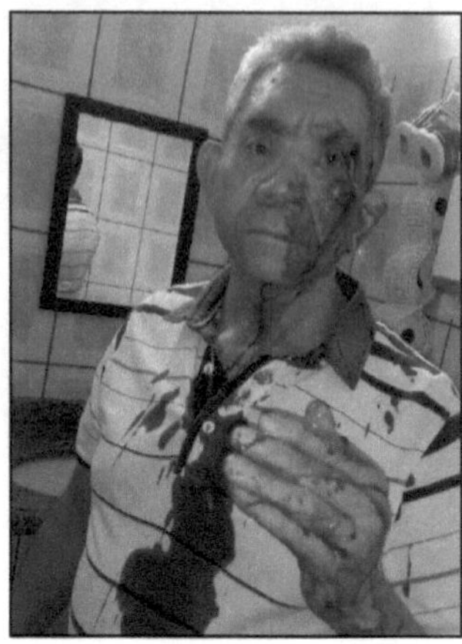

**Figura 2**: Professor Paulo Procópio momentos após ser agredido por um aluno na sala de aula em Lins (SP). **Fonte**: MARTINS, 2019.

Martins relata que a cada dia, ao menos dois professores do Ensino Fundamental e Médio são agredidos fisicamente por alunos dentro da sala de aula de escolas estaduais em São Paulo. Desde o acontecimento, o professor nunca mais voltou para a sala de aula. Salienta ainda o autor que, em fevereiro e março, somente nos dois primeiros meses de aula de 2019 segundo o calendário oficial, foram registradas 57 agressões a professores na sala de aula (2020).

Em 2019, o professor Júlio César Barroso (Figura 3), de 41 anos, levou dois tiros de um aluno de 17 anos, dentro da sala dos professores, ao intervir numa discussão deste com uma professora. De acordo com a Revista Veja, o professor estava há apenas quatro meses na escola estadual Céu Azul, em Valparaíso de Goiás – GO, e era tido pelos colegas como uma pessoa tranquila e educada (2020).

**Figura 3**: Professor Júlio César Barroso. **Fonte**: Veja.abril.com.br (2020).

Os relatos de violência supracitados proporcionam um panorama geral de um quadro violento contra os docentes no Brasil. Nos últimos anos, como destacado, os professores e professoras, sejam de escolas públicas ou privadas de forma direta ou indireta têm sido alvo de constantes agressões físicas, verbais e psicológicas.

Muitos silenciam diante dos atos violentos sofridos, seja por medo das ameaças ou pelo fato de acreditarem ter sido um caso momentâneo e isolado. Outros ainda permanecem calados caindo muitas vezes em situações de desânimo e até mesmo em depressão. Expuseram-se aqui alguns casos que foram da agressão verbal à morte. Logo, vale ressaltar que, no cotidiano escolar, os docentes têm sofrido tantas outras violências, porém não expostas para se perceber o quanto o contexto escolar tem sido um ambiente hostil contra esses profissionais.

## Considerações Finais

Partindo das discussões, percebemos a preocupação da sociedade brasileira com a realidade da violência no cotidiano escolar. Todavia, intervenções para a solução de tais problemas tão graves ainda são inferiores ao necessário. A escalada da violência nas escolas passou a se configurar um problema de urgência que precisa ser resolvido não só a nível governamental, mas pelas diversas entidades existentes na sociedade civil.

O estudo identificou múltiplas formas de violência contra o professor. As pesquisas verificaram que as escolas brasileiras têm um grande percentual de ocorrência de intimidação e ofensa verbal, além das físicas, a professores. Tais fatores influenciam na motivação profissional em sala de aula e provocam o desânimo, contribuindo na baixa qualidade de ensino e, consequentemente, na aprendizagem dos alunos.

Muitos são os fatores resultantes da violência enfrentada pelos professores no contexto escolar, dentre eles: ausência de punições judiciais e administrativas mais severas aos alunos infratores; carência de segurança na escola e nas adjacências; a omissão da própria família na educação dos filhos; relação intrapessoais fragmentadas; questões socioeconômicas. Como já suscitado, muitos docentes que sofreram algum tipo de violência moral ou verbal, não denunciaram por medo de represálias, tanto dos alunos quanto de suas famílias.

Assim, averiguamos as representações sociais de violências contra professores, construídas a partir de um quadro demonstrativo de relatos de pesquisadores e de professores de algumas localidades do país. Foram identificadas agressões verbal e indireta, física, moral, humilhações, ameaças e morte, casos acionadores de preocupação, e ainda, a violência silenciada vistas por muitos como uma prática naturalizada.

Por isso, a importância da criação de políticas públicas interventivas com a implantação de ações de prevenção à violência na escola, incentivando as relações democráticas, o respeito às diferenças e a convivência harmoniosa. Contudo, tais medidas precisam ser caracterizadas e efetivadas por uma prática holística, interdisciplinar e permanente. Desse modo, é possível ocorrer a amenização deste fenômeno no ambiente escolar.

Portanto, é necessária a ampliação de pesquisas voltadas à violência sofrida pelos professores no contexto escolar brasileiro, haja vista ainda, os poucos estudos sobre esse assunto e da grande relevância para as discussões desse fenômeno desequilibrador na educação.

**Referências**

ACHUGAR, H. **Planetas sem boca:** escritos efêmeros sobre arte, cultura e literatura. Trad. L. Nascimento. Belo Horizonte: Ed. UFMG, 2006.

BALLESTRIN, L. América latina e o giro decolonial. **Revista Brasileira de Ciência Política,** Brasília, n. 11, p. 89-117, maio/ago. 2013.

BBC BRASIL – British Broadcasting Corporation. **Escolas, alunos e professores "não falam a mesma língua".** Disponível em: <http://www.bbc.com/portuguese/noticias/2014/08 /140820_salasocial_eleicoes_educacao_contexto_rs>. Acessado em: 21 mai. 2020.

BECKER, K. L.; KASSOUF, A. L. Violência nas escolas públicas brasileiras: uma análise da relação entre o comportamento agressivo dos alunos e o ambiente escolar. **Revista Nova Economia,** v. 26, n. 2, p. 653-77, 2016.

BERNARDO, A. **'Fui agredido em sala de aula':** 3 professores contam histórias de violência, trauma e decepção. Disponível em: <https://g1.globo.com/educacao/noticia/2019/0      8/12/fui-agredido-em-sala-de-aula-3professores-contam-historias-de-violencia-trauma-e-dece pcao.ghtml>. Acesso em: 21 mai. 2020.

CARVALHO, A. S. Violência e agressividade. *In*: MODENA, M. R. (org.). **Conceitos e formas de violência.** Caxias do Sul-RS: EDUCS, 2016. p. 40-135.

COELHO, E. B. S.; SILVA, A. C. L. G.; LINDNER, S. R. L. **Violência:** definições e tipologias. Florianópolis: Universidade Federal de Santa Catarina, 2014.

CRISTINI, F. **MG registra 10,6 mil casos de violência em escolas públicas e particulares em 6 meses.** Disponível em: <https://g1.globo.com/mg/minasgerais/noticia/2018/08/08/m g-registra-106-mil-casos-de-violencia-em-escolas-publicas-e-particulares-em6-meses.ghtml>. Acesso em: 19 mai. 2020.

D'AGOSTINI, A. C. C. **Brasil lidera índice de violência contra professores:**      o      que      podemos      fazer? <https://novaescola.org.br/conteudo/17609/brasil-lidera-indice-de-violencia-contra-professores-o-que-podemos-fazer>. Acesso em: 21 mai. 2020.

DAROIT, F. **Professora é agredida por mãe de aluno dentro de**

**escola na zona sul de Porto Alegre.** Disponível em: <https://gauchazh.clicrbs.com.br/seguranca/noticia/2019/05/professora-e-agredida-por-mae-de-aluno-dentro-de-escola-na-zona-sul-de-porto-alegrecjvilp ch1036v01ma1rn0yrr6.html>. Acesso em: 21 mai. 2020.

ESPELAGE, D. *et al.* Understanding and preventing violence directed against teachers: recommendations for a national research, practice, and policy agenda. **American Psychologist**, v. 68, n. 2, p. 75-87, feb./mar. 2013.

G1.GLOBO.COM. **Professora é agredida por mãe e filha ao sair de escola em Franciscópolis.** Disponível em: <https://g1.globo.com/mg/vales-mg/noticia/2019/10/03/profe

ssora-e-agredida-por-mae-e-filha-ao-sair-de-escola-emfranciscopolis-veja-ovideo.ghtml>. Acesso em: Acesso em: 21 mai. 2020.

IBGE – INSTITUTO BRASILEIRO DE GEOGRAFIA E ESTATÍSTICA. Coordenação de População e Indicadores Sociais. **Pesquisa Nacional de Saúde do Escolar**: 2015. Rio de Janeiro: IBGE, 2016.

MARRONE, B. **Violência atinge 42% dos alunos da rede pública.** Disponível em: <https://epoca.globo.com/vida/noticia/2016/03/violencia-atinge-42-dos-alunos-da-rede-publi ca.html>. Acesso em: 19 mai. 2020.

MARTINS, L. **A cada dia, ao menos 2 professores são agredidos em escolas estaduais em SP.** Disponível em:<https://educacao.uol.com.br/noticias/2019/08/22/a-cada-dia-ao-menos-2-professores-sao-agredidos-em-escolas-estaduais-em-sp.htm>. Acesso em: 21 mai. 2020.

MELANDA, F. N. *et al.* Violência física contra professores no espaço escolar: análise por modelos de equações estruturais. **Cadernos de Saúde Pública**, v. 34, n. 5, p. 1-12, 2018.

MUNSBERG, J. A. S.; SILVA, G. F. Interculturalidade na perspectiva da descolonialidade: possibilidades via educação. **Revista Ibero-Americana de Estudos em Educação.**

Araraquara, v. 13, n. 1, p. 140-54, jan./mar. 2018.

ORGANIZAÇÃO PARA A COOPERAÇÃO E DESENVOLVIMENTO ECONÔMICO – OCDE. **Uma cooperação mutualmente benéfica**. Disponível em <http://www.oecd.org/latin-america/countries/brazil/brasil.htm>. Acesso em 26 jun. 2020.

OLIVEIRA, É. C. S.; MARTINS, S. T. F. Violência, sociedade e escola: da recusa do diálogo à falência da palavra. **Psicologia & Sociedade**, v. 19, n. 1, p. 90-8, 2007.

OLIVEIRA, A. H. C. **Agressões e violência contra professores nas escolas públicas.** Monografia. Universidade Estadual da Paraíba. João Pessoa: PB, 2014.

PAVIANI, J. Conceitos e formas de violência. *In*: MODENA, M. R. (org.). **Conceitos e formas de violência**. Caxias do Sul-RS: EDUCS, 2016. p. 8-20.

PILATTI, C. A. Violência e filosofia. *In*: MODENA, M. R. (org.). **Conceitos e formas de violência**. Caxias do Sul-RS: EDUCS, 2016. p. 28-36.

PONTES, R. N.; CRUZ, C. R. R. Introdução. *In*: PONTES, R. N.; CRUZ, C. R. R. (org.). **Educação inclusiva e violência nas escolas.** Belém: UNAMA, 2010. p. 6-16.

PONTES, R. N.; CRUZ, C. R. R.; MELLO, J. S. M. **Relações sociais e violências nas escolas**. Belém: UNAMA, 2007.

SANTOS, V. E. M. **O docente e sua formação frente a violência no ambiente escolar:** um novo olhar. Trabalho de Conclusão de Curso – TCC. Universidade Federal do Pampa. Uruguaiana-RS, 2015.

SILVA, J. M. A. P.; SALLES, L. M. F. A violência na escola: abordagens teóricas e propostas de prevenção. **Educar em Revista**, Curitiba, n. especial 2, p. 217-32, 2010.

SILVA, M. P. S. C. Quais os nomes de nossas crianças? *In*: PONTES, R. N.; CRUZ, C. R. R. (org.). **Educação inclusiva e violência nas escolas.** Belém: UNAMA, 2010. p. 18-36.

SOUZA, L. **Violência contra professores e alunos cresce na rede pública paulista.** Disponível em:

<https://agenciabrasil.ebc.com.br/educacao/noticia/2019-12/violencia-contra-professores-e-alunos-cresce-na-rede-publica-paulista>. Acesso em: 19 mai. 2020.

SPOSITO, M. P. Um breve balanço da pesquisa sobre violência escolar no Brasil. **Rev. Educação e Pesquisa**, v. 27, n. 1, p. 87-103, jan./jun. 2001.

TENENTE, L.; FAJARDO, V. **Brasil é #1 no ranking da violência contra professores:** entenda os dados e o que se sabe sobre o tema. Disponível em: <https://g1.globo.com/educacao/noticia/brasil-e-1-no-ranking-da-violencia-contra-professores

-entenda-os-dados-e-o-que-se-sabe-sobre-o-tema.ghtml>. Acesso em: 21 mai. 2020.

TOLEDO, L. M. **Violência:** orientações para profissionais da atenção básica de saúde. Rio de Janeiro, ENSP/FIOCRUZ, 2013.

UNICEF – FUNDO DAS NAÇÕES UNIDAS PARA A INFÂNCIA. **Metade dos adolescentes no mundo são vítimas de violência na escola.** Disponível em: <https://nacoesunidas.org/unicef-metade-dos-adolescentes-no-mundo-sao-vitimas-de violencia-na-escola/>. Acesso em: 21 mai. 2020.

VEJA. **Coordenador é morto a tiros por aluno na sala dos professores em Goiás.** Disponível em: <https://veja.abril.com.br/brasil/coordenador-e-morto-a-tiros-por-aluno-na-sala-dos-professores-em-goias/>. Acesso em: 21 mai. 2020.

# 9

# EDUCAÇÃO EM SEXUALIDADE PARA UMA CULTURA ANTIBULLYING: REFLEXÕES JURÍDICAS SOBRE CIDADANIA E HOMOTRANSFOBIA NAS ESCOLAS


ANTÔNIO RODRIGUES NETO
MARCO ANTÔNIO MOREIRA CARRASCO
CLÉBER AFFONSO ANGELUCI


## Considerações iniciais

O *bullying* homotransfóbico, enquanto prática discriminatória de intimidação sistemática, atinge pessoas cuja orientação sexual e/ou identidade de gênero não correspondem ao padrão cisheteronormativo culturalmente estabelecido como *normalidade*, tornando-as potenciais vítimas de insultos, xingamentos, apelidos jocosos, difamações, calúnias, banimentos sociais, perseguições, agressões físicas, exposições e linchamentos virtuais, etc., entre outras agressões que podem acompanhar essas vivências durante o processo escolar.

De acordo com a *Pesquisa Ações Discriminatórias no Âmbito Escolar*, realizada por meio de um convênio entre a *Fundação Instituto de Pesquisas Econômicas* – FIPE e o *Instituto Nacional de Estudos e Pesquisas Educacionais Anísio Teixeira* – INEP, alunos e membros da equipe educacional que são LGBTI+ são especialmente vulneráveis a sofrerem *bullying* (FIPE, 2009a, p. 352).

No mesmo sentido, a pesquisa também constatou que 99,3% dos participantes (entre alunos, pais e profissionais da educação, de 501 escolas dos 27 estados brasileiros) demonstraram algum nível de preconceito no ambiente escolar, dentre os quais 96,5% tinham preconceito com relação a portadores de necessidades especiais, 94,2% tinham preconceito étnico-racial, 93,5% com base em gênero, 91% de geração, 87,5% socioeconômico, 87,3% no que se refere à orientação sexual e 75,95% tinham preconceito territorial (FIPE, 2009b, p. 12).

Considerando os resultados obtidos, provenientes da participação tanto de crianças e adolescentes, quanto de adultos envolvidos no processo educacional, percebe-se que a prática discriminatória com base em discriminação de orientação sexual e identidade de gênero que se opera por meio do *bullying* nos ambientes escolares é nada mais que uma manifestação da homotransfobia que também acontece em outros espaços, sejam eles públicos ou privados[1].

Portanto, não há como se pensar em criminalização da homotransfobia (STF, 2020), por exemplo, sem pensar em uma educação efetiva em sexualidade anterior, na qual o papel transformador da educação foi devidamente aplicado para esclarecer, informar, reconhecer e transformar, antes de penalizar.

De acordo com a *Orientação Técnica Internacional sobre Educação em Sexualidade*, da UNESCO, as vantagens de implementação da *Educação em Sexualidade* como política nas escolas estendem-se "... à saúde sexual e reprodutiva, igualdade de gênero (inclusive assédio sexual), violência sexual e de gênero e *bullying* (inclusive estigma e discriminação com base em orientação sexual e identidade de gênero)" (2010, p. 12).

Com isso, a *Educação em Sexualidade* é apontada como ferramenta de enfrentamento ao *bullying* que se fundamenta no estigma e na discriminação com base em identidade de gênero e de sexualidade, a homotransfobia para a presente pesquisa. Assim, entendendo o *bullying*, então, como uma violação a Direitos Humanos que se opera *entre* e *contra* crianças e adolescentes, e cujos reflexos perpassam diferentes âmbitos da formação psicossocial (podendo ter consequências sociais, laborais, educacionais, econômicas, culturais, etc., que interessam ao Direito), o estudo objetiva propor reflexões

---

[1] De acordo com o *Relatório de Mortes Violentas de LGBT+ No Brasil – 2019*: "Em 2019, 329 LGBT+ (lésbicas, gays, bissexuais, travestis e transexuais) tiveram morte violenta no Brasil, vítimas da homotransfobia: 297 homicídios (90,3%) e 32 suicídios (9,7%)... A cada 26 horas um LGBT+ é assassinado ou se suicida vítima da LGBTfobia, o que confirma o Brasil como campeão mundial de crimes contra as minorias sexuais (OLIVEIRA; MOTT, 2020, p. 12-3).

sobre *Educação em Sexualidade*, *bullying* homotransfóbico e cidadania.

Trata-se de pesquisa exploratória de caráter descritivo, que – a partir de método dedutivo – objetiva demonstrar de que forma o *bullying* homotransfóbico obsta o desenvolvimento da cidadania enquanto *direito a ter direitos* (ARENDT, 2012, p. 403) e de que forma a *Educação em Sexualidade* pode contribuir para o enfrentamento dessas práticas discriminatórias no ambiente escolar.

O trabalho é dividido em quatro partes. Inicialmente, explora-se o conceito de cidadania como o direito a ter direitos em uma ordem jurídica e a importância do respeito às diferenças para a conquista dessa cidadania. Em seguida, aborda-se do *bullying* conforme sua previsão legal, explorando suas características e potenciais reflexos pedagógicos, oportunidade em que se direciona o debate para o *bullying* homotransfóbico. Dando seguimento, são tecidas considerações sobre o *bullying* homotransfóbico como óbice à cidadania e, por fim, apresenta-se a *Educação em Sexualidade* como alternativa de enfrentamento.

Como resultado, pretende-se reunir informações que possibilitem futuros estudos acerca do tema, bem como elevar a importância da criação de ações e políticas públicas, por parte dos órgãos públicos, que defrontem práticas discriminatórias nos espaços escolares, a exemplo do *bullying* homotransfóbico.

## 1 Igualdade pela diferença e cidadania para pessoas LGBTI+

Segundo Siqueira Jr. e Oliveira, "... a cidadania é a posição política do indivíduo e a possibilidade do exercício desses direitos" (2016, p. 228). De acordo com os autores, ainda,

> No Estado Democrático, os direitos humanos são reconhecidos a todos. O cidadão é aquele que participa da dinâmica estatal, sendo que atua para conquistar, preservar ou proteger seus direitos. A cidadania é esse efetivo exercício político. A cidadania é o ápice dos direitos fundamentais quando o ser humano se transforma em ser político no sentido amplo do termo, participando ativamente da sociedade em que está inserido. (2016, p. 228)

Sobre a concepção de cidadania como *direito a ter direitos*, Mazzuoli, prossegue explicando:

> O "direito a ter direitos" (segundo terminologia de Hannah Arendt) passou a ser o referencial primeiro de todo esse processo internacionalizante. Como resposta às barbáries cometidas no

> Holocausto, começa a aflorar todo um processo de internacionalização dos direitos humanos, criando uma sistemática internacional de proteção mediante a qual tornou-se possível a responsabilização do Estado no plano externo, quando, internamente, os órgãos competentes não apresentem respostas satisfatórias à proteção desses direitos. A doutrina da soberania estatal absoluta, assim, com o fim da Segunda Guerra, passa a sofrer um abalo dramático com a crescente preocupação em efetivar os direitos humanos no plano internacional, sujeitando-se às limitações decorrentes de sua proteção. (2020, p. 54)

Nesse sentido, observa-se que, para a Constituição de 1988, cidadania é ter direitos (SIQUEIRA JR; OLIVEIRA, 2016, p. 232), associando-se à concepção de cidadania de Arendt (2012, p. 403). Nesse sentido, defendem Siqueira Jr. e Oliveira:

> A cidadania, então, representa o exercício de direitos. Segundo a tese arendtiana, a cidadania é o direito a ter direitos. No pensamento de Hannah Arendt, cidadania é a consciência que o indivíduo tem do direito de ter direitos. Mas a cidadania é excetuada, composta por cidadãos atuantes e excluídos. Essa realidade não se verifica apenas na Grécia e em Roma. As Revoluções Burguesas que deram ensejo à cidadania liberal também se caracterizaram como excludentes, pois somente os cidadãos de determinada camada social podiam exercê-la. (2016, p. 229)

Com o intuito de se alcançar a justiça social a partir da efetivação da igualdade plena (que reconhece e respeita as diferenças), a garantia da inclusão de pessoas LGBTI+ nos ambientes laboral, social, cultural, econômico, político e, principalmente, educacional, clama o respeito às diferenças como fundamental para a consagração da paz social e da proteção da dignidade humana. Nesse sentido, também está o pensamento de Santos, que afirma:

> ... temos o direito a ser iguais quando a nossa diferença nos inferioriza; e temos o direito a ser diferentes quando a nossa igualdade nos descaracteriza. Daí a necessidade de uma igualdade que reconheça as diferenças e de uma diferença que não produza, alimente ou reproduza as desigualdades. (2003, p. 51)

Santos sugere compreender a igualdade como sendo aquela que reconhece e respeita as diferenças e a diferença, portanto, como sendo aquela que se recusa a ser matéria para a criação, manutenção e reprodução de desigualdades (2003, p. 51). A igualdade pela diferença, ou seja, a igualdade que se conquista considerando diferenças e superando desigualdades, associa-se aos temas da diversidade.

Os *Princípios de Yogyakarta*, importante documento internacional que versa sobre a aplicação da legislação internacional de Direitos Humanos em relação à identidade de gênero e orientação sexual, inclusive, estabelece que "Todas as pessoas têm o direito de desfrutar de todos os direitos humanos livres de discriminação por sua orientação sexual ou identidade de gênero" (BRASIL, 2007a, p. 12).

No que se refere à conceituação de discriminação por orientação sexual ou identidade de gênero, os Princípios defendem que o termo:

> ... inclui qualquer distinção, exclusão, restrição ou preferência baseada na orientação sexual ou identidade de gênero que tenha o objetivo ou efeito de anular ou prejudicar a igualdade perante à lei ou proteção igual da lei, ou o reconhecimento, gozo ou exercício, em base igualitária, de todos os direitos humanos e das liberdades fundamentais. A discriminação baseada na orientação sexual ou identidade de gênero pode ser, e comumente é, agravada por discriminação decorrente de outras circunstâncias, inclusive aquelas relacionadas ao gênero, raça, idade, religião, necessidades especiais, situação de saúde e status econômico. (BRASIL, 2007a, p. 12-3)

Dessa maneira, a não observância ao respeito às diferenças acarreta na manutenção das ameaças ou violações a Direitos Humanos contra pessoas LGBTI+ e a sua não integração ao meio social nos quais estão inseridos, mantendo-as marginalizadas de espaços, limitadas em direitos e, sobremaneira, lesadas em sua capacidade de desenvolvimento integral (MOREIRA, 2009, p. 239).

Além disso, é preciso destacar que a cultura heteronormativa, massivamente difundida, também se apresenta como óbice à não-discriminação e ao respeito às diferenças. Sobre essa *heterossexualidade compulsória*, Balestrin compartilha:

> Numa lógica binária do sexo, gênero e sexualidade, um corpo de homem deverá, necessariamente, constituir-se enquanto um corpo masculino e, para seguir a norma, deverá desejar outro corpo do sexo oposto e feminino. Da mesma forma, o corpo de mulher deverá ser feminino e desejar outro corpo masculino. Esta é a chamada heteronormatividade – uma norma que opera na direção de uma "heterossexualidade compulsória". Essa norma faz crer que a heterossexualidade é a forma mais natural, normal e saudável de viver a sexualidade. Quando um sujeito foge a essa norma, ele é tido como desviante, anormal, doente, incompleto, imaturo. (2018, p. 22)

Como consequência disso, a pessoa que sofre discriminação em razão de sua identidade de gênero ou de sua orientação sexual acaba sendo privada de acessar espaços e gozar direitos, ou seja, de alcançar a sua cidadania plena. Com isso, perde também a democracia, considerando que a Constituição de 1988, em seu artigo 5º, garante a inviolabilidade do direito à liberdade e à igualdade (BRASIL, 1988), como direitos fundamentais.

No mesmo caminho, a Constituição (BRASIL, 1988) também prevê, em seu artigo 205, que a educação será promovida "... visando ao pleno desenvolvimento da pessoa, seu preparo para o exercício da cidadania e sua qualificação para o trabalho". Com isso, a fim de que sejam consagrados os preceitos constitucionais supramencionados, faz-se necessário a aplicação do princípio de respeito à liberdade e apreço à tolerância.

Ao comentar o *Pacto Internacional sobre Direitos Econômicos, Sociais e Culturais* – PIDESC, Ramos, inclusive, observa que:

> Para o Comitê do PIDESC, a educação é, ao mesmo tempo, um direito em si e também um instrumento indispensável para a realização de outros direitos humanos. De fato, a educação tem um papel indispensável na promoção de direitos humanos e da democracia, possibilitando o empoderamento dos grupos vulneráveis em uma sociedade (Comentário Geral n. 13/1999). (2020, p. 900)

Assim, o que se busca com o respeito às diferenças, na verdade, é garantir-se o desenvolvimento das liberdades individuais, com respeito às identidades, com a finalidade de que pessoas LGBTI+ se desloquem da marginalização para a efetiva cidadania, sendo considerados por sua autenticidade no meio social. A educação se apresenta como um espaço privilegiado para tanto.

Por isso, é de extrema relevância para o avanço da cidadania que os indivíduos aprendam a viver com as diferenças, fazendo assim, com que a sociedade entenda, compreenda e respeite a dissemelhança, permitindo o reconhecimento da diversidade sexual para a concretização da paz e da Justiça Social.

## 2 *Bullying:* Previsão legal e reflexões pedagógicas

Pereira, Varela e Silveira apontam que o termo *bullying* deriva do inglês, sem tradução equivalente em português, sendo empregado para fazer referência a um conjunto de práticas comportamentais agressivas e reiteradas que maltratam, oprimem e humilham determinada pessoa ou grupo de pessoas (2015, p. 1491).

De acordo com Martorell, Papalia e Feldman, "... a agressão torna-se *bullying* quando é deliberada e persistentemente dirigida contra um alvo específico: uma vítima" (2020, p. 385-6), podendo ser proativa (feita para mostrar dominância, sustentar poder ou ganhar admiração) ou reativa (feita em razão de um ataque real ou imaginado).

Em pensamento semelhante, Nelsen, Lott e Glenn classificam os propósitos do *bullying* em: atenção indevida (quando o agressor busca atenção e reconhecimento); poder mal dirigido (quando o agressor se comporta de maneira a adquirir poder); vingança (quando a agressor tem o propósito de pagar na mesma moeda ou de se vingar dos outros pelas suas mágoas); e de isolamento do agressor (quando o *bullying* é usado para manter as pessoas afastadas) (2017, p. 125).

Nos termos do § 1º, do artigo 1º, da Lei n. 13.185/2015, que instituiu o *Programa de Combate ao Bullying*, define-se *bullying*:

> ... todo ato de violência física ou psicológica, intencional e repetitivo que ocorre sem motivação evidente, praticado por indivíduo ou grupo, contra uma ou mais pessoas, com o objetivo de intimidá-la ou agredi-la, causando dor e angústia à vítima, em uma relação de desequilíbrio de poder entre as partes envolvidas.

Ainda de acordo com o artigo 2º, da referida Lei, é caracterizado *bullying* os atos de intimidação, humilhação ou discriminação imotivados, intencionais e repetitivos, que podem manifestar-se, dentre outros, considerando tratar-se de rol exemplificativo, por meio de ataques físicos, ofensas pessoais, comentários sistemáticos e apelidos pejorativos, ameaças, mensagens depreciativas, expressões preconceituosas, isolamento social consciente e premeditado, piadas e, ainda, por meio de *cyberbullying*, que ocorre quando o *bullying* se dá em ambiente virtual.

Sobre a Lei que institui o *Programa de Combate à Intimidação Sistemática (Bullying)*, Zapater comenta que:

> ... a Lei Antibullying não tem natureza cível ou penal, mas de política pública de prevenção pela transformação de uma cultura lesiva aos direitos da criança e do adolescente, para fazer valer a proteção integral preconizada pelo Estatuto. Isso implica que o texto da lei não impede a demanda judicial de reparação civil por danos materiais ou morais, nem afasta a configuração de eventual ato infracional e respectiva responsabilidade socioeducativa. Porém,

> deve-se pensar que, em especial por se tratar de ambiente escolar, no qual a violência intimidatória é praticada contra e por crianças e adolescentes, que o princípio do melhor interesse da criança e do adolescente aponta na direção de soluções diversas das tradicionais sanções cíveis e/ou socioeducativas... a exemplo da Justiça Restaurativa. (2019, p. 97)

Além de destacar o caráter de *prevenção pela transformação* que sustenta a proposta, Zapater defende, ainda, o enfrentamento do *bullying* por meio de mecanismos alternativos de solução de conflitos, o que vai ao encontro dos objetivos do *Programa de Combate à Intimidação Sistemática (Bullying)* trazido na lei (2019).

Com o propósito de instrumentalizar medidas de conscientização, prevenção, diagnose e combate à violência e à intimidação sistemática, dispõe o artigo 4º, da referida Lei:

> Art. 4º Constituem objetivos do Programa referido no caput do art. 1º:
>
> I - prevenir e combater a prática da intimidação sistemática (*bullying*) em toda a sociedade;
>
> II - capacitar docentes e equipes pedagógicas para a implementação das ações de discussão, prevenção, orientação e solução do problema;
>
> III - implementar e disseminar campanhas de educação, conscientização e informação;
>
> IV - instituir práticas de conduta e orientação de pais, familiares e responsáveis diante da identificação de vítimas e agressores;
>
> V - dar assistência psicológica, social e jurídica às vítimas e aos agressores;
>
> VI - integrar os meios de comunicação de massa com as escolas e a sociedade, como forma de identificação e conscientização do problema e forma de preveni-lo e combatê-lo;
>
> VII - promover a cidadania, a capacidade empática e o respeito a terceiros, nos marcos de uma cultura de paz e tolerância mútua;
>
> VIII - evitar, tanto quanto possível, a punição dos agressores, privilegiando mecanismos e instrumentos alternativos que promovam a efetiva responsabilização e a mudança de comportamento hostil;
>
> IX - promover medidas de conscientização, prevenção e combate a todos os tipos de violência, com ênfase nas práticas recorrentes de

intimidação sistemática (*bullying*), ou constrangimento físico e psicológico, cometidas por alunos, professores e outros profissionais integrantes de escola e de comunidade escolar.

É notório e muito já se discutiu sobre as consequências negativas que o *bullying* acarreta à pessoa e ao próprio ambiente de ensino e aprendizagem. Na perspectiva individual, da pessoa da vítima, há prejuízos insondáveis que podem acarretar traumas, deficiências de aprendizagem e até mesmo desvios comportamentais que a afetarão toda a sua vida, podendo transformar-se em um adulto desequilibrado.

Por outro lado, na perspectiva do agressor, haverá também o desajuste acerca dos motivos que o levaram à tal prática, considerando muitas vezes a inadequação de seus atos à justificativa para mais violência, num verdadeiro círculo vicioso, permanecendo a ignorância sobre a causa de seu comportamento desviado.

Deve haver, portanto, por parte de quem orienta o processo pedagógico, o professor, a melhor gestão e atuação diante do processo estabelecido de tais práticas, tomando ciência dos fatos e dialogando para compreender o cenário, agindo de forma prudente, includente e pacificadora, buscando sempre o diálogo para a solução conflituosa.

Nesse cenário é recomendável aos professores que se coloquem na posição de mediadores dos conflitos, não com passividade permissiva, mas de forma ativa e dialógica, visando o estabelecimento de canais para a compreensão do processo violento que se estabeleceu, buscando suas causas mais recônditas para sanar e romper aquele círculo vicioso e contencioso, vez que somente num ambiente pacífico é possível haver progresso no processo de ensino e aprendizagem.

Como adverte Razaboni Junior e Pozzoli "... a paz é um bem de todos, podendo ser alcançada...", indicando a necessidade de "... seguir o caminho da fraternidade, o qual é possível encontrar meios para ensinar a juventude a respeitar as diferenças...", enfrentando "... em sua raiz a violência e a degradação social..." (2018, p. 244).

Ainda que muitas vezes o ambiente pedagógico seja também tensionado por ideais, historicidades e práticas, ao se proporcionar o diálogo tolerante e assertivo, as tensões tendem a se dissipar para dar lugar ao objetivo final que consiste na compreensão e apreensão do saber.

Considerando o conteúdo apresentado, propõe-se pensar o

*bullying* homotransfóbico como espécie do gênero *bullying*, uma intimidação sistemática específica contra pessoas LGBTI+, uma vez que a *Pesquisa Ações Discriminatórias no Âmbito Escolar*, nesse sentido, concluiu que:

> Nota-se que estas práticas discriminatórias tem como principais vítimas os alunos, especialmente negros, pobres e homossexuais. Apesar do fato de que os alunos são as maiores vítimas, as práticas discriminatórias na escola também vitimam professores e funcionários com preocupante incidência. Entre os professores vitimados, os que mais sofrem os efeitos de práticas discriminatórias, de acordo com o conhecimento dos respondentes, são os professores mais velhos, os homossexuais e as mulheres entre os funcionários, as maiores vítimas são os pobres, idosos e negros. (FIPE, 2009a, p. 352)

Interessa ao enfrentamento do *bullying* que se percebam processos de intimidação sistemática que vulnerabilizam uns alunos mais que outros, trazendo prejuízos pessoais e educacionais, especialmente quando pertencem a determinados grupos sociais, como o caso das pessoas LGBTI+.

Os resultados da pesquisa ainda apontaram um maior nível de preconceito no que se refere à homossexualidade masculina[2], em comparação à homossexualidade feminina, por exemplo, o que sugere que o *bullying* homotransfóbico podem sofrer influências de valores discriminatórios e estigmas internalizados culturalmente que extrapolam o espaço escolar. Exemplo disso,

> Os maiores valores médios para o índice de concordância indicam que os respondentes apresentam preconceito um pouco maior para os aspectos expressos nas frases que afirmam que professores que não são gays são mais respeitados pelos estudantes, que é muito difícil aceitar a homossexualidade masculina e que uma lésbica é mais aceita na escola do que um gay. (FIPE, 2009a, p. 73)

No mesmo sentido, os resultados também constataram um maior nível de atitudes preconceituosas por parte dos participantes do sexo masculino, em comparação ao sexo feminino, "... em relação à identidade de gênero, compreendendo a não aceitação da homossexualidade e a percepção de que os homossexuais não devem fazer parte do ambiente escolar de heterossexuais (FIPE, 2009a, p.

---

[2] Destaca-se que não se evidenciou na pesquisa referência às identidades transgêneros.

192).

A homotransfobia, enquanto problema estrutural, está diretamente interligada ao *bullying* que se opera na escola, demonstrando que se trata de um problema que extrapola as imediações da sala de aula. Nesse sentido, Ramal observa que

> No que se refere à homofobia, até simples piadinhas ditas pelos pais, "brincando" com a sexualidade de amigos e conhecidos, podem representar lições implícitas sobre o que é "normal" ou "fora do padrão", o que é um comportamento "caricato" e deve ser rejeitado, o que é valorizável ou desprezível. Isso também acontece na escola. É mais comum do que se pensa que os professores façam chacotas a respeito de gays e, ao mesmo tempo, não se envolvam quando um estudante sofre bullying ou é ridicularizado com apelidos de conotação sexual. (2019, p. 86)

O enfrentamento do *bullying* homotransfóbico, como se observa, depende do enfrentamento da própria homotransfobia, que – ao alcançar o espaço escolar – já forma algumas pessoas como excluídos desde o início de suas vidas. O processo escolar, nessa perspectiva, passa a ser mero instrumento de exclusão. Nesse sentido, Andrade observa que:

> ... a escola inclui e exclui de acordo com padrões fabricados de normalidade / anormalidade, competência / incompetência, aptidão / inaptidão, elementos muitas vezes ancorados em dados biológicos e/ou econômicos, como a cor da pele, o sexo e a classe a que pertencem. (2018, p. 43)

Na tentativa de investigar as características do *bullying* a partir do ordenamento jurídico brasileiro, percebeu-se que alguns grupos sociais são mais vulneráveis que outros. Opera contra pessoas LGBTI+ um *bullying* específico em razão de sua identidade de gênero e de sexualidade, o *bullying* homotransfóbico, o que pode representar um óbice à consagração da cidadania, como se investiga no próximo item.

## 3 *Bullying* homotransfóbico como óbice à cidadania

Como já mencionado, a discriminação por motivos de identidade de gênero e orientação sexual, a homotransfobia, além de limitar as liberdades individuais, também prejudica a integração social e o respeito às diferenças, uma vez que as vítimas podem não alcançar (ou ter prejudicado) o seu pleno desenvolvimento, estando impedidas de conquistar sua cidadania, enquanto *direito a ter direitos* (ARENDT, 2012, p. 403).

Tais limitações, por sua vez, assumem especial contraste se observadas de uma perspectiva educacional. Na prática, o *bullying* homotransfóbico no ambiente escolar não apenas contraria os objetivos estabelecidos para a *Educação em Direitos Humanos* (BRASIL, 2007b) como também é causa de baixa autoestima, medo, ansiedade, sentimento de vingança, ausência de estímulos, entre outros, nas vítimas; além de trazer reflexos educacionais como evasão, abandono, violência nas escolas, dentre outros.

Segundo Pereira, Varela e Silveira "... a prática do *bullying* homofóbico ultrapassa as barreiras dos direitos humanos, ocasionando inúmeros malefícios para a educação e o desenvolver de uma sociedade" (2015, p. 1490). Se pensarmos a escola como a primeira experiência social dos futuros membros da coletividade, importante resguardar, desde o início, o ensinamento dos valores de Direitos Humanos que embasarão as relações humanas. Nunca práticas discriminatórias.

As *Diretrizes Nacionais para a Educação em Direitos Humanos*, inclusive, dispõem que:

> ... todos os atores do ambiente educacional devem fazer parte do processo de implementação da Educação em Direitos Humanos. Isso significa que todas as pessoas, independente do seu sexo; origem nacional, étnico-racial, de suas condições econômicas, sociais ou culturais; de suas escolhas de credo; orientação sexual; identidade de gênero, faixa etária, pessoas com deficiência, altas habilidades/superdotação, transtornos globais e do desenvolvimento, têm a possibilidade de usufruírem de uma educação não discriminatória e democrática. (BRASIL, 2012)

Nesse prisma, permitir a continuidade das atitudes humilhantes e discriminatórias nos ambientes escolares significa contrariar direitos fundamentais e constitucionais garantidos a todo e qualquer ser humano, uma vez que eles representam a valorização humana - embasamento estrutural do Estado Democrático de Direito. A escola, nessa perspectiva, se mostra um espaço privilegiado para a construção do respeito à diferença. É o que também defende Aguilera Urquiza como se observa:

> Nesse contexto de interação entre os diferentes, sejam eles indivíduos, grupos ou sociedades, um elemento fundamental é o processo educacional, espaço onde as gerações assumem, através da

> escola, o dinâmico processo de transmissão cultural e formação de novos elementos e padrões culturais. A escola é o espaço privilegiado para a desconstrução e construção de novas práticas culturais e identitárias. Advém desse papel privilegiado a aposta das políticas públicas sobre a diversidade, direitos humanos e outros, centrados no processo educacional. A educação torna-se, dessa forma, um Direito Humano fundamental. O acesso ou não a esse direito atua, ora como causa ora como consequência da pobreza e exclusão social. (2016, p. 21)

Em vista disso, a educação está intrinsicamente vinculada à conquista da cidadania aqui entendida como *direito a ter direitos* (ARENDT, 2012, p. 403), pela capacidade de gerar ao cidadão empatia especialmente em um meio social composto por diferenças. A educação, assim, possibilita apresentar a todos os sujeitos a dimensão do mosaico cultural em que se vive e a importância de se respeitar a identidade do outro, construindo, assim, o respeito mútuo.

No mesmo sentido, o *Estatuto da Criança e do Adolescente*, dispõe que "... é dever de todos velar pela dignidade da criança e do adolescente, pondo-os a salvo de qualquer tratamento desumano, violento, aterrorizante, vexatório ou constrangedor" (Lei n. 8.069/1990). Portanto, o sistema educacional deve atentar-se para a ocorrência do *bullying* nas escolas, sob o risco de impedir que a criança e adolescente exerça sua autodeterminação (PEREIRA; VARELA; SILVEIRA, 2015, p. 1500), além do desenvolvimento de sua identidade plena.

No mesmo caminho, ao analisarem os dados sobre a discriminação com base em orientação sexual e identidade de gênero, Pereira, Normanton e Stempliuk pontuam que que:

> ... a Pesquisa Nacional sobre o Ambiente Educacional no Brasil 2016 constatou que dentre os estudantes LGBT, 73% foram agredidos verbalmente e 36% foram agredidos fisicamente nas escolas. Sendo assim fundamental a inclusão do debate acerca de gênero e sexualidade na educação, a fim de diminuir as desigualdades de gênero, a violência contra mulheres e o preconceito em razão de orientação sexual e identidade de gênero. A UNESCO no Brasil se manifestou, no sentido de acreditar que o debate sobre sexualidade e gênero contribui para uma educação mais inclusiva, equitativa e de qualidade, entendendo, sem dúvidas, que é necessário que a legislação brasileira e os planos de educação incorporem perspectivas de educação em sexualidade e gênero.

(2018, p. 15-6)

Por conta disso, importa a intervenção do Estado Democrático, transformador da realidade social, para que se introduzam novas e eficazes conjunturas políticas a fim de transfigurar o atual panorama social e jurídico, voltando o olhar dos agentes públicos às ameaças e violações a Direitos Humanos perpetradas com base em homotransfobia, bem como eliminar o bullying discriminatório dos ambientes escolares (PEREIRA; VARELA; SILVEIRA, 2015, p. 1495).

Portanto, o *Plano Nacional de Desenvolvimento de Educação em Direitos Humanos* – PNEDH associa o enfrentamento da LGBTIfobia às temáticas de Direitos Humanos e propõe não somente a instituição de políticas públicas de combate à desigualdade e à consagração da cidadania, propiciando-se uma cultura de paz no meio social, mas também a aplicação da igualdade pela diferença, tal como proposto por Santos (2003, p. 56). Nesse sentido, figura como uma das metas para a Educação em Direitos Humanos, dentre outras:

> 9. fomentar a inclusão, no currículo escolar, das temáticas relativas a gênero, identidade de gênero, raça e etnia, religião, orientação sexual, pessoas com deficiências, entre outros, bem como todas as formas de discriminação e violações de direitos, assegurando a formação continuada dos(as) trabalhadores(as) da educação para lidar criticamente com esses temas; (BRASIL, 2007b, p. 33)

Considerando o *bullying* homofóbico como óbice à cidadania, e como uma violência que acomete crianças e adolescentes, necessário repensar de que maneira as políticas educacionais podem servir como alternativa de enfrentamento ao problema. Em razão disso, o próximo item destina-se à análise da proposta de *Educação em Sexualidade* da UNESCO e a inclusão formal dos temas da sexualidade nos currículos como medida de combate ao *bullying* nas escolas.

## 4 Educação em sexualidade como ferramenta antidiscriminatória: uma alternativa de enfrentamento?

Conforme demonstrado nos itens anteriores, o *bullying* homotransfóbico, enquanto violência sistemática, pode ser identificado em inúmeros espaços, sejam públicos ou privados. No ambiente escolar, seus efeitos transitam entre os de cunho educacional – tal como dificuldade de aprendizado e evasão/abandono escolar, como também de cunho social, como exclusão social, limitação do pleno desenvolvimento, respeito à dignidade enquanto sujeito de direitos e, para fins do presente artigo, como dito anteriormente, a construção de sua cidadania, aqui entendida como *direito a ter direitos* (ARENDT, 2012, p. 403).

Por outro lado, o ambiente escolar também desponta como "... espaço privilegiado para a desconstrução e construção de novas práticas culturais e identitárias" (AGUILERA URQUIZA, 2016, p. 21), podendo ser utilizado como espaço de transformação social, servindo como instrumental poderoso na promoção do respeito à igualdade pela diferença (SANTOS, 2003, p. 56). Nesse sentido, observa-se que:

> A escola é, portanto, influenciada pelos modos de pensar e de se relacionar da/na sociedade, ao mesmo tempo em que os influencia, contribuindo para suas transformações. Ao identificarmos o cenário de discriminações e preconceitos, vemos no espaço da escola as possibilidades de particular contribuição para alteração desse processo. A escola, por seus propósitos, pela obrigatoriedade legal e por abrigar distintas diversidades (de origem, de gênero, sexual, étnico-racial, cultural etc.), torna-se responsável – juntamente com estudantes, familiares, comunidade, organizações governamentais e não governamentais – por construir caminhos para a eliminação de preconceitos e de práticas discriminatórias. Educar para a valorização da diversidade não é, portanto, tarefa apenas daqueles/as que fazem parte do cotidiano da escola; é responsabilidade de toda a sociedade e do Estado. (BRASIL, 2009, p. 31)

Com isso, conforme entende Friederichs:

> ... um dos principais pontos de tensão no espaço escolar ainda é a visibilidade dos sujeitos que escapam das normas, promovendo a diversidade. Refiro-me, principalmente, a sujeitos que transitam pelas posições de feminilidade e masculinidade e aos sujeitos que experimentam os prazeres fora da sexualidade normativa, ou seja, da heterossexualidade. (2018, p. 71)

Questiona-se se a *Educação em Sexualidade* pode servir como ferramenta de enfrentamento das discriminações que acontecem com base em orientação sexual e identidade de gênero. Nesse sentido, dispõe a *Orientação Técnica Internacional sobre Educação em Sexualidade* da UNESCO:

> Uma educação em sexualidade efetiva pode transmitir aos jovens informações adequadas para a idade, culturalmente relevantes e cientificamente corretas. Ela inclui oportunidades estruturadas para que jovens explorem suas atitudes e valores, e pratiquem a tomada de decisões e outras habilidades de vida de que necessitarão para ser capazes de fazer escolhas informadas em sua vida sexual. (2010, p. 2)

Além dos benefícios no que se refere à saúde sexual pública de crianças e adolescentes, a *Educação em Sexualidade*, conforme proposta pela UNESCO, ainda inclui a difusão de informações científicas e apropriadas à idade que incluem:

> ... crescimento e desenvolvimento; anatomia e fisiologia sexual; reprodução; contracepção; gravidez e parto; VIH e SIDA; DSTs; vida familiar e relações interpessoais; cultura e sexualidade; autonomia (*empowerment*) em direitos humanos; não discriminação, igualdade e papéis de gênero; comportamento sexual; diversidade sexual; abuso sexual; violência de gênero; e práticas nocivas. (UNESCO, 2010, p. 5)

O modelo de *Educação em Sexualidade* sugerido pela UNESCO, inclusive, tem como objetivos de aprendizado, dentre outros, "... definir os conceitos de viés, preconceito, estigma, intolerância, assédio, rejeição e *bullying*" e "... explicar por que estigma, discriminação e *bullying* são nocivos" (2010, p. 10).

A *Educação em Sexualidade* propõe tornar o espaço escolar mais democrático e inclusivo no que se refere às múltiplas identidades de gênero e orientações sexuais que compartilham esses ambientes e, ainda, atacar a origem no *bullying* que se opera em razão da discriminação com base em orientação sexual e identidade de gênero.

De igual forma, a difusão das informações sobre sexualidade, construções/expressões de gênero e diversidade sexual, respeitados os critérios pedagógicos e etários recomendados, possibilitará aos discentes uma melhor compreensão da diferença, na qual ele reconhece o próximo igualmente como sujeito de direitos, em um contexto em que ambos alcançam sua cidadania, conscientes de seus direitos e deveres junto à ordem jurídica.

No mesmo sentido, o PNEDH estabelece que as políticas públicas para direitos humanos devem estar focadas em atingir:

> a) o incremento da sensibilidade e da consciência sobre os assuntos globais por parte de cidadãos(ãs) comuns; b) a institucionalização de um padrão mínimo de comportamento nacional e internacional dos

Estados, com mecanismos de monitoramento, pressão e sanção; c) a adoção do princípio de empoderamento em benefício de categorias historicamente vulneráveis (mulheres, negros(as), povos indígenas, idosos(as), pessoas com deficiência, grupos raciais e étnicos, gays, lésbicas, bissexuais, travestis e transexuais, entre outros); d) a reorganização da sociedade civil transnacional, a partir da qual redes de ativistas lançam ações coletivas de defesa dos direitos humanos (campanhas, informações, alianças, pressões etc.), visando acionar Estados, organizações internacionais, corporações econômicas globais e diferentes grupos responsáveis pelas violações de direitos. (BRASIL, 2007b, p. 22)

Desta forma, a *Educação em Sexualidade* para o enfrentamento, dentre outros, do *bullying* homotransfóbico possibilitará que se olhe

... a diferença sem ter a necessidade de enquadrá-la em classificações binárias e em escalas hierárquicas que atribuem valores aos corpos conforme a cor da pele, o sexo anatômico, a posição de gênero assumida, a sexualidade experimentada. Apenas assim poderemos trabalhar para combater as desigualdades e quaisquer outras formas de discriminação, visibilizando (e não hierarquizando) as diferenças na escola. (FRIEDERICHS, 2018, p. 71)

Além disso, considerando que a prática do *bullying* homotransfóbico muitas vezes é vista como natural e aceita pelos próprios educadores e demais agentes educacionais, a elaboração de estratégias para a inserção das temáticas de gênero e diversidade demandará a formação continuada de toda equipe técnica especificamente para atuar com essas dinâmicas. Lins, Machado e Escoura, afirmam que

... a formação continuada de professoras/es, gestoras/es e toda a equipe técnica deve estar voltada para a percepção das questões de gênero. Em se tratando de práticas naturalizadas em nosso cotidiano, é importante que muita energia e esforço contínuo sejam despendidos no questionamento de nossas ações e preconceitos, visando construir uma escola mais acolhedora. (2016, p. 76)

E, prosseguem:

A educação, se comprometida com a igualdade social e a inclusão, pode vir a ser um caminho privilegiado para a emancipação. Por esse motivo, profissionais da educação têm um lugar privilegiado de mudança social, quando engajados na transformação de preconceitos e discriminações. São eles que nos educam nas mais diversas formas de conhecimento: com letras, palavras, números, histórias, afetos e valores. (2016, p. 102)

Com isso, percebe-se que a *Educação em Sexualidade* pode vir a ser uma alternativa de enfrentamento a inúmeras práticas de intolerância que ocorrem no ambiente escolar, perpetradas com base em discriminação de orientação sexual e identidade de gênero. Não há que se olvidar que, em que pese o recorte do presente material aborde especificamente o *bullying* homotransfóbico, a misoginia, bifobia, epidemia de doenças sexualmente transmissíveis, gestações não planejadas, etc. são alguns outros exemplos de problemas escolares cuja causa se dá pela falta de informação e prática do reconhecimento das diferenças, no que se refere a sexualidade, expressões de gênero e orientação sexual, as quais também podem ter impactos positivos caso haja uma *Educação em Sexualidade* efetiva.

Não se defende aqui a imposição de pensamentos binários, exclusivistas e excludentes, nem mesmo a imposição de ideais ou práticas segregacionistas, mas o direito ao acesso ao conhecimento científico, isento de quaisquer ideologias, pautado na postura dialógica e includente, buscando a integração e o estabelecimento de laços de fraternidade na construção da dignidade humana, afinal, esse o farol constitucional a orientar a sociedade brasileira.

## Considerações finais

A prática do *bullying* discriminatório com base em orientação sexual e identidade de gênero nos ambientes escolares se mostra como óbice ao desenvolvimento da cidadania – aqui compreendida como o *direito a ter direitos* de que nos fala Arendt (2012, p. 403) – e do respeito à igualdade – como sendo aquela que reconhece as diferenças – tal como proposta por Santos (2003, p. 56), por não permitir o pleno desenvolvimento de identidades e, mais que isso, o acesso a diferentes espaços e direitos.

Assim, a atenção estatal à proteção a crianças e adolescentes estabelecida no texto constitucional, bem como os propósitos delimitados para a educação no Brasil, reafirmam como necessária a dignidade destes em todos os espaços em que habitam, dentre eles a escola, de forma que se torna imperioso introduzir conjunturas políticas eficazes e competentes a fim de transformar o atual cenário jurídico e social, na qual os usuários da educação básica acabam sendo privados de direitos ou vindo a sofrer ameaças e violações a Direitos Humanos perpetradas com base no *bullying* homotransfóbico.

Assim, a *Educação em Sexualidade*, conforme proposto pela UNESCO, se apresenta como alternativa de enfrentamento às intimidações sistemáticas que alcançam alguns grupos de alunos mais que outros, promovendo valores de Direitos Humanos e provocando o reconhecimento e respeito às diferenças, tornando o espaço escolar um ambiente mais inclusivo aos alunos LGBTI+.

## Referências

AGUILERA URQUIZA, A. H. Direitos humanos, cidadania e a diversidade cultural. *In*: AGUILERA URQUIZA, A. H. (org.). **Nascimento**: os direitos humanos nas fronteiras (Brasil e Europa). Campo Grande: Ed. UFMS, 2016.

ANDRADE, S. S. Professor/a pesquisador/a: problematizando gênero e sexualidade na escola. *In:* SILVEIRA, C. *et. al.* (orgs). **Educação em gênero e diversidade**. 2. ed. Porto Alegre: Editora da UFRGS, 2018. p. 43-54.

ARENDT, H. **As origens do totalitarismo**. Trad. Roberto Raposo. São Paulo: Companhia de Bolso, 2012.

BALESTRIN, P. A. Introdução aos estudos de gênero e sexualidade em articulação com o campo da educação. *In:* SILVEIRA, C. *et. al.* (orgs.). **Educação em gênero e diversidade**. 2. ed. Porto Alegre: Editora da UFRGS, 2018. p. 11-28.

BRASIL. **Constituição da República Federativa do Brasil de 1988**. Disponível em <http://www.planalto.gov.br/ccivil_03/constituicao/constituicao.htm>. Acesso em 25 maio 2020.

______. **Lei n. 8.069, de 13 de julho de 1990:** dispõe sobre o Estatuto da Criança e do Adolescente e dá outras providências. Disponível em <http://www.planalto.gov.br/ccivil_03/leis/l8069.htm>. Acesso em 25 maio 2020.

______. **Princípios de Yogyakarta**: princípios sobre a aplicação da legislação internacional de Direitos Humanos em relação à orientação sexual e identidade de gênero. 2007a. Disponível em <http://www.dhnet.org.br/direitos/sos/gays/principios_de_yogyakarta.pdf>. Acesso em 25 maio 2020.

______. Comitê Nacional de Educação em Direitos Humanos. **Plano Nacional de Educação em Direitos Humanos**. Brasília: Secretaria Especial dos Direitos Humanos, Ministério da Educação, Ministério da Justiça, UNESCO, 2007b.

______. **Gênero e diversidade na escola:** formação de professoras/es em gênero, orientação sexual e relações étnico-raciais. Brasília: SPM, 2009.

______. **Diretrizes nacionais para a educação em Direitos Humanos**. Brasil: SEDH, 2012.

______. **Lei n. 13.185, de 6 de novembro de 2015:** institui o Programa de Combate à Intimidação Sistemática (*Bullying*). Disponível em <http://www.planalto.gov.br/ccivil_03/_ato2015-2018/2015/lei/l13185.htm>. Acesso em 25 maio 2020.

FIPE – FUNDAÇÃO INSTITUTO DE PESQUISAS ECONÔMICAS. Ministério da Educação. INEP. **Projeto de estudo sobre ações discriminatórias no âmbito escolar:** relatório analítico final. São Paulo: 2009a.

FIPE – FUNDAÇÃO INSTITUTO DE PESQUISAS ECONÔMICAS. Ministério da Educação. INEP. **Pesquisa sobre preconceito e discriminação no ambiente escolar:** principais resultados. São Paulo: 2009b.

FRIEDERICHS, M. Educação para a igualdade e respeito à diversidade. *In:* SILVEIRA, Catharina *et. al.* (orgs.). **Educação em gênero e diversidade**. 2. ed. Porto Alegre: Editora da UFRGS, 2018. p. 71-85.

LINS, B. A.; MACHADO, B. F.; ESCOURA, M. **Diferentes, não desiguais:** a questão de gênero na escola. São Paulo: Reviravolta, 2016.

MARTORELL, G.; PAPALIA, D. E.; FELDMAN, R. D. **O mundo da criança:** da infância à adolescência. Trad. M. Pinho. 13. ed. Porto Alegre: AMGH, 2020.

MAZZUOLI, V. O. **Curso de direitos humanos**. 7. ed. Rio de Janeiro: Forense; São Paulo: Método, 2020.

MOREIRA, A. J. **Cidadania sexual:** estratégia para ações

inclusivas. Belo Horizonte: Arraes Editores, 2009.

NELSEN, J.; LOTT, L.; GLENN, H. S. **Disciplina positiva em sala de aula:** como desenvolver o respeito mútuo, a cooperação e a responsabilidade em sua sala de aula. Trad. Bete P. Rodrigues e Fernanda Lee. 4. ed. Barueri-SP: Manole, 2017.

OLIVEIRA, J. M. D.; MOTT, L. **Mortes violentas de LGBT+ no Brasil – 2019:** relatório do Grupo Gay da Bahia. Salvador: Editora Grupo Gay da Bahia, 2020.

PEREIRA, G. R.; VARELA, C. M.; SILVEIRA, G. P. **O fenômeno do *bullying* homofóbico nas instituições de ensino:** o direito à igualdade sexual e o princípio da dignidade da pessoa humana. São Paulo: Rev. Ibero-Americana de Estudos em Educação, 2015.

PEREIRA, A. C. T. A.; NORMANTON, A. C. M.; STEMPLIUK, P. de A. A inconstitucionalidade da proibição da educação sobre gênero. **Cadernos da Defensoria Pública do Estado de São Paulo.** São Paulo, v. 3, n. 8, p. 8-19, fev. 2018.

RAMAL, A. **Educação no Brasil:** um panorama do ensino na atualidade. São Paulo: Atlas, 2019.

RAMOS, A. C. **Curso de direitos humanos**. 7. ed. São Paulo: Saraiva Educação, 2020.

RAZABONI JUNIOR, R. B.; POZZOLI, L. A fraternidade como princípio orientador nos casos de bullying. **Rev. Em Tempo,** v. 17, n. 1, p. 225-47, nov. 2018.

SANTOS, B. S. **Reconhecer para libertar:** os caminhos do cosmopolitanismo multicultural. Rio de Janeiro: Civilização Brasileira, 2003.

SIQUEIRA JR., P. H.; OLIVEIRA, M. A. M. **Direitos humanos:** liberdades públicas e cidadania. 4. ed. São Paulo: Saraiva, 2016.

STF. **STF enquadra homofobia e transfobia como crimes de racismo ao reconhecer omissão legislativa**. Disponível em <http://www.stf.jus.br/portal/cms/verNoticiaDetalhe.asp?idConteudo=414010>. Acesso em 25 maio 2020.

UNESCO – UNITED NATIONS EDUCATIONAL, SCIENTIFIC AND CULTURAL ORGANIZATION.

**Orientação técnica internacional sobre educação em sexualidade:** uma abordagem baseada em evidências para escolas, professores e educadores em saúde: razões em favor da educação em sexualidade. Paris: UNESCO, 2010.

ZAPATER, M. **Direito da criança e do adolescente**. São Paulo: Saraiva Educação, 2019.

# 10

# EVOLUÇÃO DO PROCESSO LEGISLATIVO NA QUESTÃO DO *BULLYING* NO BRASIL


MÁRIO MÁRCIO ESTREMOTE
IZOLDA MARIA CARVALHO BALDO E
GUIMARÃES RESENDE


## Introdução

O *bullying* teve seus estudos teóricos iniciais na Escócia na década de 1970, e no Brasil, ainda de forma incipiente nos anos 1990 passou a ser debatido, mas somente a partir do começo do ano 2000 começou a ser tema de estudos científicos (PIGOZI; MACHADO, 2015; OLIVEIRA-MENEGOTTO; PASINI; LEVANDOWSKI, 2013).

A prática do *bullying* não está circunscrita ao ambiente escolar, mas é o espaço onde ela é mais acintosa, ocorre com mais frequência e com maior exposição midiática, talvez pelo fato de ser um universo plural composta por indivíduos dissemelhantes (ARAÚJO; ASSIS, 2013).

No Brasil o processo legislativo contou inicialmente com a participação dos Estados na criação de leis ou regramentos legais, e culminou com a criação da Lei n. 13.185/2015, que não tem caráter punitivo, cabendo à vitima recorrer à esfera jurídica no intuito de analisar legislações aplicáveis (CORREIO, 2013; CAVALCANTE; OLIVEIRA; MEIRELLES, 2012).

Esse estudo tem como objetivo avaliar o incremento e o desdobramento do processo legislativo na criação de leis para o enfrentamento sistemático ao *bullying* no Brasil, considerando, todavia, que tal prática sempre esteve em desalinho com o ordenamento jurídico brasileiro.

## 1 O *Bullying* no ordenamento jurídico brasileiro

Um importante esclarecimento no atual cenário é o *bullying*, que é conceituado como "... uma violência que pode começar de maneira não-intencional e que resulta na vitimização de um jovem que sofre maus tratos sistemáticos por um agressor e reforçadores desta agressão" (WENDT; CAMPOS; LISBOA, 2010, p. 2).

Lorenzo & Massola defendem que a norma forense e os pressupostos psicológicos para que seja considerado *bullying* devem estar somados:

> agressão feita entre pares; que essa agressão seja física ou moral e praticada de forma reiterada; que o autor tenha como alvo a intenção de atingir a vítima; que a vítima aceite a ofensa e, por fim, que essas agressões sejam feitas perante um público que assista a tudo. As atitudes envolvem desde agressão física com chutes e empurrões até submeter a vítima a atividades servis, além de seus pertences serem estragados ou furtados. Os motivos para a escolha do agredido podem ser os mais variados... os apelidos maldosos, as críticas com tom racista, as provocações e os insultos acarretam na vítima um isolamento e uma total exclusão do grupo... (2019, p. 29)

O *bullying* não está restrito somente ao ambiente escolar, mas pode ser percebido no trabalho (*workplace bullying* ou assédio moral), hodiernamente na *internet*, o chamado *cyberbullying*, em ambientes prisionais, no seio familiar, e o fato de ser negado não isenta os espaços de sua existência (SEGUNDO *et al.*, 2015).

No que tange à sua prática, o *bullying* é considerado uma conduta antiga, mas que se avolumou nos tempos atuais deixando de ser um mero *atazanar alguém* para se tornar um grave problema que imprime consequências graves e profundas na vida da vítima, tomando, às vezes, proporção de crime grave; todavia, o *bullying* em si não é caracterizado como crime, mas as condutas expressas pelo agressor podem ser crime e passíveis de punição (FUGANTI; FUGANTI, 2019).

O vocábulo *bullying*, tem origem inglesa não sendo ainda especificamente caracterizada nas leis brasileiras, mas por conformidade e respectivos entendimentos legais pode ser adequados em artigos correspondentes no Código Penal Brasileiro, como por exemplo: lesão corporal ou à saúde no artigo 129; difamação no artigo 139; injúria observada no artigo 140, ameaça devidamente descrita no artigo 147 (CAVALCANTE; OLIVEIRA; MEIRELLES, 2012).

Duarte salienta que o *bullying* é um ilícito ao olhar do ordenamento jurídico brasileiro, uma vez que infringe diretamente os princípios constitucionais, entre eles o mais fundamental que é a dignidade da pessoa humana (2013), devidamente referendado no artigo 1º, inciso III, da Constituição Federal de 1988, bem como resguarda no artigo 227, o posicionamento da família em relação à criança e ao adolescente no dever de "...colocá-los a salvo de toda forma de negligência, discriminação, exploração, violência, crueldade e opressão".

Araújo & Assis destacam que a pratica do *bullying* contraria diretamente os ditos direitos fundamentais explicitados no artigo 5º, da Constituição (2013), onde se destacam:

> Art. 5º. Todos são iguais perante a lei, sem distinção de qualquer natureza, garantindo-se aos brasileiros e aos estrangeiros residentes no País a inviolabilidade do direito à vida, à liberdade, à igualdade, à segurança e à propriedade, nos termos seguintes:
>
> ...
>
> III - ninguém será submetido à tortura nem a tratamento desumano ou degradante;
>
> ...
>
> X - são invioláveis a intimidade, a vida privada, a honra e a imagem das pessoas, assegurado o direito à indenização pelo dano material ou moral decorrente de sua violação.

Correio (2013) e Bayer & Locatelli (2013) corroboram que o direito brasileiro além da Carta Magna de 1988, traz ainda importantes leis no combate ao *bullying,* como a *Declaração Universal do Direitos Humanos* (1948), o *Código Civil* (2002 – artigos 11 a 21), o *Estatuto da Criança e Adolescente* – ECA (Lei n. 8.069/1990), o *Código de Defesa do Consumidor* – CDC (Lei n. 8.078/1990), a *Consolidação das Leis de Trabalho* – CLT (Decreto-Lei n. 5 452/1943 – com suas respectivas alterações legais e seu amparo na CF/88), e, mais recentemente, a Lei n. 13.185/2015, orientando que o *bullying* não se atém ao ambiente escolar, mas pode estar igualmente presente no ambiente de trabalho (assédio moral), nos relacionamentos maritais, nas práticas esportivas, que são passíveis de sanções dado o grau de sua extensão e dos danos às vítimas.

Nesse contexto, Segundo *et al.*, salientam que:

> O *bullying*... ainda não é considerado crime, todavia, quase todas

as condutas dos agressores se amoldam na definição de outros tipos penais. Por exemplo, ao se espalhar mentiras sobre o colega, surge o delito de *Injúria* (art. 140, CP); destruir o material escolar, gera o crime de *Dano* (art. 163, CP); intimidar, obrigar a fazer algo que não queira, e tomar os materiais mediante ameaça correspondem aos tipos de *Ameaça, Constrangimento Ilegal* e *Roubo*, respectivamente... (2015, p. 229)

A elaboração de leis no enfrentamento ao *bullying*, via de regra, estão dirigidas mais veementemente ao campo escolar, como a Lei Federal n. 13.185/2015, dita como *Programa de Combate à Intimidação Sistemática*, e diversas leis em âmbito estadual com igual teor.

## 2 Avanço brasileiro no enfrentamento legal ao *bullying*

É imprescindível que se destaque a observância de proteção do Estado contra o *bullying*, mesmo que inespecificamente, ao promulgar em 1990 o ECA prescrevendo que "nenhuma criança ou adolescente será objeto de qualquer forma de negligência, discriminação, exploração, violência, crueldade e opressão, punido na forma da lei qualquer atentado, por ação ou omissão, aos seus direitos fundamentais" (art. 5º), trazendo ainda outras importantes proposições sobre o respeito e a dignidade (arts. 15, 17 e 18).

Em 2010, o *Conselho Nacional de Justiça* – CNJ, órgão vinculado ao Poder Judiciário, considerando que o combate ao *bullying* é uma de suas competências, e a necessidade de se contrapor a seus efeitos deletérios na vida de crianças e adolescentes, lançaram a cartilha *Bullying – Cartilha 2010 – Projeto Justiça nas Escolas* visando a prevenção e possível erradicação do que classificou como *fenômeno universal e democrático* (SILVA, 2010, p. 12).

A primeira lei federal efetivamente constituída foi a de n. 13.185/2015, que visa a instituição do *Programa de Combate a Intimidação Sistêmica (bullying)*, e em seguida a Lei n. 13.663/2018 – que altera o artigo 12, da Lei n. 9.394/1996, incluindo medidas de promoção, conscientização, prevenção e combate aos diversos tipos de violência no fomento à cultura de paz nos serviços de educação.

Essas leis conceituam o *bullying* e os atores sociais implicados, dão norte às condutas a serem formuladas e implementadas no ambiente escolar, no intuito de lidar com as consequências nefastas que tem impacto na construção biopsicossocial das crianças e adolescentes afetados, cujas vulnerabilidades (sociais, individuais e programáticas) podem suscetibilizar os processos de inserção social e o pleno exercício da cidadania (DUTRA; SILVA; VITALLE, 2020).

No cenário legal brasileiro a maior parte dos estados contam com leis que fomentam o combate ao *bullying*, mas ainda delegam às escolas o enfretamento da questão, nem sempre demandando o poder judiciário na tratativa dos casos ocorridos, amparados pelo que a própria Lei n. 13.185/2015 estabelece em seu artigo 5º: "É dever do estabelecimento de ensino, dos clubes e das agremiações recreativas assegurar medidas de conscientização, prevenção, diagnose e combate à violência e à intimidação sistemática (*bullying*).".

As leis, em níveis estaduais e municipais, foram elaboradas num chamamento pela comunidade para a construção conjunta de normas, leis, decretos, cartilhas e afins que regulamentem ou intervenham sobre o conflito do *bullying*, buscando dar resolução às demandas em sua maioria oriundas do ambiente escolar, mas que envolvem diferentes atores como as famílias e sejam capazes de provocar a intervenção do poder judiciário (SALGADO, 2010).

Um dos Estados pioneiros na criação de lei foi a Paraíba (Lei n. 8.538/2008), que também cede à escola a implementação do programa, devendo a mesma criar "uma equipe multidisciplinar, com a participação de docentes, alunos, pais e voluntários, para a promoção de atividades didáticas, informativas, de orientação e prevenção".

O Governo do Estado de Santa Catarina editou a Lei n. 14.651/2009, buscando a cooperação social e o permanente acompanhamento em ambientes escolares ao delinear "conceitos normativos para o *bullying*" e estabelecer, mais recentemente, março para ser o mês de combate ao problema social (LAZARI; RAZABONI JR., 2015).

Ainda em 2009, Pernambuco publicou a Lei n. 13.995/2009, com o intuito de incluir "... medidas de conscientização, prevenção, diagnose e combate ao *bullying* escolar no projeto pedagógico elaborado pelas escolas públicas e privadas de educação básica...".

Em continuidade, diversos estados criaram leis de combate ao *bullying*, quer como forma de programa ou campanha, medidas de conscientização, dias ou semanas, ou campanhas publicitárias, disque denúncias ou aplicação de penalidades. Alguns exemplos: Rio Grande do Sul (Lei n. 13.474/2010), Amapá (Lei n. 1.527/2010), Sergipe (Lei n. 7.055/2010), Goiás (Lei n. 17.151/2010), Maranhão

(Lei n. 9.297/2010), Mato Grasso do Sul (Lei n. 3.887/2010) e Acre (Lei n. 2.436/2011), dentre outros[1].

Pires alerta que essas leis, ordinárias ou complementares, em sua pluralidade estão centradas no enfrentamento ao *bullying* no âmbito escolar com pouca ou nenhuma propositura de combate efetivo à violência, mas atividades pontuais dirigidas aos alunos, quase nunca extramuro, voltadas à sensibilização e sem nenhuma implicação jurídica (2015).

## 3 Lei N. 13.185/2015: Marco legal do combate ao *bullying* no Brasil – implicações e práticas restaurativas

Há que se pensar que a implementação de quaisquer políticas públicas requerem muito mais do que a sua promulgação, uma vez que no contexto de sua aplicabilidade estão pessoas com suas vivências, vulnerabilidades, suas particularidades culturais, o momento político e os fatores econômicos, e o local onde os abrangidos pela lei são vítimas ou agressores (FRANCISCO; LIBÓRIO, 2015).

A Lei n. 13.185/2015 não goza de coercitividade jurídica, ou seja, não há punibilidade a quem a infringe, sendo certo o uso de leis do leque penal brasileiro que tenham essa força para tal, todavia. É uma lei de suma importância como instrumento de "medidas de conscientização, prevenção, diagnóstico e combate à violência e ao *bullying*" (FUGANTI; FUGANTI 2019, p. 151), e que tem abrangência não apenas no âmbito escolar, mas em associações de recreação e afins.

Nesse contexto, anseia-se que a prática da *justiça restaurativa* seja capaz de dirimir os conflitos oriundos da prática do *bullying*, uma vez que a proposta dessa experiência é;

> ... a quebra do paradigma de justiça criminal atual e um olhar mais amplo do crime, de suas consequências para todos os envolvidos e

---

[1] Outros estados também criaram leis com essa temática: Espírito Santo (Leis n. 9.653/2011 e 9.853/2011), Rondônia (Lei n. 2.621/2011), Ceará (Lei n. 14.943/2011), Piauí (Lei n. 6.076/2011) Alagoas (Lei n. 7.269/2011), Amazonas (Lei n. 110/2011), Paraná (Lei n. 17.335/2012), Paraíba (Lei n. 9.858/2012), Distrito Federal (Leis n. 4.824/2012, 4.837/2012 e 5.267/2013), Mato Grosso (Lei n. 9.724/2012), Rio de Janeiro (Leis n. 6.616/2013 e 6.401/2013), Bahia (Lei n. 13.822/207), Rio Grande do Norte (Lei n. 10.418/2018) e Rondônia (Lei n. 2.590/20).

tem como prioridade a restauração, portanto tem um olhar voltado para o futuro. O crime é analisado não só pelo ato infracional em si, mas também por suas consequências emocionais e sociais carregadas pela vítima, próprio autor e comunidade, dando o protagonismo do processo para tais. (MELO; BARBOSA, 2015, p. 279)

Nessa conjuntura, a *justiça restaurativa* vai ao encontro da Lei n. 13.185/2015, permitindo à escola promover a cultura da paz, abrir espaços para dialogar, estimular a tolerância, além de permitir que a escola possa recobrar seu poder de governabilidade (COSTA; PORTO, 2015). A *justiça restaurativa* é um método de solução de conflitos e também uma medida a viabilizar o acesso à ordem jurídica justa, complementando o papel do sistema jurisdiciona (ORSINI; LARA, 2012, p. 305).

Aliar a Lei n. 13.185/2015 com a *justiça restaurativa* pode ser um considerável mecanismo positivo no enfrentamento ao *bullying* sem que seja necessário recorrer ao judiciário, visto que:

> ... a Justiça Restaurativa é um recurso positivo para a redução de conflitos decorrentes de *bullying* nas escolas, tendo em vista possuir um viés mais cooperativo, resgatando a conversação entre as partes e permitindo a compreensão da realidade do litígio pelos olhos do outro... (RANSAN; FENSTERSEIFER, 2018, p. 9)

Destarte, o avanço brasileiro no combate ao *bullying* tem a aplicabilidade da lei federal por meio da *justiça restaurativa*, ampliando a gestão de conflitos através da cultura da paz, dando lugar e voz aos envolvidos, tornando o ambiente escolar mais seguro e democrático e assegurando que os conflitos sejam mediados e a legitimidade normativa estabelecida (PORTO; FORTES, 2016).

## Conclusões

É notório que o processo legislativo contribuiu na evolução da regulamentação legal de confrontação contra o *bullying*, tendo ao seu dispor uma legislação competente para coibir tais práticas carecendo, ainda da participação de outros atores sociais que conjuntamente possam dirimir esse mal tão visível e nefasto em nossa sociedade.

## Referências

ARAUJO, J. M.; ASSIS, E. M. Identificação e proibição do *bullying* escolar no ordenamento jurídico brasileiro: perspectiva de violação dos direitos humanos de crianças e adolescentes. **Rev. de Direitos e Garantias Fundamentais**, n. 12, p. 359-89, 2013.

BAYER, D. A.; LOCATELLI, C. A. A. Face criminal do *bullying* sob a luz do princípio da dignidade da pessoa humana. **Ciências Sociais Aplicadas em Revista**, v. 13, n. 25, p. 27-46, 2013.

BRASIL. **Decreto-Lei n. 5.452, de 1º de maio de 1943**: aprova a Consolidação das Leis do Trabalho. Disponível em < http://www.planalto.gov.br/ccivil_03/decreto-lei/del5452.htm>. Acesso em 9 jun. 2020.

______. **Constituição da República Federativa do Brasil de 1988**. Disponível em: <http://www.planalto.gov.br/ccivil_03/Constituicao/Constituic aoCompilado.htm>. Acesso em 25 maio 2020.

______. **Lei n. 8.069, de 13 de julho de 1990**: dispõe sobre o Estatuto da Criança e do Adolescente e dá outras providências. Disponível em: <http://www.planalto.gov.br/ccivil_03/Leis/L8069.htm>. Acesso em: 25 maio 2020.

______. **Lei n. 8.078, de 11 de setembro de 1990**: dispõe sobre a proteção do consumidor e dá outras providências. Disponível em <http://www.planalto.gov.br/ccivil_03/ leis/l8078.htm>. Acesso em 9 jun. 2020.

______. **Lei n. 10.406, de 10 de janeiro de 2002**: institui o Código Civil. Disponível em <http://www.planalto.gov.br/ccivil_03/leis/2002/l10406.htm>. Acesso em 9 jun. 2020.

______. **Lei n. 13.185, de 6 de novembro de 2015**: institui o Programa de Combate à Intimidação Sistemática (*bullying*). Disponível em <http://www.planalto.gov.br/ccivil_03/_ato2015-2018/2015/lei/l13185.htm>. Acesso em 25 maio 2020.

______. **Lei n. 13.663, de 14 de maio de 2018**: altera o art. 12 da Lei n. 9.394, de 20 de dezembro de 1996, para incluir a promoção de medidas de conscientização, de prevenção e de combate a todos os tipos de violência e a promoção da cultura de paz entre as incumbências dos estabelecimentos de ensino. Disponível em <http://www.planalto.gov.br/ccivil_ 03/_Ato2015-

2018/2018/Lei/L13663.htm>. Acesso em 26 maio 2020.

CAVALCANTE, J. G. D.; OLIVEIRA, M. D.; MEIRELLES, M. B. V. *Bullying:* aspectos psicológicos e jurídicos. **Revista Científica Eletrônica do Curso de Direito,** v. I, n. 1, p. 1-5, 2012.

CORREIO, A. F. A importância do direito como instrumento de combate ao *bullying* escolar. **Revista Eletrônica do Curso de Direito da UFSM**, v. 8, n. 2, p. 265-92, 2013.

COSTA, M. M. M. D.; PORTO, R. T. C. **As práticas restaurativas nas escolas enquanto política pública de prevenção e enfrentamento ao *bullying* a partir de uma análise do projeto de lei de n. 5.369-E/2009.** XII seminário Nacional Demandas Sociais e Políticas Públicas na Sociedade Contemporânea – p. 1-13, 2015.

DUARTE, R. *Bullying* e sua questão jurídica. **Etic – Encontro de Iniciação Científica**, v. 9, n. 9, p. 1-11, 2013.

DUTRA, L. S. M.; SILVA, D. A.; VITALLE, M. S. S. *Bullying:* as leis como um auxiliar no enfrentamento do fenômeno nas escolas. **Revista Educação-UNG-Ser,** v. 15, n. 1, p. 23-33, 2020.

FRANCISCO, M. V.; LIBÓRIO, R. M. C. Notas sobre alguns desdobramentos necessários nos programas de combate ao *bullying* escolar: uma análise histórico-cultural. **Interacções**, v. 11, n. 38, p. 7-27, 2015.

FUGANTI, R.; FUGANTI, T. M. F. *Bullying* e o direito: previsão legal, conceitos e estatísticas, comparativo legal Brasil e Estados Unidos. **Revista Jurídica da UniFil**, v.16, n. 16, p. 158-73, 2019.

GOVERNO DO ESTADO DA PARAÍBA. **Lei n. 8.538, de 07 de maio de 2008**: fica o Poder Executivo autorizado a instituir o Programa de Combate ao *bullying*, de ação interdisciplinar e de participação comunitária, nas escolas públicas e privadas do Estado da Paraíba. Disponível em <http://static.paraiba.pb.gov.br/diariooficial_old/diariooficial08 052008.pdf>. Acesso em 27 maio 2020.

GOVERNO DO ESTADO DE SANTA CATARINA. **Lei n. 14.651, de 12 de janeiro de 2009**: fica o Poder Executivo autorizado a instituir o Programa de Combate ao *bullying*, de ação interdisciplinar e de participação comunitária nas escolas públicas e privadas do Estado de Santa Catarina. Disponível em < https://leisestaduais.com.br/sc/lei-ordinaria-n-14651-2009-santa-catarina>. Acesso em 9 jun. 2020.

GOVERNO DO ESTADO DE PERNAMBUCO. **Lei n. 13.995, de 22 de dezembro de 2009**: dispõe sobre a inclusão de medidas de conscientização, prevenção, diagnose e combate ao *bullying* escolar no projeto pedagógico elaborado pelas escolas públicas e privadas de educação básica do Estado de Pernambuco, e dá outras providências. Acesso em <https://www.legisweb.com.br/legislacao/?id=150119>. Acesso em 27 maio 2020.

GOVERNO DO ESTADO DE MATO GROSSO DO SUL. **Lei n. 3.887, de 06 de maio de 2010**: dispõe sobre o programa de inclusão de medidas de conscientização, prevenção e combate ao *bullying* escolar no projeto pedagógico elaborado pelas Instituições de Ensino e dá outras providência. Disponível em <https://www.normasbrasil.com.br/norma/lei-3887-2010-ms_138629.html#:~:text=Disp%C3%B5e%20sobre%20o%20Pr ograma%20de,Ensi no%20e%20d%C3%A1%20outras%20provid%C3%AAncia.>. Acesso em 9 jun. 2020.

GOVERNO DO ESTADO DO RIO GRANDE DO SUL. **Lei n. 13.474 de 28 de junho de 2010**: dispõe sobre o combate da prática de *bullying* por instituições de ensino e de educação infantil, públicas ou privadas, com ou sem fins lucrativos. Disponível em <https://www.legisweb.com.br/legislacao/?id=155755>. Acesso em 9 jun. 2020.

GOVERNO DO ESTADO DE GOIÁS. **Lei n. 17.151, de 16 de setembro de 2010**: dispõe sobre a inclusão de medidas de conscientização, prevenção, diagnose e combate ao *bullying* escolar no projeto pedagógico elaborado pelas escolas públicas e privadas de Educação Básica do Estado de Goiás, e dá outras providências. Disponível em <http://www.gabinetecivil.go.gov.br/pagina_leis.php?id=9789>. Acesso em 9 jun. 2020.

GOVERNO DO ESTADO DO MARANHÃO. **Lei n. 9.297, de 17 de novembro de 2010**: dispõe sobre a inclusão de medidas de conscientização, prevenção e enfrentamento ao *bullying* escolar no projeto pedagógico elaborado pelas instituições de ensino públicas e particulares no Estado do Maranhão, e dá outras providências. Disponível em <https://www.normasbrasil.com.br/norma/lei-9297-2010-ma_130081.html>. Acesso em 9 jun. 2020.

GOVERNO DO ESTADO DE SERGIPE. **Lei n. 7.055, de 16 de dezembro de 2010**: dispõe sobre o combate da prática de *bullying* por instituições de ensino e de educação, públicas ou privadas, com ou sem fins lucrativos e dá providências correlatas. Disponível em <https://www.normasbrasil.com.br/norma/lei-7055-2010-se_165304.html>. Acesso em 9 jun. 2020.

GOVERNO DO ESTADO DO AMAPÁ. **Lei n. 1.527, de 29 de dezembro de 2010**: institui o Programa de Combate ao *bullying* nas escolas públicas e privadas do Estado do Amapá. Disponível em <http://www.al.ap.gov.br/ver_texto_consolidado.php?iddocume nto=27806>. Acesso 9 jun. 2020.

GOVERNO DO ESTADO DO ACRE. **Lei n. 2.436, de 22 de julho de 2011**: institui o Programa de Combate ao *bullying* nas escolas públicas e privadas do Estado. Disponível em <http://www.al.ac.leg.br/leis/wp-content/uploads/2014/09/Lei2436.pdf>. Acesso em 9 jun. 2020.

LAZARI, R. J. N.; RAZABONI JUNIOR, R. B. Legislações de combate a intimidação sistemática: análise de textos normativos do sul do Brasil e do programa de combate à intimidação sistemática. **Intertemas**, v. 20, n. 20, p. 109-24, 2015.

LORENZO, W. G.; MASSOLA, I. A intimidação sistemática (*bullying*) no meio ambiente escolar: uma análise a partir de La ciudad y los perros, de Mario Vargas Llosa, unindo Letras e Direito. **Revista Direito Ambiental e Sociedade**, v. 8, n. 3, p. 25-46, 2019.

MELO, T. M.; BARBOSA, R. Justiça restaurativa aplicada no estatuto da criança e do adolescente e em relação a casos de *bullying*. **Unisanta Law and Social Science**, v. 4, n. 3, p. 276-84, 2015.

OLIVEIRA-MENEGOTTO, L. M.; PASINI, A. I.; LEVANDOWSKI, G. O *bullying* escolar no Brasil: uma revisão de artigos científicos. **Psicologia: Teoria e Prática**, v. 15. n. 2, p. 203-15, 2013.

ONU – ORGANIZAÇÃO DAS NAÇÕES UNIDAS. **Declaração universal dos direitos humanos**. Disponível em < https://www.ohchr.org/EN/UDHR/Pages/Language.aspx? LangID=por>. Acesso em 9 jun. 2020.

ORSINI, A. G. D. S.; LARA, C. A. S. Dez anos de práticas restaurativas no Brasil: a afirmação da justiça restaurativa como política pública de resolução de conflitos e acesso à Justiça. **Responsabilidades**, v. 2, n. 2, p. 305-24, 2012.

PIGOZI, P. L.; MACHADO, A. L. *Bullying* na adolescência: visão panorâmica no Brasil. **Ciência & Saúde Coletiva**, v. 20, n. 11, p. 3509-22, 2015.

PIRES, S. D. Considerações a respeito dos problemas associados à criação de uma legislação específica sobre o *bullying*. **Revista Jurídica da Faminas**, v. 9, n. 1-2, p. 23-42, 2015.

PORTO, R. C.; FORTES, F. S. Mediação escolar e justiça restaurativa: uma proposta compositiva de resolução dos conflitos escolares e do *bullying*. **XII Seminário Nacional Demandas Sociais e Políticas Públicas na Sociedade Contemporânea**, p. 1-16, 2016.

RANSAN, B. A. B.; FENSTERSEIFER, D. P. Políticas educacionais de resolução de conflitos escolares: a justiça restaurativa como forma de abordar o *bullying*. **Revista Jurídica Direito e Cidadania na Sociedade Contemporânea**, v. 2, n. 1, p. 51-64, 2018.

SALGADO, G. M. O *bullying* como prática de desrespeito social: um estudo sobre a dificuldade lidar com o *bullying* escolar no contexto do direito. **Âmbito Jurídico**, Rio Grande, v. XIII, n. 79, ago. 2010.

SEGUNDO, P. R. R. E. *et al. Bullying* escolar: os danos sociais e os aspectos jurídicos do fenômeno. **Educere-Revista da Educação da UNIPAR**, v. 15, n. 2, p. 219-37, 2015.

SILVA, A. B. ***Bullying***: cartilha 2010: projeto justiça nas escolas. Brasília-DF: MEC, 2010.

WENDT, G. W.; CAMPOS, D. M.; LISBOA, C. S. M. Agressão entre pares e vitimização no contexto escolar: *bullying*, cyber*bullying* e os desafios para a educação contemporânea. **Cadernos de Psicopedagogia,** v. 8, n. 14, p. 41-52, 2010.

# 11

PROJETO DE EXTENSÃO: A ARTICULAÇÃO
ENTRE A UNIVERSIDADE E A ESCOLA
COMO CAMINHO DE ENFRENTAMENTO A
VIOLÊNCIA ESCOLAR


JULIA JIACOMETI MARCONDES
ROBERTA DE OLIVEIRA BARBOSA
CARLA ARAUJO DE SOUZA
MAYANNA DE VASCONCELOS VIEIRA
LILIANE SANTOS CAMARGOS


## Introdução

Quando pensamos na violência escolar e nos casos de *bullying*, tão presentes nos debates acadêmicos ou do cotidiano escolar, nos colocamos a pensar, para além dos debates acadêmicos – também de suma importância para definir as causas e consequências do fenômeno –, numa forma de amenizar o fenômeno ou mitigar os danos, estabelecendo parcerias entre a universidade e as escolas, num movimento de aproximar os debates acadêmicos da realidade cotidiana das escolas brasileiras.

Nesse movimento, surge dentro do *Núcleo de Apoio e Discussão de Gênero e Sexualidade*[1] um projeto de ensino denominado *Mulheres na*

---

[1] O Núcleo de Apoio e Discussão de Gênero e Sexualidade – NUGENS surge em meados do ano de 2017, na Universidade Estadual Paulista, Faculdade de Engenharia – Campus da cidade de Ilha Solteira (UNESP/FEIS). Sua criação foi pensada de forma a atender a necessidade de discentes e docentes discutirem e entenderem como as questões relativas a gênero e sexualidade se estruturaram e vêm se estruturando dentro do contexto acadêmico, uma vez que o *campus* de Ilha Solteira nasceu durante o regime ditatorial (1976) e sempre houve predominância

*Ciência: Desconstruindo Estereótipos de Gênero*, de nome auto explicativo, visando elucidar em uma escola pública de ensino médio do interior paulista a presença de figuras femininas no universo científico, historicamente silenciadas seja nos debates da história, seja nos currículos oficiais. Inicialmente, o projeto foi pensado de forma a contemplar tais discussões por meio do uso da ferramenta cinematográfica como forma de trazer à tona mulheres que ajudaram a construir os pilares das ciências como conhecemos.

Apesar da riqueza de tal projeto, e da aceitação por parte de todos os discentes, principalmente das alunas, que conseguiram encontrar nas mulheres modelos para seguir e reconhecer representações de carreiras que impactaram o mundo das ciências, o projeto foi reconstruído de forma a abarcar outras demandas da escola, que apareceram durante os debates e também durante as reuniões com os gestores da escola, como questões acerca da sexualidade, de etnia, de classe, entre outras diversas que diferenciam os sujeitos e, muitas vezes são bases para casos de violência escolar e excludentes em relação ao respeito das diversidades.

A origem do projeto, e grande parte do desenvolvimento nos dois anos de execução do mesmo foi pautada na relevância da discussão dos *papéis de gênero*.

Parece algo *natural* que meninas sejam delicadas, usem vestidos floridos e de cores claras, brinquem de boneca, de casinha, enquanto os meninos brincam com carrinhos, de construções, e joguem variados tipos de jogos eletrônicos. Às meninas, as tarefas domésticas; aos meninos, a liberdade de escolha. Ele pode ser engenheiro, médico, dono de si e do mundo; ela pode ser professora, enfermeira, e objeto de posse, do pai, do marido e do Estado.

A hierarquia do mundo dos homens padronizou o gênero, definiu a função de cada um, qualificou a moral e os bons costumes, o que é e o que não é aceito para a vida social, a naturalização historicamente construída. O estabelecimento de padrões relacionados à forma dos sujeitos serem e se portarem perante os códigos estabelecidos como referências, estão intimamente ligadas às violências sofridas pelos sujeitos que transgridam, de alguma forma, essas normas.

Lins, Machado e Escoura apresentam que gênero deve ser

---

de homens cisgêneros e brancos. Desde então o núcleo atua com ações educativas dentro da instituição acadêmica, e também com ações que se expandem para a sociedade em geral.

entendido como um dispositivo construído historicamente através de uma estrutura social de poder, que classifica o mundo a partir da dicotomia feminino e masculino, "... é um operador que cria sentido para as diferenças percebidas em nossos corpos e articula pessoas, emoções, práticas e coisas dentro de uma estrutura de poder" (2016, p. 10).

As autoras ainda afirma que as definições sociais dos papéis atribuídos ao gênero impactam toda a vida cotidiana, criando expectativas e normas, que atingem diversas gamas que constituem o sujeito, como o agir, o que pensar e do que gostar, o que pode ocasionar uma exclusão de sujeitos que não se encaixam.

De acordo com Louro a escola é um ambiente que reproduz as hierarquias e padrões presentes na sociedade, e além da mera reprodução, também é considerada como uma instituição que é capaz de reforçar e criar as diferenças, buscando homogeneizar os alunos ali presentes através de punições e discursos normatizadores, que incluem aviso aos tutores sobre comportamentos considerados homossexuais (1997).

O estabelecimento de tais padrões culmina também uma enorme quantidade de sujeitos rejeitados, abjetos, que assim ficam expostos a violências psicológicas e físicas, como forma de punição por transgredir fronteiras sociais que abalam a estrutura ficcionalmente construída da sociedade (BUTLER, 2019).

> As formas realizadas dos gêneros geram hieraraquia e exclusão. Os regimes de verdades estipulam que determinadas expressões relacionadas com o gênero são falsas, enquanto outras são verdadeiras e originais, condenando a uma morte em vida, exilando em si mesmo os sujeitos que não se ajustam a idealizações. (BENTO, 2011, p. 553)

Bento acredita que é possível e necessário reconstruir a instituição escolar, de uma forma que a diversidade de gênero, sexualidade, etnia e classe não sejam mais considerados como excludentes, mas sim que exista a celebração do plural, de forma que o ambiente escolar assegure uma educação inclusiva, que promova a autonomia e seja capaz de transformar a sociedade (2011).

## 1 Complexificando o recorte: do gênero a diversidade

Durante o desenvolvimento do projeto, foram levantadas pelos alunos e professores questões para além da presença de mulheres na ciência, e nesse sentido, o projeto fora reformulado para atender a demanda e abordar questões que também contemplassem, por exemplo, dentro do gênero as relações abusivas, a violência de gênero, ou ainda questões a parte, como o racismo, a homofobia, o preconceito relacionado a classe, entre outros temas relacionados a diversidade, pois esses estavam sendo justificativa para a violência escolar.

O norueguês Dan Olweus produziu um dos primeiros estudos sobre *bullying*, no fim dos anos 1970. O autor define o termo como a exposição de um estudante, de maneira repetitiva, a ações de agressão que podem ser físicas ou verbais, por parte de uma pessoa ou um grupo com a intenção de causar danos ou desconforto sobre a vítima (1993).

O *bullying* por questões homofóbicas pode ser um dos agentes da evasão escolar, pois as vítimas que expressam sua sexualidade, que foge as normas da nossa sociedade, podem ser expostas a episódios de preconceitos e discriminações, sofridas no próprio ambiente escolar.

Além disso, os estudantes que tentam esconder a sexualidade também passam por uma forma de violência, segundo Louro, ao não falar a respeito deles e delas, talvez se pretenda *eliminá-los*, ou, pelo menos, se pretenda evitar que os alunos e as alunas *normais* os/as conheçam e possam desejá-los/as. Aqui, o silenciamento – a ausência da fala – aparece como uma espécie de garantia da *norma* (1997, p. 67-8).

O termo diversidade pode ter diversas interpretações, como por exemplo culturais, antropológicas, psicológicas, filosóficas, entre outros. Segundo Gomes, a diversidade pode ser entendida sob o ponto de vista cultural, como uma construção histórica e social das diferenças, que ultrapassam características biológicas. Segundo ela, as diversidades são resultadas dos processos de adaptação dos indivíduos em seu meio social, no contexto das relações de poder, estando ligadas ainda aos processos de dominação, e sendo intimamente ligadas as construções das identidades e desigualdades (2008).

Além das diversidades sociais, culturais e históricas, o termo diversidade também engloba aspectos que são estritamente biológicos, segundo Lima:

> a diversidade é norma da espécie humana: seres humanos são diversos em suas experiências culturais, são únicos em suas

personalidades e são também diversos em suas formas de perceber o mundo. Seres humanos apresentam, ainda, diversidade biológica. Algumas dessas diversidades provocam impedimentos de natureza distinta no processo de desenvolvimento das pessoas (as comumente chamadas de "portadoras de necessidades especiais"). Como toda forma de diversidade é hoje recebida na escola, há a demanda óbvia, por um currículo que atenda a essa universalidade. (2006, p. 17)

No contexto escolar, o desafio está em desenvolver uma postura que não hierarquize as diferenças, desta forma, é importante identificar que em diferentes contextos históricos, sociais e culturais algumas diferenças foram naturalizadas e tratadas de maneira desigual e discriminatória.

## 2 Diversidade nos currículos: algumas justificativas nos documentos oficiais

Ao falarmos de *bullying* e de violência escolar devemos incluir as determinações presentes nos currículos oficiais, para assim entender que garantias, ou que faltas estão presentes nas legislações que regem nessa instância o cotidiano escolar. Como aqui exposto, concordamos que ações educativas que visem valorizar aspectos de respeito a diversidade e de equidade de gênero diminuem a violência no ambiente escolar. Quando observamos o disposto na Lei de Diretrizes e Bases da Educação Nacional – LDB (Lei n. 9.394/96), lei geral da educação brasileira, encontramos os incisos IX e X, do artigo 12, que tratam especificamente do tema, ao determinar que cabe aos estabelecimentos escolares "IX – promover medidas de conscientização, de prevenção e de combate a todos os tipos de violência, especialmente a intimidação sistemática (*bullying*), no âmbito das escolas; X – estabelecer ações destinadas a promover a cultura de paz nas escolas.". Mas ainda encontramos outras partes do texto que dão espaço para valorização das diversidades.

No artigo 3º, inciso XII, o documento afirma que o ensino será ministrado com base no princípio de consideração à diversidade étnico-racial. Aqui já encontramos fundamento para incluir no currículo discussões que visem minimizar comportamentos racistas nas escolas. As disposições gerais do documento (Capítulo II, seção I), trazem no artigo 26, § 9º, que serão incluídos como temas transversais conteúdos relativos aos direitos humanos e a prevenção de toda forma de violência contra a criança e ao adolescente.

Segundo Luiz e Nascente, os direitos humanos podem ser definidos como direitos decorrentes da dignidade humana, abrangendo, por exemplo, os direitos a saúde, a moradia, a qualidade de vida, a educação, saneamento básico, segurança, e a diversidade cultural. As autoras ainda afirmam que a diversidade é construída histórico-socialmente por meio de relações de poder, e para contempla-la é necessário mitigar conceitos excludentes e a reconhecer. Apesar de a diversidade ser reconhecida como um direito humano fundamental, esta não é respeitada em todos os espaços sociais, e as autoras evidenciam que a escola como um espaço de convivência com todos os tipos de diferenças é um local privilegiado para a discussão dos direitos humanos e da diversidade, possibilitando a sensibilização dos educandos (2013).

O documento ainda traz em seu corpo outras menções a diversidade, como por exemplo, a respeito da diversidade religiosa, em seu artigo 33, a garantia de atendimento especializado gratuito aos educandos com deficiências, transtornos globais do desenvolvimento e dotação no inciso III, do artigo 4º, além de diversas orientações a respeito da educação em comunidades indígenas ao longo do documento, especialmente nos artigos 78 e 79.

No *Plano Nacional de Educação* – PNE (Lei n. 13.005/2014) que determina diretrizes, metas e estratégias para a política educacional dos próximos dez anos, também encontramos justificativas para trabalhar o tema em questão. O PNE inclui em suas diretrizes, no artigo 2º, inciso III, a superação da desigualdade educacional, por meio da erradicação de todas as formas de discriminação e na promoção de cidadania, e no inciso X, a promoção dos princípios de respeito aos direitos humanos, a diversidade além da sustentabilidade socioambiental.

A meta 3, do PNE prevê universalizar, até 2016, o atendimento escolar para toda a população de 15 (quinze) a 17 (dezessete) anos e elevar, até o final do período de vigência deste PNE, a taxa líquida de matrículas no ensino médio para 85% (oitenta e cinco por cento).

A estratégia 3.13 da meta propõe "implementar políticas de prevenção à evasão motivada por preconceito ou quaisquer formas de discriminação, criando rede de proteção contra formas associadas de exclusão".

Sob essa ótica, foi implementado o projeto em uma escola de

ensino integral do interior do Estado de São Paulo. O modelo é baseado no disposto nas *Diretrizes do Programa de Ensino Integral*, do governo do Estado de São Paulo, sendo que o documento de modo geral, não apresenta de forma clara orientações acerca do *bullying* e da diversidade, como nos outros documentos cuja analise foi apresentada anteriormente nesse texto. Isso pode se dever ao fato de que tal documento aparenta ser um subsidio para a implementação e gestão do programa, diferente dos documentos de âmbito nacional, como por exemplo, a LDB, que por reger a educação nacional de todas as escolas do país, atendendo então a todos os estudantes em sua pluralidade, deve apresentar as orientações a respeito da diversidade de forma mais clara. Além disso, todas as escolas sejam elas de tempo integral ou parcial devem atender a LDB e a outros documentos oficiais legislativos nacionais. Apesar disso, podem ser encontrados trechos que, mesmo que de maneira subjetiva, abordam a temática.

Na primeira parte do documento, ao discutir a importância da ampliação do tempo dedicado ao ensino e a aprendizagem, o documento afirma que tal ampliação possibilita "a efetivação de novas atitudes, tanto no que se refere à cognição como a convivência social" (GOVERNO DO ESTADO DE SÃO PAULO, 2020, p. 8), privilegiando os quatro pilares da educação adotados pela UNESCO. Dentre os quatro, que são apenas citados no documento, o terceiro, *aprender a viver juntos* é o que melhor atende as diversidades.

Segundo o documento, a concepção do projeto se baseia na urgência da ampliação das oportunidades educacionais, possibilitando a criação de um espaço inclusivo, com responsabilidade de promover a permanência da população estudantil, e seu desenvolvimento pessoal e coletivo, em uma perspectiva democrática.

Para tal, alguns instrumentos são apresentados, como a elaboração do *Projeto de Vida* dos alunos, que garanta o *protagonismo juvenil* e seja guia para propor ações na escola pelos próprios alunos. Sendo esse o norteador do desenvolvimento do ano letivo, os alunos baseados em seus *Projetos de Vida* podem optar por participar das aulas de *Preparação acadêmica*, preparatórias para as seletivas de instituições de ensino superior, e *Mundo do trabalho*, que deve ser pensada de modo a atender as demandas de alunos que pretendam ingressar imediatamente no mundo do trabalho.

É no espaço dessas disciplinas que a experiência de

ensino/extensão ocorreu, pautados pelas premissas do *protagonismo juvenil*, sendo que as intervenções aconteciam de acordo com as demandas levantadas pelos alunos no decorrer das aulas. No espaço da disciplina de *Preparação acadêmica*, discutimos por exemplo a relação candidatos/vagas de diversos cursos de ensino superior, dando destaque a relações de gênero por áreas de conhecimento, discutindo e desmistificando crenças sociais que preconizam determinadas áreas do conhecimento como femininas ou masculinas. Também abordamos a temática das políticas inclusivas, levantando o debate e informando sobre reserva de vagas para alunos do ensino público e as cotas raciais. Quando a demanda dos alunos foi a de se preparar para a redação das avaliações em larga escala, utilizamos textos base para a construção de suas redações que privilegiassem o respeito religioso e abordassem o *bullying*.

Já na disciplina de *Mundo do trabalho*, foi possível abordar temas que já afetavam os alunos no cotidiano escolar; como relatado durante esses dois anos não só pelos alunos, como também pelo corpo docente da escola. O *assédio* em diversos ambientes foi um desses temas, assim como definições e debates sobre *relações abusivas* e casos de *homofobia* e *transfobia*. Em todas essas discussões, não só os alunos eram ouvidos para mapear as demandas e direcionar as próximas aulas, como também se fortalecia o vínculo entre alunos e participantes do projeto, visando ampliar a rede de apoio dos alunos que eram vítimas de violência no cotidiano escolar. A avaliação era constante durante todo o projeto, de forma qualitativa, passando desde a avaliação diagnóstica que guiava os processos, como também por meio do desenvolvimento de projetos, como apresentações para os colegas, criação de conteúdos audiovisuais como vídeos, cartazes e quadrinhos. Nos trabalhos propostos, a autonomia juvenil era novamente valorizada, sendo que esses não tinham temas previamente determinados, cabendo aos alunos se organizarem em grupos e definirem seus temas e modelos de execução. Essa experiência foi uma das mais marcantes no desenvolvimento do projeto, sendo que alguns alunos escolheram temas de relevância social até então não contemplados pelo projeto, como no caso de um grupo que entrevistou moradores de rua e fizeram uma pequena campanha de doação de alimentos, ou em um outro que discutiu as pichações urbanas como manifestação artística e cultural.

## 3 Trajetória e encontros

O projeto que teve início no ano de 2018 e ocorreu por dois anos, foi desenvolvido em uma escola do interior paulista e pensado juntamente com a coordenação e a direção da mesma. Para o desenvolvimento do projeto foram disponibilizados horários quinzenais, dentro das disciplinas de *Mundo do trabalho* e *Preparação acadêmica*, dessa forma as discussões dos temas foram direcionadas para discentes dos 2º e 3º anos do Ensino Médio. É valido ressaltar que o projeto foi criado e desenvolvido em parceria com o NUGENS – *Núcleo de Apoio e Discussão de Gênero e Sexualidade*.

É no espaço das disciplinas supracitadas que a experiência de ensino/extensão ocorreu, pautados pelas premissas do Protagonismo Juvenil, nossas intervenções aconteciam de acordo com as demandas levantadas pelos alunos no decorrer das aulas.

Em um primeiro momento, visando o encaixe da temática principal proposta pelo projeto, foi desenvolvida uma aula interativa, onde era apresentado nomes de mulheres que impactaram a história das ciências, nas mais diversas áreas, como Marie Curie (1867-1934), Rosalind Franklin (1920-1958), Ada Lovelace (1815-1852) e Mileva Maric (1875-1948), buscou-se fomentar a discussão em torno do apagamento das mulheres em momentos importantes da história humana, e como tal ocorrido repercute ainda nos dias de hoje. A partir das discussões em torno da apresentação, foi possível observar o desconhecimento por parte dos alunos para as importantes figuras femininas, com exceção de Marie Curie, porém a realização da mesma não era conhecida por eles.

Na continuação dos primeiros encontros foram ministradas palestras, a fim de desmistificar as relações de gênero nas carreiras que são consideradas masculinas ou femininas, por nossa sociedade. Além disso, buscou-se ressaltar a importância da participação das mulheres em carreiras cientificas.

Em um terceiro momento foi replicada com os alunos, a *Caminhada do Privilégio* que consiste em um exercício que busca destacar a desigualdade em todas as suas faces, como gênero, classe, etnia e sexualidade. O exercício começa, de acordo com Castro, com um grupo de pessoas, de pé, lado a lado. em seguida, são feitas perguntas relativas aos seus privilégios. dependendo de quais privilégios tiveram acesso, as pessoas dão passos à frente ou atrás (2020).

Apesar da riqueza de tal projeto, e da aceitação por parte das alunas que conseguiram encontrar nas mulheres modelos para seguir e reconhecer representações de carreiras que impactaram o mundo das ciências, com a *Caminhada do Privilégio* pode-se perceber que as nuances da desigualdade e da violência presentes na escola, transpassavam o recorte primeiramente proposto; sendo assim o projeto foi reconstruído de forma a abarcar outras demandas que apareceram durante os debates. Novamente foram feitas reuniões com os gestores da escola, para alinharmos os temas com as necessidades encontradas.

Os temas que surgiram da demanda escolar, foram as questões de sexualidade, de etnia, de classe, entre outras diversas que diferenciam os sujeitos e são bases para casos de violência escolar, excludentes em relação ao respeito das diversidades.

No espaço da disciplina *Preparação acadêmica*, por exemplo, discutimos a relação candidatos/vagas de diversos cursos de ensino superior, dando destaque a relações de gênero por áreas de conhecimento, discutindo e desmistificando crenças sociais que determinam áreas do conhecimento como femininas ou masculinas.

Outro tema que surgiu da demanda dos alunos, foi a questão das políticas inclusivas. Devido a temática, convidamos o NABISA – *Núcleo Afro-brasileiro e Indígena de Ilha Solteira*[2] a conduzir as discussões, por meio de rodas de conversa e cine-debates, informando os estudantes sobre reserva de vagas para alunos do ensino público e as cotas raciais, além disso, sobre o racismo estrutural no Brasil.

Quando a demanda dos alunos foi a de se preparar para a redação das avaliações em larga escala, utilizamos textos base para a construção de suas redações que privilegiassem o respeito religioso e sobre *bullying*.


## Considerações Finais

---

[2] O Núcleo Afro-brasileiro e Indígena de Ilha Solteira – NABISA surge em 2016 na Universidade Estadual Paulista, Faculdade de Engenharia – *campus* da cidade de Ilha Solteira (UNESP/FEIS), vinculado e atuando como um dos grupos de trabalho do NUPE – Projeto Núcleo Negro para Pesquisa e Extensão Universitária, por meio de ações extensionistas planejadas, visando  afirmar a cultura afro-brasileira e indígena como parte da cultura brasileira, a partir de práticas educativas e intervenções artísticas em espaços formativos formais (escolas e universidades), não formais (movimentos sociais, pontos de cultura) e informais (promovendo espaços identitários dessas manifestações culturais).

Discutir as diversidades na escola garantindo a autonomia dos alunos parece ser um caminho viável para colocar em prática o determinado pelos currículos oficiais e para tentar diminuir os casos de *bullying* e violência escolar.

Durante todo o desenvolvimento do projeto, observamos nos relatos dos alunos e professores tanto em sala de aula quanto nas conversas de corredores, que a experiência de ensino/extensão funcionou como um espaço na escola onde todos se sentiam confortáveis para expor situações de violência das quais eram vítimas, como também dos próprios colegas como autores ou vítimas, tornando a discussão comum e deixando claro que as redes de apoio dos alunos e professores expandiram.

Também falamos disso por perceber que as próprias alunas que desenvolveram o projeto na escola iluminaram aspectos da própria vivência ao falar e ouvir todos os que participavam, num processo próprio das experiências onde a formação é proposta por meio da comunicação. Ao trabalhar a autoestima de alunos que integram minorias, ao debater o impacto de diversas violências na vida das vítimas e dos próprios praticantes, e tornando o tema parte da rotina escolar ao invés de um tabu discutido apenas na sala da diretoria, os casos de violência na escola, se não diminuíram, ao menos foram mais relatados, e com mais naturalidade, coletivizando o problema da opressão.

Afirmamos também que a preparação e execução do projeto, afetou positivamente a formação, de modo a enxergar que a violência, indisciplina e o *bullying* escolar, tem suas raízes na desigualdade, e a balança social é afetada por questões complexas e entrelaçadas e que não possuem respostas e soluções simples, mas que discussões, reflexões, sensibilização do olhar e empatia, podem aos poucos ir alterando o *status quo* estabelecido, e assim construir um mundo com menos exclusão e dor.

Podemos ainda destacar, além da riqueza de discussão e frutos colhidos com os alunos durante todo o processo, a importância dessa experiência para a formação inicial docente, pois principalmente nos dias atuais, ser sensível e preparado para lidar com a diversidade presente em sala de aula se faz necessário e urgente.

Acreditamos ainda que, a aproximação da universidade, que no geral costuma contar com grupos e coletivos que já abordam a questão no ambiente acadêmico, com a escola, que vive cotidianamente tudo o que discutimos, é um compromisso de tais grupos e uma oportunidade de formação para alunos e professores, sendo que em nosso caso particular, o projeto sempre foi desenvolvido por discentes das licenciaturas, sendo assim mais um espaço de formação para a docência.

## Referências

BENTO, B. Na escola se aprende que a diferença faz a diferença. **Rev. Estudos Feministas**, v. 19, n. 2, p. 549-59, ago. 2011.

BRASIL. Ministério da Educação. **Lei n. 9.394, de 20 de dezembro de 1996**: estabelece as diretrizes e bases da educação nacional. Disponível em <http://www.planalto.gov.br/ccivil_03/leis/l9394.htm>. Acesso em 27 maio 2020.

BRASIL. **Lei n. 13.005, de 25 de junho de 2014**: aprova o Plano Nacional de Educação - PNE e dá outras providências. Disponível em <http://www.planalto.gov.br/ccivil_03 /_ato2011-2014/2014/lei/l13005.htm>. Acesso em 27 maio 2020.

BUTLER, J. **Problemas de gênero: feminismo e subversão da identidade. Trad. Renato Aguiar.** 18. ed. Rio de Janeiro: Civilização Brasileira, 2019.

CASTRO, A. **Caminhada do privilégio**. Disponível em: <https://www.geledes.org.br/caminhada-do-privilegio/>. Acesso em: 18 maio 2020.

GOMES, N. L. **Indagações sobre currículo**: diversidade e currículo. Brasília-DF: Ministério da Educação, Secretaria de Educação Básica, 2008.

GOVERNO DO ESTADO DE SÃO PAULO. Secretaria de Educação do Estado de São Paulo. **Diretrizes do programa ensino integral**: escola de tempo integral. Disponível em <https://www.educacao.sp.gov.br/a2sitebox/arquivos/documentos/342.pdf>. Acesso em 03 jun. 2020.

LIMA, E. S. Currículo e desenvolvimento humano. *In*: MOREIRA, A. F.; ARROYO, M. **Indagações sobre currículo**. Brasília: Departamento de Políticas de Educação Infantil e Ensino Fundamental, 2006. p. 11-47.

LINS, B. A.; MACHADO, B. F.; ESCOURA, M. **Diferentes, não desiguais**: a questão de gênero na escola. São Paulo: Reviravolta, 2016.

LOURO, G. L. **Gênero, sexualidade e educação**: uma perspectiva pós-estruturalista. Petrópolis: Vozes, 1997.

LUIZ, M. C.; NASCENTE, R. M. M. (org.). **Conselho escolar e diversidade: por uma escola mais democrática.** São Carlos: Edufscar, 2013.

OLWEUS, D. **Bullying at school**: what we know and what we do. Oxford: Blacwell Publishing, 1993.

# 12

# ESTRATÉGIAS DE PREVENÇÃO DA VIOLÊNCIA ESCOLAR: REVISÃO INTEGRATIVA[1]

DÉBORA GÓES SILVA
JAQUELINE RODRIGUES STEFANINI
MARCIANA GONÇALVES FARINHA
ZEYNE ALVES PIRES SCHERER

## Introdução

Existem diferentes formas de violência, que podem ser classificadas quanto a sua tipologia e natureza dos atos violentos. Nesse estudo, destacamos a violência interpessoal comunitária que ocorre no contexto escolar. Esse tipo de violência tem sido reconhecida e nomeada de diferentes formas, com diversas conceituações e representações que estão entrelaçadas por essa terminologia como, por exemplo, *bullying*, comportamento agressivo, conflitos e vandalismo (SILVA; ASSIS, 2018; VIVALTA; FONDEVILA, 2018; McCLANAHAN; McCOY; JACOBSEN, 2015).

Estudos mostram que a violência escolar tem altas taxas de prevalência, diversos fatores associados e consequências negativas para os estudantes, professores e comunidade escolar. Trata-se de um problema que afeta a educação, a saúde e a segurança pública, com implicações na sociedade em geral (SILVA; ASSIS, 2018). No que se refere a saúde dos professores, há evidências científicas que eles desenvolvem problemas na voz, transtornos mentais comuns – TMC, e nesta categoria profissional está o maior número de

---

[1] Trata-se de um recorte da dissertação de mestrado: SILVA, 2018.

afastamentos do trabalho por problemas de saúde. Já os estudantes sofrem impactos nas habilidades socioemocionais, prejuízo no desempenho escolar, exposição à comportamentos de risco na vida adulta (LIMA; COELHO; CEBALLOS, 2017; TAVARES; PIETROBOM, 2016). Frente aos impactos causados pela exposição à violência escolar, é importante o desenvolvimento de estratégias de enfrentamento deste fenômeno, incluindo a atuação de equipe interdisciplinar, com profissionais da educação, da saúde, da segurança e da justiça, com intuito de promover formas de relacionamento saudáveis no contexto escolar.

As diversas formas e manifestações da violência escolar não é um problema exclusivo do Brasil. Estudos mostram prevalências deste fenômeno em diferentes continentes e países (NETRAWATI; YUSUF; RUSMANA; 2016; McLANAHAN; McCOY; JACOBSEN, 2015; FINKELHOR *et al.*, 2014). Na Indonésia, por exemplo, entre os estudantes do ensino médio, os atos violentos incluem comportamentos agressivos tais como assassinar, estuprar, assaltar e fazer coerção contra a vontade dos outros, o que configura um problema de saúde pública (NETRAWATI; YUSUF; RUSMANA, 2016). Nos Estados Unidos da América – EUA, a vitimização entre estudantes ocorre de diferentes formas como: *bullying,* agressão física, assédio e agressão sexuais (FINKELHOR *et al.*, 2014). Na América Latina e Caribe, estudo realizado em 15 países, com 25 mil estudantes do ensino médio, identificou prevalências entre 17% a 39% de violência escolar, destacando-se a vitimização por *bullying,* sendo que houve diferenças significativas dos tipos de *bullying* relatados por meninos e meninas. As meninas foram vítimas do *bullying* relacionado às características físicas e aparência. Já nos meninos os tipos de *bullying* foram relacionados à agressão física, manifestadas por chutes e empurrões (McCLANAHAN; McCOY; JACOBSEN, 2015).

No Brasil, uma pesquisa nacional sobre a saúde dos estudantes, com 3.391 crianças e adolescentes, mostrou que eles foram caçoados, intimidados, incomodados, aborrecidos, ofendidos ou humilhados com frequência, mobilizando-os a não se sentir seguros na escola (MELLO *et al.*, 2016). Especificamente no estado de São Paulo, estudo realizado com 815 adolescentes da rede pública de ensino encontrou prevalência de violência escolar, destacando-se o *bullying* de 62,34% de vítimas do sexo feminino, sendo que a forma mais prevalente de intimidação sofrida foi a verbal (GARBIN;

GATTO; GARBIN, 2016).

A escola, a família e a comunidade são espaços importantes para a promoção de saúde e desenvolvimento do indivíduo. Nesse contexto, nascer ou viver num ambiente psicologicamente não saudável é condição de risco para saúde das pessoas, especialmente crianças e adolescentes que estão em fases importante do desenvolvimento (BRENNER; CARRANO, 2014).

No entanto, o ambiente escolar pode afetar esses processos de desenvolvimento, dependendo da maneira como a instituição lida com os problemas e conflitos instalados nesse contexto. As dificuldades da escola no gerenciamento de situações de conflito, muitas vezes, levam a situações de violência, podendo colocar a instituição de ensino em condições de vulnerabilidade, com impactos na saúde dos indivíduos.

As escolas têm enfrentado desafios de natureza multidimensional, envolvendo a formação dos profissionais da educação, sobrecarga do trabalho docente, precária estrutura física das escolas e diminuição do investimento na educação pública. Além disso, a escola apresenta desigualdades relacionadas ao desempenho dos estudantes, aos sistemas escolares e às redes de ensino, especialmente associadas às características da comunidade escolar. Esses problemas afetam a rotina escolar e podem contribuir para a manifestação da violência (BRENNER; CARRANO, 2014). Outros fatores associados à violência escolar são menor nível de escolaridade dos pais, exposição à violência familiar, faltas sem consentimento dos pais, comportamentos de risco como fumar, experimentar drogas e relações sexuais de risco (MELLO *et al.*, 2016).

Frente ao exposto se faz necessário pensar em diferentes estratégias para prevenção da violência escolar, envolvendo a escola, família e comunidade. Nesse contexto, a Organização Mundial da Saúde – OMS prevê ações primárias e secundárias de prevenção da violência escolar, como por exemplo, a promoção da parentalidade com incentivo do envolvimento familiar, ações que favoreçam o desenvolvimento saudável na infância, bem como programas de prevenção de *bullying* na escola, de promoção do desenvolvimento de habilidades sociais, abordagens terapêuticas com indivíduos de alto risco e ações envolvendo a comunidade e a sociedade. Essas estratégias podem ser articuladas com a prevenção de comportamentos de risco, como redução do acesso e uso indevido de álcool e armas de fogo, policiamento focado em áreas perigosas, modernização urbana, com atenção para populações em condições sociais e econômicas de vulnerabilidade (2020).

Para que as ações de prevenção e enfrentamento da violência escolar não se limitem às ações pontuais, em busca de soluções simples, é fundamental a articulação intersetorial. Frente ao exposto, articulamos alguns questionamentos: o que a literatura científica nacional e internacional tem publicado sobre a prevenção do fenômeno da violência escolar? Quais são as ações para a redução desse fenômeno? Essas ações contemplam o envolvimento dos profissionais da educação, dos estudantes, da família e da comunidade? Para a redução desse fenômeno é realizada a articulação entre as escolas e outros serviços? Essas ações são desenvolvidas por equipes interdisciplinares?

É esperado que a escola disponha de recursos para a prevenção e redução da violência escolar. Nesse sentido, é necessário o desenvolvimento de estratégias que considerem os aspectos educacionais, sociais, culturais, econômicos e questões específicas da comunidade, que influenciam as rotinas de cada escola, tornando-se necessário o entendimento sistemático de implementações e práticas dessas ações. Com intuito de compreender a prevenção deste fenômeno, este estudo tem como objetivo analisar as estratégias utilizadas pelos profissionais da educação para a redução da violência escolar.

## 1 Método

Este estudo foi realizado por meio de *revisão integrativa* (RI) da literatura, seguindo seis etapas (WHITTEMORE *et al.*, 2014). Na *primeira etapa* foi identificado o problema e formulada a pergunta que norteou a RI pautada na estratégia PICO[2]: quais estratégias são utilizadas pelos profissionais da educação para a redução da violência escolar? Conforme apresentado no Quadro 1.

---

[2] acrônimo de *patient* (P = população), *intervention* (I = Intervenção), *comparison* (C = comparação), *outcomes* (O = Resultados).

| Acrônimo | Definição | Descrição |
|---|---|---|
| P | População | Profissionais da educação |
| I | Fenômeno de interesse | Prevenção da violência escolar |
| C | Controle ou comparação | Não se aplica |
| O | Resultados esperados | Estratégias para redução |

**Quadro 1:** Estratégia PICO. **Fonte:** Dados da pesquisa. Ribeirão Preto, 2019.

Para a segunda etapa (coleta de dados) foram selecionadas as bases de dados: National Library of Medicine National Institutes of Health – PubMed, Educational Resources Information Center – ERIC, American Psychological Association – APA PsycInfo e Literatura Latino-americana e do Caribe em Ciências da Saúde – LILACS. Em cada base de dados, os descritores controlados foram delimitados (Medical Subject Headings – MeSH, CINAHL Headings e Descritores em Ciências da Saúde) e definidas as palavras-chave.

Os descritores controlados e palavras-chave, estão descritos no Quadro 2. Também foram realizados cruzamentos de cada estratégia de busca, utilizando-se os operadores booleanos AND e OR nas quatro bases de dados. A busca foi realizada pelo acesso online, no mês de novembro de 2017, por duas pesquisadoras de forma independente. Os critérios de inclusão definidos para essa RI foram estudos primários que investigaram as estratégias de prevenção da violência escolar, publicados em português, inglês e espanhol nos últimos cinco anos (2013 a 2018). Foram excluídos os estudos de revisão, editoriais, estudos de casos, teses e dissertações. Justifica-se a delimitação do período de busca para garantir o quantitativo adequado de estudos primários, já que a inclusão de um número elevado de estudos pode inviabilizar a condução de revisão integrativa e até mesmo produzir vieses nas etapas seguintes do método.

| DESCRITORES CONTROLADOS | | | |
|---|---|---|---|
| | **PUBMED** | **ERIC** | **LILACS** | **PSYCINFO** |
| **P** | School Teachers; Elementary School Teachers; Elementary School; Educational Personnel; Educational Counselors; Counselor; Professional Education. | Teacher Educators; Counselor Educators Faculty; Elementary School Teachers; Teachers; School Counselors. | Professores Escolares; Maestros; School Teachers; Conselheiros; Consejeros; Counselors; Professores do Ensino Fundamental. | Elementary School Teacher; Teacher Education; Teachers; School Counselors; School Principals. |
| **I** | Prevention and Control; Preventive Measures; Prevention; Control. | Prevention; Crime Prevention; Delinquency; Prevention; | Strategies; Estratégias; Estratégias; Prevenção & Controle; Prevention & Control; Prevención & Control; Controle; Controlo; Prevenção; Prevenção e controle; Medidas preventivas; | Prevention; Strategies; Change Strategies. |

| | | | | |
|---|---|---|---|---|
| O | Violence; Atrocities; Assaultive Behavior; School; Primary Schools; Risk Reduction Behavior; Behavior, Risk; Reduction; Lifestyle; Risk Reduction; Protective Factors; Harm Reduction | Conflict; Antisocial Behavior; Delinquency; Crime; Violences; Aggression; School Vandalism; Attitude Change; Behavior Change; Social Change. | Violence; Violencia; Violência; Atrocidades; Comportamento de Ataque; Violência Social; Instituciones Académicas; Instituições Acadêmicas; Escola; Instituições de Ensino; Redução. | School Violence; Violence Schools; Harm Reduction |

**Quadro 2**: Descritores controlados e palavras-chave associadas à estratégia PICO.
**Fonte**: Dados da pesquisa. Ribeirão Preto 2019.

Após a busca nas bases de dados, foi gerado um arquivo e importado para o gerenciador de referências *EndNote*, versão X5 (©2015 *THOMSON REUTERS*). Na *terceira etapa*, foi realizada a pré-seleção dos estudos e a partir da leitura de títulos e resumos foram selecionados 52 para leitura na íntegra. Apenas 17 estudos primários responderam a questão norteadora e foram incluídos na revisão.

Na avaliação dos estudos primários selecionados, *quarta etapa* da RI, foi utilizado um instrumento adaptado de coleta de dados (URSI; GALVÃO, 2006). Tal instrumento contempla a identificação do artigo, autor, título, ano de publicação, periódico, objetivo, características metodológicas, tipo de estratégia de prevenção e detalhamento da intervenção, resultado e conclusão. Na *quinta etapa*, foi realizada a interpretação dos resultados, que deu origem à *sexta etapa* com a síntese do conhecimento sobre as estratégias de prevenção da violência escolar descritas nos estudos dessa RI.

## 2 Resultados

Na busca nas bases de dados, encontrou-se 1.261 publicações potencialmente elegíveis (PubMed = 677, ERIC = 412, LILACS =

36, PsycInfo = 136). Foram excluídos por duplicações (149 artigos), após a leitura do título e resumo foram retirados 1.060 por não responderam a questão norteadora. Foram excluídos os artigos que não trataram de práticas interventivas na violência escolar (35 artigos). A amostra da revisão integrativa foi composta de 17 estudos primários, conforme Figura 1.

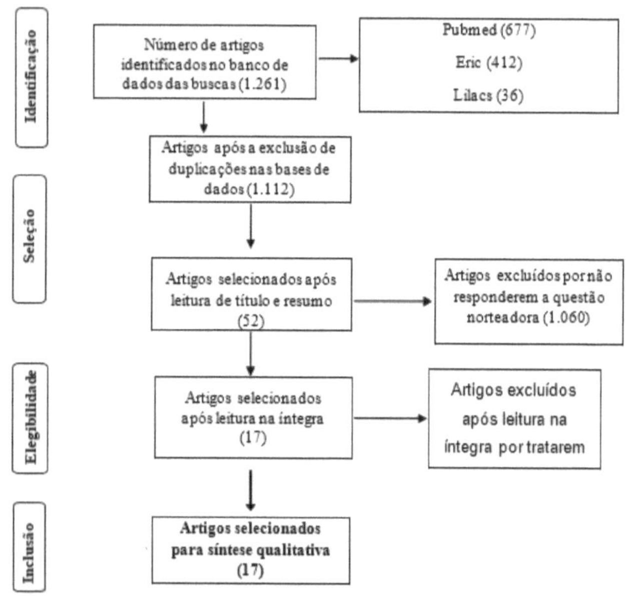


**Figura 1**: Fluxograma do processo de seleção dos estudos primários. **Fonte**: Dados da pesquisa. Ribeirão Preto, 2019.

Dos 17 artigos incluídos na RI, 10 eram dos Estados Unidos da América, dois do Canadá e uma publicação de cada um dos seguintes países: Austrália, Finlândia, Áustria, Reino Unido e Indonésia. Esses artigos foram publicados em revistas de três áreas diferentes: educação, saúde mental e psicologia da educação. Em relação às bases de dados, destacou-se a ERIC com 11 dos estudos primários incluídos. Na base de dados LILACS nenhum estudo encontrado atendeu aos critérios de inclusão desta RI. Quanto ao ano de publicação não foram encontradas publicações acerca de estratégias de prevenção da violência escolar nos anos de 2017 e 2018. No Quadro 3, consta a distribuição dos estudos selecionados quanto ao título, ano de publicação, país, periódico e base de dados (2013-2018).

| Estudo | Título | Ano | País | Periódico | Base de Dados |
|---|---|---|---|---|---|
| E1 | Predicting implementation success of an evidence-based program to promote healthy relationships among students two to eighty years after teacher training | 2013 | Canadá | Canadian Journal of Community Mental Health | PsycInfo |
| E2 | A randomized controlled trial of the impact of a teacher classroom management program on the classroom behavior of children with and without behavior problems | 2013 | Reino Unido | Journal of School Psychology | PubMed |
| E3 | Pilot evaluation of an adolescent risk and injury prevention programme incorporating curriculum and school connectedness components | 2013 | Austrália | Health Education Research | PubMed |
| E4 | Implementation of anti-bullying lessons in primary classrooms: how important is head teacher support | 2013 | Finlândia | Educational Research | Eric |
| E5 | An action research project to determine the utility of bully prevention in positive behavior support for elementary school bullying prevention | 2013 | Estados Unidos | American School Counselor Association (ASCA) | Eric |
| E6 | A 10 year randomized controlled trial of the early risers conduct problems preventive intervention: effects on externalizing and internalizing in late high school | 2014 | Estados Unidos | Journal of Consulting and Clinical Psychology | PubMed |
| E7 | Guided by theory, informed by practice: training and support for the good behavior game, a classroom-based behavior management strategy | 2014 | Estados Unidos | J. Emot. Behav. Disord. | Eric |
| E8 | Does first step to success have long-term impacts on student behavior? Analysis of efficacy trial data | 2014 | Estados Unidos | School Psychology Review | Eric |
| E9 | Measuring implementation of a school-based violence prevention program: fidelity and teachers' responsiveness as predictors of proximal outcomes | 2014 | Austria | Zeitschrift fur Psychologie | PsycInfo |
| E10 | Consultation in bullying prevention: an elementary school case study | 2015 | Estados Unidos | School Community Journal | Eric |
| E11 | Successful implementation of a federally funded violence prevention elementary school counseling program: results bring sustainability | 2015 | Estados Unidos | American School Counselor Association (ASCA) | Eric |
| E12 | Preventing and responding to bullying: an elementary school's 4-year journey | 2015 | Estados Unidos | American School Counselor Association (ASCA) | Eric |

| E13 | *Examining variation in the impact of school-wide positive behavioral interventions and Supports: findings from a randomized controlled effectiveness trial* | 2015 | Estados Unidos | Journal of Educational Psychology | Eric |
| E14 | *Solving adolescent verbal aggressions through transactional analysis counseling approach* | 2016 | Indonésia | Journal of Education and Practice | Eric |
| E15 | *Effectiveness of an after school-based aggression management program for elementary students* | 2016 | Estados Unidos | American School Counselor Association (ASCA) | Eric |
| E16 | *Enhancing social responsibility and prosocial leadership to prevent aggression, peer victimization, and emotional problems in elementary school children* | 2016 | Canadá | Am J Community Psychol/ Society for Community Research and Action | Eric |
| E17 | *Child and parent voices on a community-based prevention program (FAST)* | 2016 | Estados Unidos | School Community Journal | PsycInfo |

**Quadro 3**: Caracterização dos estudos primários, segundo título, ano de publicação, país, periódico e bases de dados (n=17). **Fonte**: Dados da pesquisa. Ribeirão Preto, 2019.

O Quadro 4 apresenta os tipos de estratégias de prevenção da violência escolar em instituições de ensino de nível pré-escolar e primário (58,82%), de nível secundário (35,29%) e de ensino profissionalizante (5,88%). Ressalta-se que estes estudos relatam ações em diferentes estágios de execução, dentre eles, implantação, avaliação e pós-avaliação. Essas estratégias foram direcionadas para a inserção de temas e lições no currículo, treinamento de profissionais, comissões de aconselhamento escolar e treinamento da família.

| | |
|---|---|
| **Estratégias de Prevenção** | **Inserção de temas e lições no currículo** |
| | *Fourth R – Skills for Healthy relationship* - E1<br>*Skills for Preventing Injury in Youth* (SPIY) - E3<br>*Programa Anti-bullying KiVa* - E4<br>*Honesty, Excellence, Awarness, Respect e Tolerance* (HEART) - E10<br>*Elementary and Secondary School Counseling* (ESSC) - E11<br>*Step to Respect* (STR) - E12<br>*Peaceful Alternatives to Tough Situations* (PATTS) - E15<br>*Walk Away, Ignore, Talk In Out, Seek Help* (WITS) - E16 |
| | **Treinamento de profissionais da educação** |
| | *Incredible Years* - E2<br>*Good Behavior Game* (GBG) - E7<br>*First Step to Success – Classroom* - E8<br>*Viennense Social Competence (ViSC)* - E9<br>*Olweus Bullying Prevention Program* (OBPP) – *Honesty, Excellence, Awarness, Respect e Tolerance* (HEART) - E10<br>*Schoolwide Positive Behavior Intervention and Support* (SWPBIS) - E13 |
| | **Comissões de aconselhamento escolar** |
| | *Bully Prevention in Positive Behavior Support* (BP-PBS) - E5<br>Aconselhamento de *Transactional Analysis* (TA) - E14 |
| | **Treinamento da família** |
| | *First Step to Success – Home* - E8<br>*Early Risers* - E6<br>*Families and Schools Together* (FAST) - E17 |

**Quadro 4:** Estratégias de prevenção da violência escolar. Ribeirão Preto, SP, 2019.
**Fonte**: Dados da pesquisa. Ribeirão Preto, 2019.

Esses programas utilizaram como estratégias o gerenciamento de sala de aula, reforço do comportamento positivo, administração do conteúdo curricular com a inserção de temas relacionados à violência e comportamento de risco (delinquência juvenil, uso de álcool e drogas e comportamento sexual de risco), vivências de role plays, método de aconselhamento de análise transacional, treinamento de professores para o seu desenvolvimento profissional e gerenciamento da comunicação eficaz. Além disso, utilizaram diferentes técnicas que estimulam os aspectos extra escolares como: valorização da opinião dos pais sobre o impacto do programa no comportamento dos estudantes; uso de linguagem específica tanto pelos pais em casa como pelos profissionais na escola; desenvolvimento de programa de férias com atividades estruturadas para a promoção do diálogo e aproximação entre escola, estudantes e pais; participação ativa dos pares, professores e pais nas experiências de aprendizagem do estudante (FEARNOW-KENNEY; HILL; GORE, 2016; LEADBEATER; THOMPSON; SUKHAWATHANAKUL, 2016; HEKTNER et al., 2014; HUTCHINGS et al., 2013). Abaixo estão descritas informações relevantes sobre os programas utilizados para a execução das estratégias de prevenção da violência escolar encontradas nesta RI.

## 2.1 Inserção de temas e lições no currículo

### *Fourth R – Skills for Healthy Relationship* (E1)

É um programa de prevenção baseado na promoção do relacionamento saudável, que inclui no currículo lições direcionadas para a aprendizagem social e emocional, segurança pessoal, prevenção da violência, uso de substâncias e comportamento sexual de risco na escola entre adolescentes.

### *Skills for Preventing Injury in Youth* (SPIY) (E3)

Programa de desenvolvimento profissional, em que é promovido o treinamento de professores para inserção de temas no currículo como comportamentos de risco, violência, risco no transporte, uso de álcool e lesões associadas.

### *Programa Anti-bullying KiVa* (E4)

Programa de prevenção do *bullying* que promove o desenvolvimento do comportamento positivo, por meio de folhetos com lições KiVa e inserção de temas no currículo. A implementação é baseada na percepção do professor com relação ao programa e ao ambiente escolar.

### *Schoolwide Positive Behavior Intervention and Support* (SWPBIS) / *Honesty, Excellence, Awareness, Respect e Tolerance* (HEART) (E10)

Programa que promove o reforço positivo para o comportamento pró-social e a delimitação de consequências claras para o comportamento inadequado, a partir da inserção de temas no currículo. Esse programa é direcionado a estudantes que não responderam favoravelmente a outras intervenções.

### *Elementary and Secondary School Counseling* (ESSC)

## (E11)

Programa que visa a expansão do serviço de aconselhamento escolar baseado nas necessidades dos estudantes, a fim de melhorar a qualidade do serviço e com isso, obter a redução das incidências de violências. O programa foi organizado através do estabelecimento de calendários anuais, horários semanais de lições de currículo em sala de aula e planos de ação para desenvolver atividades em pequenos grupos de intervenção.

## *Step to Respect* (STR) (E12)

Programa de prevenção do *bullying* baseado no modelo social-ecológico, por meio de políticas escolares que sejam aceitáveis pelos administradores, professores, conselheiros e pais, para juntos eliminarem a cultura de negação associada ao *bullying*. Foram desenvolvidas lições baseadas em habilidades sociais positivas e aulas de prevenção de *bullying* por meio da literatura infantil nos níveis mais baixos e por meio do kit curricular nos níveis superiores.

## *Peaceful Alternatives to Tough Situations* (PATTS) (E15)

Programa direcionado para o reconhecimento da raiva e habilidades de resolução de conflitos não-violentas, com lições inseridas no currículo e trabalhadas em sala de aula.

## *Walk Away, Ignore, Talk In Out, Seek Help* (WITS) (E16)

Programa que utiliza recursos apropriados para o desenvolvimento de linguagem e estratégias comuns para lidar com conflitos entre pares, envolvendo família, comunidade e escola. Desenvolve também a liderança pró-social dos estudantes, por meio da inserção de temas no currículo.

## 2.2 Treinamento de Profissionais da Educação

### *Incredible Years* (E2)

Conjunto de programas projetados para promover a competência emocional, social e acadêmica, e para prevenir, reduzir e tratar problemas comportamentais e emocionais em crianças do ensino primário. Este estudo específico foi direcionado para o treinamento de professores para lidarem com crianças com e sem problemas de comportamento.

### *Good Behavior Game* (GBG) (E7)

O GBG é uma estratégia de gerenciamento de comportamento em sala de aula que auxilia as crianças a dominarem o papel de estudante e obterem sucesso nas principais demandas acadêmicas, incluindo prestar atenção e trabalhar bem com outras pessoas. Para tanto, os professores são treinados para promover um ambiente de aprendizado positivo, ensinando os estudantes monitorarem seu próprio comportamento, bem como o de seus colegas de classe.

### *First Step to Success – Classroom* (E8)

Programa baseado em evidências direcionado a crianças com problemas de comportamento na escola, a fim de ensinar o comportamento positivo e pró social. A intervenção é realizada em sala de aula e envolve um treinador de comportamento, professor, estudantes alvo e demais crianças.

### *Viennense Social Competence* (ViSC) (E9)

Programa de prevenção do *bullying* e violência na escola, em que os professores são treinados para lidarem com situações de *bullying*, promovendo empatia e responsabilidade entre os estudantes pela violência na escola em salas de aula de diversos níveis.

### *Olweus Bullying Prevention Program* (OBPP) –

### *Honesty, Excellence, Awareness, Respect e Tolerance*

### (HEART) (E10)

O OBPP é um programa abrangente envolvendo escola, sala de aula, estudante e comunidade. Ao ser desenvolvido junto com o HEART envolve o treinamento de professores para lecionarem as lições cuidadosamente desenhadas e específicas para os comportamentos em determinados ambientes na escola como sala de aula, corredor, lanchonete, banheiro e recreio.

## 2.3 Comissões de Aconselhamento Escolar

### *Bully Prevention in Positive Behavior Support* (BP-PBS) (E5)

Programa de prevenção do *bullying* que abrange planejamento, ação, avaliação e reflexão, desenvolvido pelo comitê composto por conselheiros, pais, estudantes e especialistas.

### Aconselhamento de *Transactional Analysis* (TA) (E14)

Método que auxilia conselheiros escolares na resolução de problemas relacionados a agressões verbais de estudantes por meio da técnica de aconselhamento em grupo.

## 2.4 Treinamento da Família

### *First Step to Success – Home* (E8)

Programa que desenvolve intervenção para educação dos pais envolvendo as seguintes habilidades: comunicação com a escola, cooperação, identificação dos limites, resolução de problemas, promoção de relacionamentos amigáveis e confiança.

### *Early Risers* (E6)

Programa que avalia os riscos sociais, emocionais, comportamentais, acadêmicos e fatores protetivos para promover o desenvolvimento psicológico adaptativo, por meio de programa de férias de verão envolvendo estudantes e pais.

### *Families and Schools Together* (FAST) (E17)

Programa colaborativo envolvendo a escola, família e parceiros da comunidade, para prevenir o uso de substâncias, delinquência juvenil, baixo desempenho escolar, abuso e negligência infantil, problemas de saúde mental e violência. Nesse programa os pais têm participação ativa na tomada de decisões referente às ações desenvolvidas na escola.

## 3 Discussão

Nesta RI foi identificada a produção científica variada no que se refere às estratégias de prevenção da violência escolar, direcionadas para os ensinos primário, fundamental e médio. Os artigos estudados apresentaram o desenvolvimento, implementação e avaliação de programas de prevenção com diferentes métodos, instrumentos e técnicas, envolvendo a participação de estudantes, professores, demais membros da comunidade escolar e família.

Os estudos analisados nessa RI, tiveram produções de diferentes países como Canadá, Ásia, Austrália, Finlândia, Áustria, Indonésia porém com maior número de publicações dos Estados Unidos (FEARNOW-KENNEY; HILL; GORE, 2016; LEADBEATER; THOMPSON; SUKHAWATHANAKUL, 2016; BRADSHAW; WAASDORP; LEAF, 2015; PODUSKA; KURKI, 2014). Tal dado evidencia o interesse desses países para o enfrentamento desse fenômeno.

As áreas que concentraram as publicações corresponderam a educação e a saúde mental, o que ressalta a importância da escola no desenvolvimento de práticas interventivas para a redução da violência e promoção da saúde (OMS, 2020; FEARNOW-KENNEY; HILL; GORE, 2016; LEADBEATER; THOMPSON; SUKHAWATHANAKUL, 2016; NETRAWATI; YUSUF; RUSMANA, 2016; STAECKER *et al.*, 2016; DUARTE; HATCH, 2015; McCORMAC, 2015; MORROW; HOOKER; CATE, 2015; HEKTNER *et al.*, 2014; PODUSKA; KURKI, 2014; SCHULTES *et al.*, 2014; AHTOLA *et al.*, 2013; GOODMAN-SCOTT; DOYLE; BROTT, 2013).

Alguns estudos chamam a atenção para a relevância das ações de prevenção da violência escolar desenvolvidas por meio da articulação intersetorial, envolvendo a saúde, assistência social, segurança e justiça, com foco no problema e planejamento de ações voltadas para combater a violência envolvendo os diferentes profissionais, vítimas e autores (LEADBEATER; THOMPSON; SUKHAWATHANAKUL, 2016; GOODMAN-SCOTT; DOYLE; BROTT, 2013). Esses estudos ressaltam ainda a importância das ações serem desenvolvidas de forma flexível e adaptadas aos diferentes contextos de intervenções, com ênfase nos comportamentos de risco e não apenas nas situações de violência, explorando ainda os recursos protetivos da comunidade escolar.

Dentre os artigos estudados, as ações de prevenção da violência escolar em nove artigos foram direcionadas às intervenções precoces centradas no ensino primário (FEARNOW-KENNEY; HILL; GORE, 2016; LEADBEATER; THOMPSON; SUKHAWATHANAKUL, 2016; DUARTE; HATCH, 2015; McCORMAC, 2015; MORROW; HOOKER; CATE, 2015; HEKTNER *et al.*, 2014; PODUSKA; KURKI, 2014; SCHULTES *et al.*, 2014; GOODMAN-SCOTT; DOYLE; BROTT, 2013). Foi possível identificar resultados positivos da prevenção primária para o enfrentamento da violência escolar, incentivando o autoconhecimento, o desenvolvimento de comportamentos pró-sociais e a prevenção da vitimização entre pares (LEADBEATER; THOMPSON; SUKHAWATHANAKUL, 2016). Nesse contexto, percebe-se que essa estratégia promoveu a redução dos comportamentos agressivos, bem como o desenvolvimento de recursos para expressar os sentimentos e emoções (PODUSKA; KURKI, 2014).

Além dos programas de prevenção primária da violência, houve um programa de prevenção secundária, direcionado para estudantes que apresentaram problemas de comportamento moderado a severo e que não responderam positivamente às primeiras intervenções (WOODBRIDGE *et al.*, 2014). Uma das características importantes da intervenção secundária foi o envolvimento da família e da comunidade com a escola, promovendo a responsabilização para solucionar os problemas de comportamento agressivo entre os estudantes. Essa parceria com a escola é fundamental e está associada à eficácia, em geral, apresentada pela intervenção.

A partir da análise dos estudos incluídos nessa RI, foi possível identificar a importância de programas multidimensionais que envolvem toda a escola, família e comunidade para a prevenção da violência escolar. Os estudos que utilizaram esse tipo de abordagem se mostraram efetivos na redução da violência escolar (FEARNOW-KENNEY; HILL; GORE, 2016; LEADBEATER; THOMPSON; SUKHAWATHANAKUL, 2016; MANN *et al.*, 2015; CROOKS *et al.*, 2013). As principais estratégias utilizadas pelos programas foram o gerenciamento de sala de aula, reforço do comportamento positivo, administração do conteúdo curricular com a inserção de temas relacionados à violência e comportamento de risco, vivências de *role plays*, método de aconselhamento de análise transacional e treinamento de professores para o seu desenvolvimento profissional (LEADBEATER; THOMPSON; SUKHAWATHANAKUL, 2016; NETRAWATI; YUSUF; RUSMANA, 2016; STAECKER *et al.*, 2016; BRADSHAW; WAASDORP; LEAF, 2015). Percebe-se que esses programas referenciam técnicas que envolvem desde ações em sala de aula, formação e treinamento dos professores, até atendimento individual com os estudantes. Desse modo, os programas utilizam abordagens amplas, considerando os aspectos multifatoriais da violência.

Apesar dos programas identificados neste estudo não apresentarem ações desenvolvidas no âmbito intersetorial, contavam com equipes multidisciplinares e utilizaram diferentes técnicas, com o objetivo de estimular os aspectos extra escolares a partir da valorização da opinião dos pais sobre o impacto do programa no comportamento dos estudantes; padronização da linguagem dos pais em casa e dos profissionais na escola; oferecimento de programa de férias com atividades estruturadas para a promoção do diálogo e aproximação entre escola, estudantes e pais; participação ativa dos pares, professores e pais nas experiências de aprendizagem do estudante (FEARNOW-KENNEY; HILL; GORE, 2016; LEADBEATER; THOMPSON; SUKHAWATHANAKUL, 2016; HEKTNER *et al.*, 2014; HUTCHINGS *et al.*, 2013). Houve programas que valorizaram a participação da família para a promoção de comportamentos pró-sociais e prevenção de comportamentos agressivos não só no contexto escolar, mas também em outros espaços frequentados pelos estudantes. Desse modo, os programas apresentam-se efetivos não só para a prevenção da violência, mas também para a promoção da saúde (LEADBEATER; THOMPSON; SUKHAWATHANAKUL, 2016; CHAPMAN *et al.*, 2013; HUTCHINGS *et al.*, 2013).

Entende-se, a partir da análise dos estudos dessa revisão, que os comportamentos inadequados, geralmente, são decorrentes da escassez de recursos para o estabelecimento de uma comunicação eficaz (FEARNOW-KENNEY; HILL; GORE, 2016; LEADBEATER; THOMPSON; SUKHAWATHANAKUL, 2016; HEKTNER *et al.*, 2014; HUTCHINGS *et al.*, 2013). Portanto, é importante o desenvolvimento de habilidades para comunicação no ambiente escolar, com o intuito de exercitar a escuta ativa para compreensão do comportamento, respeitar as características individuais e proporcionar autoconhecimento. Assim, é possível envolver e responsabilizar os sujeitos na promoção do clima escolar positivo (NETRAWATI; YUSUF; RUSMANA; 2016; MORROW; HOOKER; CATE, 2015; CROOKS *et al.*, 2013).

Além disso, estudos apresentaram exclusivamente programas centrados na prevenção do *bullying* como *Programa Anti-bullying KiVa* (AHTOLA *et al.* 2013); *Bully Prevention in Positive Behavior Support* – BP-PBS (GOODMAN-SCOTT; DOYLE; BROTT, 2013); *Viennense Social Competence* – ViSC (SCHULTES *et al.*, 2014); *Olweus Bullying/School-Wide Positive Behavioral Interventions and Supports* – SWPBIS (MORROW; HOOKER; CATE, 2015;); *Step to Respect* – STR (McCORMAC, 2015). Esses programas desenvolveram intervenções direcionadas ao treinamento de professores como multiplicadores das ações de prevenção do *bullying* (SCHULTES *et al.*, 2014; AHTOLA *et al.*, 2013), a utilização do modelo social ecológico para orientar as ações dos professores e a inserção da temática no currículo, além da capacitação para atuarem como *coachings* da vítima e do agressor (McCORMAC, 2015), desenvolvimento de habilidades dos estudantes para identificar e tomar decisão de ação em situações de *bullying* e, ainda, o empoderamento dos envolvidos (MORROW; HOOKER; CATE, 2015; GOODMAN-SCOTT; DOYLE; BROTT, 2013).

É importante salientar que os estudos de programas de prevenção do *bullying* foram direcionados para tipos específicos de comportamentos e não na violência escolar. Contudo, foi identificado que, apesar de os estudos não tratarem exclusivamente da violência escolar como objetivo principal, tiveram como resultado a redução desse fenômeno.

Também foram identificadas dificuldades enfrentadas na implementação dos programas como, por exemplo, tempo insuficiente para o seu desenvolvimento, falta de manutenção dos mesmos, resistência dos estudantes na execução de *role plays*, indisponibilidade de recursos e equipamentos, materiais desatualizados, novos professores sem treinamento e falta de apoio da gestão escolar. Os aspectos positivos identificados foram: envolvimento da família e da comunidade com a escola, desenvolvimento das habilidades sociais, promoção da empatia, autoestima e autoconhecimento dos estudantes, que favoreceram o desenvolvimento de recursos para a prevenção da violência escolar

(LEADBEATER; THOMPSON; SUKHAWATHANAKUL, 2016; BRADSHAW; WAASDORP; LEAF, 2015; HEKTNER *et al.*, 2014; WOODBRIDGE *et al.*, 2014; HUTCHINGS *et al.*, 2013).

As intervenções direcionadas à prevenção da violência escolar quando trabalhadas com a participação de toda a sociedade, com diferentes recursos e técnicas, potencializam os resultados e tem impactos positivos na redução desse fenômeno. Ressalta-se que o desenvolvimento de ações multidisciplinares é necessário, pois possibilitam aos profissionais ampla visão sobre a violência escolar, sendo subsídios para os profissionais planejar e implementar estratégias de prevenção primária, secundária e terciária.

## Considerações Finais

Essa RI possibilitou analisar as estratégias de prevenção utilizadas pelos profissionais da educação visando a redução da violência escolar. Proporcionou o entendimento sistemático de como essas estratégias podem ser implementadas e avaliadas de forma coerente e prática, por meio do desenvolvimento de programas de prevenção específicos. Verificou-se que os programas de prevenção da violência escolar propõem ações multidimensionais e aponta a necessidade da articulação intersetorial para sua efetividade. Nesse sentido, as ações não podem se limitar a atuação exclusiva da educação, mas envolver todos os dispositivos de saúde, de assistência social, de segurança pública e justiça disponíveis no território.

Em relação às lacunas dos artigos incluídos nessa RI, identificamos que os estudos não apresentam ações no âmbito individual dos professores, os quais poderiam prevenir a manifestação do comportamento violento na instituição mas que, muitas vezes com suas ações contribuem para a violência escolar. Além disso, os estudos não analisaram a participação da escola na manifestação da violência, que é tão importante quanto identificar os diferentes envolvidos nessas situações (vítima, agressor ou testemunha) para o planejamento de ações. Em contrapartida, os programas centraram-se na prevenção da violência que ocorre na escola, entre os estudantes e contra a escola, incluindo a delinquência juvenil e atos de vandalismo.

Quanto às fragilidades metodológicas deste estudo, ressalta-se a elaboração da estratégia de busca, que delimita os descritores conforme a questão norteadora e a restrição de acesso a outras bases de dados, devido à diversidade de plataformas existentes, inviabilizando a análise dos estudos. Além disso, a estratégia de busca desenvolvida nesta RI também não possibilitou a identificação de estudos sobre programas de prevenção da violência escolar em países com condições socioeconômicas de vulnerabilidade.

Não foram encontrados estudos nacionais que respondessem a questão norteadora nas bases de dados consultadas. Essa ausência de investigações nacionais direcionadas para o desenvolvimento e implementação de programas de prevenção da violência escolar, chama atenção, denunciando a importância de realização de estudos, com delineamentos experimentais ou quase experimentais acerca dessa temática.

## Referências

AHTOLA, A. *et al.* Implementation of anti-bullying lessons in primary classrooms: how important is head teacher support? **Educational Research**, v. 4, n. 55, p. 376-92, 2013.

BRADSHAW, C. P.; WAASDORP, T. E.; LEAF, P. J. Examining variation in the impact of school-wide positive behavioral interventions and supports: findings from a randomized controlled effectiveness trial. **Journal of Educational Psychology**, v. 2, n. 107, p. 546-57, 2015.

BRENNER, A. K.; CARRANO, P. C. R. Os sentidos da presença dos jovens no ensino médio: representações da escola em três filmes de estudantes. **Educação e Sociedade**, v. 35, n. 129, p. 1223-40, 2014.

CHAPMAN, R. L. *et al.* Pilot evaluation of an adolescent risk and injury prevention programme incorporating curriculum and school connectedness components. **Health Education Research**, v. 4, n. 28, p. 612-25, 2013.

CROOKS, C. V. *et al.* Predicting implementation success of an evidence-based program to promote healthy relationships among students two to eight years after teacher training. **Canadian Journal of Community Mental Health**, v. 1, n. 32, p. 125-38, 2013.

DUARTE, D.; HATCH, T. Successful implementation of a federally funded violence prevention elementary school counseling program: results bring sustainability. **Professional School Counseling,** v. 1, n. 18, p. 71-81, 2015.

FEARNOW-KENNEY, M.; HILL, P.; GORE, N. Child and parent voices on a community-based prevention program (FAST). **The School Community Journal,** v. 1, n. 26, p. 223-38, 2016.

FINKELHOR, D. *et al.* At-school victimization and violence exposure assessed in a national household survey of children and youth. **Journal of School Violence**, v. 1, n. 15, p. 67-90, 2014.

GARBIN, C. A. S.; GATTO, R. C. J.; GARBIN, A. J. I. Prevalência de bullying em uma amostra representativa de adolescentes brasileiros. **Archives of Health Investigation**, v. 5, n. 5, p. 256-61, 2016.

GOODMAN-SCOTT, E.; DOYLE, B.; BROTT, P. An action research project to determine the utility of bully prevention in positive behavior support for elementary school bullying prevention. **Practitioner-Focused Research, American School Counselor Association**, v. 1, n. 17, p. 120-9, 2013.

HEKTNER, J. M. *et al.* A 10-year randomized controlled trial of the early risers conduct problems preventive intervention: effects on externalizing and internalizing in late high school. **Journal of Consulting and Clinical Psychology**, v. 2, n. 82, p. 355-60, 2014.

HUTCHINGS, J. *et al.* A randomized controlled trial of the impact of a teacher classroom management program on the classroom behavior of children with and without behavior problems. **Journal of School Psychology**, v. 5, n. 51, p. 571-85, 2013.

LEADBEATER, B. J.; THOMPSON, K.; SUKHAWATHANAKUL, P. Enhancing social responsibility and prosocial leadership to prevent aggression, peer victimization, and emotional problems in elementary school children. **American Journal Community Psychologica**. v. 58, n. 3-4, p. 365–76, 2016.

LIMA, A. F. T.; COÊLHO, V. M. S.; DE CEBALLOS, A. G. C. Violência na escola e transtornos mentais comuns em professores. **Revista Portuguesa de Enfermagem de Saúde Mental,** n. 18, p. 31-6, 2017.

MANN, M. J. *et al.* The role of community, family, peer, and school factors in group bullying: implications for school-based intervention. **Journal School Health**, v. 7, n. 85, p. 477-86, 2015.

McCLANAHAN, M.; McCOY, S. M.; JACOBSEN, K. H. Forms of bullying reported by middle-school students in Latin America and the Caribbean. **Advances in School Mental Health Promotion,** v. 8, n. 1, p. 42-54, 2015.

McCORMAC, M. E. Preventing and responding to bullying: an elementary school's 4-year journey. **Professional School Counseling**, v. 18, n. 1, p. 1-14, 2015.

MELLO, F. C. M. *et al.* Bullying e fatores associados em adolescentes da região sudeste segundo a pesquisa nacional de saúde do escolar. **Revista Brasileira Epidemiologia**, v. 19, n. 4, p. 866-77, 2016.

MORROW, M. T.; HOOKER, S. D.; CATE, R. L. Consultation in bullying prevention: an elementary school case study. **School Community Journal**, v. 25, n. 2, p. 85-111, 2015.

NETRAWATI, F.; YUSUF, S.; RUSMANA, N. Solving adolescent verbal aggressions through transactional analysis counseling approach. **Journal of Education and Practice**. v. 7, n. 18, p. 169-77, 2016.

OMS – ORGANIZAÇÃO MUNDIAL DA SAÚDE. **Prevenindo a violência juvenil**: um panorama das evidências. Disponível em: <http://apps.who.int/iris/bitstream/handle/10665/ 181008/9789241509251- por.pdf;jsessionid=D8C2368CA6D88633A3F7BCFDF81CE711? se quence=5>. Acesso em 01 jun. 2020.

PODUSKA, J. M.; KURKI, A. Guided by theory, informed by practice: training and support for the good behavior game, a classroom-based behavior management strategy. **Journal Emotional Behavioral Disorders**, v. 22, n. 2, p. 83-94, 2014.

SCHULTES, M. T. *et al.* Measuring implementation of a school-based violence prevention program: fidelity and teachers' responsiveness as predictors of proximal outcomes. **Zeitschriftfür Psychologie**, v. 222, n. 1, p. 49-57, 2014.

SILVA, F. R.; ASSIS, S. G. Prevenção da violência escolar: uma revisão da literatura. **Educação e Pesquisa**, v. 44, p. 1-13, 2018.

SILVA, D. T. G.; BUENO, S. M. V.; SCHERER, Z. A. P. **Estratégias de prevenção da violência escolar**: revisão integrativa da literatura. Dissertação (Mestrado em Ciências). 97 f. Programa de Pós-Graduação em Enfermagem Psiquiátrica, Escola de Enfermagem de Ribeirão Preto da Universidade de São Paulo, Ribeirão Preto-SP, 2018.

STAECKER, E. *et al.* Effectiveness of an afterschool-based aggression management program for elementary students. **American School Counselor Association (ASCA)**, v. 19, n. 1, 2016.

TAVARES, P. A.; PIETROBOM, F. C. Fatores associados à violência escolar: evidências para o Estado de São Paulo. **Estudos Economia**, v. 46, n. 2, p. 471-98, 2016.

URSI E. S.; GALVÃO, C. M. Prevenção de lesões de pele no perioperatório: revisão integrativa da literatura. **Revista Latino Americana de Enfermagem**, v. 14, n. 1, p. 124-31, 2006.

VILALTA, C. J.; FONDEVILA, G. School vandalism in Mexico. **Journal of School Violence**, v. 17, n. 3, p. 392-404, 2018.

WHITTEMORE, R. *et al.* Methods for knowledge synthesis: an overview. **Heart Lung**, v. 43, n. 5, p. 453-61, 2014.

WOODBRIDGE, M. W. *et al.* Does first step to success have long-term impacts on student behavior? An analysis of efficacy trial data. **School Psychology Review**, v. 43, n. 3, p. 299-317, 2014.

# 13

# O ATENEU: UM MICROCOSMO DE *BULLYING* ESCOLAR

SILVIA ARAÚJO DETTMER

## Introdução

O fenômeno do *bullying* apresenta um alto índice de crescimento nas escolas, o que vem acarretando consequências danosas no ambiente escolar como danos físicos e psicológicos nas crianças e adolescentes. Muitas vezes passa desapercebido pelos professores, gestores e pela família, sendo visto somente como uma *brincadeira* que não requer intervenção.

Neste contexto, a obra *O Ateneu* traz elementos para a reflexão sobre o tema, ao trazer uma narrativa juntamente com os paralelos ficcionais de inspiração autobiográfica aproveitada pela experiência de Raul Pompeia (1997, 2020). Encontram-se descritas algumas práticas em seu texto de ocorrências que se relacionam com as vivenciadas pelas escolas nos dias atuais.

A consagração da obra na literatura brasileira permitiu a análise sobre essa violência camuflada como *brincadeira* que tem destituído várias vidas em nossa sociedade e gerado o medo, sofrimento e dor.

*O Ateneu* é, ao longo da história de nossa literatura, uma importante conquista temática e formal. Por esta razão não se pode desprezar o caráter simbólico do romance, repleto de significados sociais e conteúdo existencial muito denso.

A obra de Raul Pompéia colabora com o debate sobre o fenômeno do *bullying* e da violência na escola, proposto neste artigo, e reverbera com o projeto *Unidos no Combate da Prática do Bullying – Jornal, Literatura, Comunidade e Cidadania, Uma Grande Parceria!* (MEC, 2020).

Em 2009, o trabalho foi premiado pelo Ministério da Educação – MEC, por meio do *Prêmio Professores do Brasil* e as atitudes relatadas no projeto foram intolerância em relação ao outro, xingamentos, deboches, apelidos, exclusão, falta de valorização do próximo, ausência de solidariedade e discriminação (MEC, 2020).

Uma sociedade democrática tem interesse em combater qualquer tipo de violência. O Brasil possui instrumentos legislativos que regulamentam a proteção contra o *bullying* prevista nas respectivas leis n. 13.185/15, n. 13.277/16 e n. 13.663/18.

Essas legislações apresentadas devem ser conjugadas com os princípios fundamentais constitucionais de proteção da dignidade da pessoa humana e na conscientização de toda a sociedade para a construção de uma sociedade livre, justa e solidária e que objetiva efetivamente a promoção do bem de todos (CF/1988).

A narrativa de *O Ateneu* apresenta-se marcado pelo *bullying*, fenômeno complexo e multifacetado, que se caracteriza pela influência de questões econômicas, sociais, culturais e outros fatores determinantes da exclusão social. Dessa forma, a obra permite uma intersecção do papel fundamental da escola no processo de conscientização no combate ao *bullying* e a realidade violenta que a circunda.

Por fim, o *bullying apresenta sérios problemas individuais e sociais, e* surge como um espaço ainda pouco explorado, principalmente com relação ao comportamento agressivo existente entre os próprios estudantes. A violência nas escolas é um problema social grave e provavelmente, o tipo mais frequente e visível da violência juvenil.

## 1 A obra de memórias

*O Ateneu* foi publicado em folhetins do jornal *Gazeta de Notícias*, a partir de abril de 1888, quando Raul Pompéia tinha 25 anos e somente posteriormente ocorreu a publicação em livro.

De 8 de abril a 18 de maio foram publicados doze capítulos numerados em romano, com o título *O Ateneu* e a indicação entre parênteses: *Crônicas de saudades*. Cada trecho do folhetim traz as iniciais R.P. e somente a última publicação tem o nome do autor, *Raul Pompéia*, logo abaixo da seguinte data. *Rio, janeiro-março de 1888* (ARAÚJO, 2006, p. 52).

Pompeia aproveita-se da experiência para transfigurá-la em sua narrativa juntamente com os paralelos ficcionais de inspiração autobiográfica. Nesse sentido, a obra retrata um período de sua vida, com início em 1873, entre os dez e dezesseis anos, em que foi aluno do colégio Abílio, no Rio de Janeiro. De 1879 a 1880, Raul completou seus estudos preparatórios no Externato do Imperial Colégio D. Pedro II[1] e no ano seguinte, era aluno do curso de Direito na Faculdade de Direito, em São Paulo. Ele frequentou algumas das principais instituições de ensino do país.

No final do século XIX, em uma época de disputas políticas e intelectuais, de discursos incisivos, combativos, em que a representação da virilidade se dava no terreno dos debates e duelos, os inimigos de Pompeia precisavam combatê-lo e para isso utilizaram recursos afetivos e sexuais. Apoiados na obra *O Ateneu*, sugeriram que o autor era homossexual em uma época de preconceitos e hipocrisias (SILVA, 2013, p. 18).

Cabe mencionar o embate entre Pompeia e Olavo Bilac permeado de desentendimentos e ofensas. O motivo era a obsessão que Pompeia nutria pelo governo de Floriano Peixoto e a suspeita de sua homossexualidade. O ocorrido causou grande abatimento e depressão em Pompeia. Em função do falecimento de Floriano, Pompeia foi tomado de intensa paranoia e no funeral, o seu discurso arrebatado foi considerado uma afronta ao novo presidente, Prudente de Morais (SILVA, 2013, p. 17).

Na obra, quando Sérgio, aos 11 anos, chega às portas do Ateneu, ele escuta a advertência: "Vais encontrar o mundo, disse-me meu pai, à porta do Ateneu. Coragem para a luta" (POMPEIA, 1997, p. 11). Ele se depara com o diretor Aristarco Argolo de Ramos na qual encarna a figura do poder arbitrário e ambicioso no limitado espaço do internato que se torna uma espécie de microcosmo da sociedade.

Simbolicamente, o internato representa o microcosmo, ou seja, a sociedade em miniatura que na época era o Império brasileiro. A narrativa apresenta as práticas pedagógicas nos internatos da época diante de fatos relatados em primeira pessoa por Sérgio, que durante dois anos foi aluno no famoso colégio (TUNDISI, 2013, p. 12).

Dr. Cláudio, um dos professores do colégio em seu discurso sobre a educação apresenta certa denúncia da estrutura do Ateneu, como escola da sociedade, quando interroga ao expor que o

---

[1] Alguns autores como Pedro Nava e Mario Curvello entendem que Raul Pompeia busca inspiração no Colégio Pedro II e não no Colégio Abílio.

merecimento não tem cotação, cobrejam as linhas sinuosas da indignidade, aprova-se a espionagem, a adulação, a humilhação, campeia a intriga, a maledicência, a calúnia, oprimem os prediletos do favoritismo, oprimem os maiores, os mais fortes, abundam as seduções perversas, triunfam as audácias dos nulos (POMPEIA, 1997, p. 130).

Acrescenta ainda que o exercício moral vem do atrito com as circunstâncias. Ensaiados no microcosmo do internato, não há mais surpresas no grande mundo lá fora, onde se vão sofrer todas as convivências. Para o professor Cláudio, não é o internato que faz a sociedade; o internato a reflete (POMPEIA, 1997, p. 130).

Ao escrever suas memórias, Sérgio busca na maturidade uma autocompreensão da infância. As amargas experiências vividas no Ateneu lhe deixaram marcas profundas e não podem ser consideradas boas lembranças. Ainda no início da narrativa, escreve que "... lembremo-nos, entretanto, com saudade hipócrita, dos felizes tempos, como se a mesma incerteza de hoje, sob outro aspecto, não nos houvesse perseguido outrora, e não viesse de longe a enfiada de decepções que nos ultrajam..." (POMPEIA, 1997, p. 11).

Mais tarde, Sérgio experimenta a verdade da advertência de seu pai diante da perda "... das ilusões de criança educada exoticamente na estufa de carinho que é o regime do amor doméstico, diferente do que se encontra fora..." (POMPEIA, 1997, p. 11).

*O Ateneu* é, ao longo da história de nossa literatura, uma importante conquista temática e formal. Por esta razão não se pode desprezar o caráter simbólico do romance, repleto de significados sociais e conteúdo existencial muito denso, compondo um painel convincente e vasto, ainda que conduzido ao mundo do internato, da sociedade brasileira do final dos oitocentos (MARTINS, 2011, p. 3).

A caracterização do meio como um componente capaz de determinar o comportamento dos personagens é um traço do romance. Sérgio vive o conflito de desejos e atitudes contraditórios gerado pelo ambiente pernicioso do colégio, permeado de intrigas e violências.

Verifica-se que a obra de Pompeia colabora com o debate sobre o fenômeno do *bulling* e da violência na escola, no entanto, para elucidar a realidade busca-se a contextualização com o projeto *Unidos no Combate da Prática do Bullying – Jornal, Literatura, Comunidade e*

*Cidadania, Uma Grande Parceria!*, para melhor reflexão quanto a gerência desse problema.

## 2 O projeto Unidos no Combate da Prática do Bullying

No início de 2008, dando continuidade em 2009, a turma da 1º A, do Ensino Fundamental, da Escola Municipal Neil Fioravanti, situada na cidade de Dourados – Mato Grosso do Sul, desenvolveu o projeto denominado *Unidos no Combate da Prática do Bullying – Jornal, Literatura, Comunidade e Cidadania, Uma Grande Parceria!* (MEC, 2020).

O projeto surgiu após a constatação de que a escola estava sendo palco para a prática do *bullying* e violência, cujo combate despertou o interesse dos alunos, dos pais e de professores. Dessa forma, buscou-se integrar a comunidade escolar e colaborar no desenvolvimento do *Plano de Metas Compromisso Todos Pela Educação*.

Em 2009, o trabalho foi premiado pelo Ministério da Educação por meio do *Prêmio Professores do Brasil*. Em 2010, tornou-se um *Programa Antibullying* que se estendeu por toda a comunidade escolar, e também extraescolar, por meio de palestras que foram realizadas em escolas de ensino normal médio, universidades e oficinas em uma faculdade no município vizinho (LINS, 2020).

As atitudes observadas no projeto foram: intolerância em relação ao outro, xingamentos, deboches, apelidos, exclusão, falta de valorização do próximo, ausência de solidariedade e discriminação. Constatou-se que, apesar de existirem situações de amizade, infelizmente o desprezo do exercício da cidadania e o desrespeito ao próximo também estavam sendo demonstrados diariamente nos pátios da escola e nas salas de aula (MEC, 2020).

Devido à constatação da importância do tema, também considerando os pedidos da necessidade de ampliá-lo, a escola implantou as reivindicações. No ano de 2009 começou a ampliar as palestras, estendendo-as a todos os familiares, educandos e funcionários. Todo o trabalho foi divulgado pela imprensa local que destacou as atividades realizadas, palestras que seriam apresentadas, valorizando o projeto e o tema (LINS, 2020).

Nas considerações finais do relatório, a educadora e coordenadora do programa Cristina Pires Dias Lins elucida que "... a cidadania se dá por uma vida inteira, que esse trabalho é uma semente que precisa ser cuidada, regada, para que ainda dê mais frutos" (MEC, 2020, p. 10).

Ela utilizou o relato de um entrevistado para destacar que muitas vezes, os educadores centralizam as preocupações em conteúdos e acabam trabalhando superficialmente a cidadania, que é o alicerce da Educação. Assim, as escolas acabam sendo janelas abertas para a prática do *bullying* que acaba contaminando toda a sociedade (LINS, 2020).

Como referencial teórico, Lins teve como base Paulo Freire (1921-1997), brasileiro, da cidade de Recife, e Lev Vygotsky (1896-1934), de Orsha, na Bielo-Rússia, tendo em vista que eles apresentaram propostas que se entrelaçaram na direção de uma educação cidadã (2020).

Diante disso, o desenvolvimento do trabalho pautou-se num olhar diferenciado que levou a escola a se aproximar das necessidades e interesses dos educandos, oferecendo-lhes uma educação que possibilite formas de relações sociais mais humanizadas. Objetivou-se uma escola diferente, de qualidade, que educasse de forma livre dos elos do preconceito, da discriminação, da injustiça (Freire) e que possibilitasse o bom ensino (Vygotsky) (LINS, 2020).

Cabe destacar que os estudos de Vygotsky sobre aprendizado decorrem da percepção do homem como um ser que se forma em contato com a sociedade: o homem modifica o ambiente e o ambiente modifica o homem. Ele enfatizou a importância da interação social no desenvolvimento do homem (FERRARI, 2020).

Em *O Ateneu*, o colégio representa o microcosmo, a sociedade que se reflete em miniatura com peculiaridades resultantes da somatória de contatos diários e o papel essencial das relações sociais na formação da pessoa humana.

## 3 A legislação do *bullying:* algumas considerações

O Brasil possui instrumentos legislativos que regulamentam a proteção contra o *bullying.* O fenômeno é antigo e tem impregnado as relações sociais como forma de violência vinculada ao preconceito, discriminação e intolerância.

Esse tópico objetiva tecer algumas considerações, sem esgotar o tema, sobre a legislação existente. Atualmente, há três leis sobre essa temática: 13.185/15, 13.277/16 e 13.663/18.

A Lei n. 13.185, de 2015[2], institui o *Programa de Combate à Intimidação Sistemática (Bullying)* em todo o território nacional. Estabelece o conceito de intimidação sistemática (art. 2º) e de *cyberbullying* (quando tal intimidação acontece por meio da rede mundial de computadores (parágrafo único), quando se usam os instrumentos que lhe são próprios para depreciar, incitar a violência, adulterar fotos e dados pessoais com o intuito de criar meios de constrangimento psicossocial. Não há previsão de punições criminais ou civis pela prática delituosa e também não estabelece um prazo para a sua regulamentação.

Em seu texto, considera *bullying,* a intimidação sistemática como todo ato de violência física ou psicológica, intencional e repetitivo que ocorre sem motivação evidente, praticado por indivíduo ou grupo, contra uma ou mais pessoas, com o objetivo de intimidá-la ou agredi-la, causando dor e angústia à vítima, em uma relação de desequilíbrio de poder entre as partes envolvidas (art. 1º).

Dentre os objetivos do Programa, a referida lei elenca o ato de prevenir e combater a prática da intimidação sistemática (*bullying*) em toda a sociedade (art. 4º, I); implementar e disseminar campanhas de educação, conscientização e informação (art. 4º, III); dar assistência psicológica, social e jurídica às vítimas e aos agressores (art. 4º, V); promover a cidadania, a capacidade empática e o respeito a terceiros, nos marcos de uma cultura de paz e tolerância mútua (art. 4º, VII).

A intimidação sistemática (*bullying*) é caracterizada quando há violência física ou psicológica em atos de intimidação, humilhação ou discriminação e, ainda ataques físicos; insultos pessoais; comentários sistemáticos e apelidos pejorativos; ameaças por quaisquer meios; grafites depreciativos; expressões preconceituosas; isolamento social consciente e premeditado; pilhérias, piadas (art. 2º).

A Lei n. 13.277, de 2016, institui o dia 7 de abril como o *Dia Nacional de Combate ao Bullying e à Violência na Escola.* A escolha dessa data está relacionada à tragédia que ocorreu em 07 de abril de 2011, na escola municipal Tasso da Silveira, em Realengo – RJ, que será abordado posteriormente.

A Lei n. 13.663, de 2018, altera o artigo 12 da *Lei de Diretrizes e Bases da Educação Nacional* (Lei n. 9.394/1996), para incluir a

---

2 Esta Lei entrou em vigor após decorridos 90 (noventa) dias da data de sua publicação oficial.

promoção de medidas de conscientização, de prevenção e de combate a todos os tipos de violência e a promoção da cultura de paz entre as incumbências dos estabelecimentos de ensino.

Essas legislações apresentadas devem ser conjugadas com os princípios fundamentais constitucionais de proteção da *dignidade da pessoa humana* e na conscientização de toda a sociedade para a construção de uma sociedade livre, justa e solidária e que objetiva efetivamente a promoção do bem de todos (art. 5º, CF/1988).

Neste contexto, cabe destacar o artigo 17, do *Estatuto da Criança e do Adolescente* – ECA (Lei n. 8069/1990) que predispõe que "o direito ao respeito consiste na inviolabilidade da integridade física, psíquica e moral da criança e do adolescente, abrangendo a preservação da imagem, da identidade, da autonomia, dos valores, ideias e crenças, dos espaços e objetos pessoais".

E também, o artigo 18 que estabelece que "o direito à dignidade consiste no dever de todos velar pela dignidade da criança e do adolescente, pondo-os a salvo de qualquer tratamento desumano, violento, aterrorizante, vexatório ou constrangedor".

O *bullying* é um dos comportamentos mais praticados em nossa sociedade. Apesar de fazer parte do que é considerado violência, não lhe é dada a atenção necessária. A maior parte do grupo de pessoas que trabalham nas escolas, incluindo o corpo docente, não encara os comportamentos como ameaça e opressão enquanto comportamentos de violência (MATOS; GONÇALVES, 2009).

Nesse cenário apresentam-se como consequências comuns àqueles repetidamente vitimados pelo *bullying*: baixa autoestima, baixo rendimento e evasão escolar, estresse, ansiedade e agressividade. A presença ou não de um bom suporte familiar pode ser decisivo para que o infante supere as situações traumáticas vivenciadas ou, ao contrário, entregue-se ao isolamento social como uma forma de fuga e proteção contra as agressões. A situação pode, ainda, progredir para transtornos psicopatológicos graves, como fobias e depressões com ideias suicidas ou, por outro lado, fomentar desejos intensos de vingança (ALBINO; TERÊNCIO, 2012, p. 3).

Ressalte-se, a propósito, que os fatos desencadeadores de interesse governamental e social sobre essa problemática foram grandes tragédias, as quais, infelizmente, demostraram os atos de violência extremada que o *bullying* pode induzir, ainda que lentamente. Um dos primeiros casos com repercussão internacional sobre o tema aconteceu na Noruega, em 1983, quando três adolescentes que sofriam *bullying* severo de colegas acabaram cometendo suicídio. O caso chamou a atenção do Ministério da Educação daquele país, que iniciou uma campanha nacional contra o *bullying* escolar (ALBINO; TERÊNCIO, 2012, p. 3).

Em se tratando de Brasil, o *bullying* só começou a ser estudado a partir de 2000, com pesquisas pioneiras realizadas por Cleo Fante e José Augusto Pedra (CORINGA; MOREIRA; GOMES, 2012, p. 48).

Por fim, o termo anglo saxônico *bullying* é utilizado para descrever atos de agressão física ou psicológica de caráter intencional, repetitivo e sem motivação aparente, provocados por uma ou mais pessoas contra um colega em desvantagem de poder, com o objetivo de causar dor e humilhação. Insultos, exposição ao ridículo, difamação e agressões mais veladas como rejeição e isolamento são exemplos dessa prática (MAKARON, 2020).

A narrativa de *O Ateneu* apresenta-se marcado pelo *bullying,* fenômeno complexo e multifacetado, que se caracteriza pela influência de questões econômicas, sociais e culturais e outros fatores determinantes da exclusão social.

## 4 O Ateneu e o projeto: interfaces de uma realidade social

Vários estudos têm demonstrado a semelhança entre a vida de Raul Pompéia e a narrativa de sua obra com predominância do espaço escolar. Para ele o internato se articula à sociedade e inscreve as suas normas, porém, seu texto apresenta elementos que problematizam essas especificações (BENTO, 2012, p. 16).

A *coragem para a luta* é o conselho do pai de Sérgio ao deixá-lo no primeiro dia de aula na escola. Tempos depois, Sérgio sente o internato como se estivesse em um campo de batalha, pois vivencia conflito e violência, tais como, puxão na camisa, insultos, ofensas, xingamentos e empurrões.

As atitudes observadas no projeto *Unidos no Combate da Prática do Bullying – Jornal, Literatura, Comunidade e Cidadania, Uma Grande Parceria!* foram intolerância em relação ao outro, xingamentos, deboches, apelidos, exclusão, falta de valorização do próximo, ausência de solidariedade e discriminação (MEC, 2020).

Constatou-se que, apesar de existirem situações de amizade, o desprezo do exercício da cidadania e o desrespeito ao próximo também estavam sendo demonstrados diariamente nos pátios da escola, nas salas de aula, dentre outros locais.

No Ateneu, Franco estava sempre de joelhos como expiando a culpa de uma raça. Três anos havia que o infeliz, num suplício de pequeninas humilhações cruéis, agachado, abatido, esmagado, sob o peso das virtudes alheias mais que das próprias culpas, ali estava (POMPEIA, 1997, p. 28).

Franco sofria *bullying* tanto do diretor Aristarco quanto dos demais colegas. Não havia punições corporais aplicadas por Aristarco, mas em compensação havia as punições morais que se davam por meio das humilhações praticadas perante toda a escola. Ao expor Franco à humilhação pública, Aristarco acabava incitando aos outros alunos a praticarem agressões contra aquele que já se encontrava em uma posição de desvantagem (CORINGA; MOREIRA; GOMES, 2012, p. 51).

Representando a categoria de agressor, o personagem Sanches, muito inteligente, primeiro da classe, grande e forte, utiliza desses atributos para assediar Sérgio sexualmente, que, ao perceber essa estratégia de dominação, rompe a amizade (CORINGA; MOREIRA; GOMES, 2012, p. 52).

Os agressores, por não admitirem serem contrariados, agem de violência para com suas vítimas. Os agressores são crianças mais habilidosas na comunicação e têm facilidade de mobilizar outras crianças (TEIXEIRA, 2011, p. 11). As agressões de Sanches para com Sérgio se davam por meio de agressões físicas, assédio e insinuações (CORINGA; MOREIRA; GOMES, 2012, p. 52).

Funda-se no colégio o *Grêmio Literário Amor ao Saber* para exercício da retórica. Ali Nearco da Fonseca, aluno novo, que nos esportes era um fracasso, revela-se excelente orador. Bento Alves, rapaz bom, forte e misterioso, é o bibliotecário do Grêmio. Torna-se conhecido e respeitado por ter segurado o assassino de um dos funcionários da escola. O crime foi passional e Ângela, camareira da esposa do diretor, tinha sido a causa (POMPEIA, 1997).

O fenômeno é antigo, mas o conhecimento sobre o comportamento *bullying* ainda é pouco difundido dentro da comunidade escolar, apesar da sua grande incidência. Portanto, é necessário que o estudo sobre esse tema chegue até as escolas e a literatura pode ser um dos caminhos para ampliação desse conhecimento e, porque não, de combate à violência, nas escolas, que se dá por meio da relação de poder (CORINGA; MOREIRA; GOMES, 2012, p. 52).

Observa-se na narrativa que *O Ateneu* é o microcosmo que retrata o colégio como espelho da sociedade dividida pela desigualdade social e seus confrontos violentos.

*Bullying* e violência nas escolas são fenômenos interligados e tornaram-se grandes problemas nos dias atuais. A gravidade da questão se confirma por meio de estudos recentes como *Diagnóstico Participativo da Violência nas Escolas*, realizado pela Faculdade Latino-Americana de Ciências Sociais – FLACSO, com apoio do MEC, que revelou que 69,7% dos estudantes declaram ter presenciado alguma situação de violência dentro da escola (FLACSO BRASIL, 2020).

São vários os acontecimentos que atestam a violência. Em abril de 2011, a escola municipal Tasso da Silveira, em Realengo – RJ, sofreu um massacre, onde o ex-aluno, Wellington Menezes de Oliveira, disparou contra os alunos e professores, deixando 11 mortos e 13 feridos, e após, cometeu suicídio. Desde então, a escola tem trabalhado conceitos como inclusão, diversidade e *bullying* em sala de aula (AGÊNCIA ESTADO, 2020).

Em fato mais recente de violência em ambiente escolar, no dia 13 de março de 2019, na Escola Estadual Professor Raul Brasil, no município de Suzano, no estado de São Paulo, a dupla de atiradores Guilherme Taucci Monteiro e Luiz Henrique de Castro, ambos ex-alunos, mataram cinco estudantes e duas funcionárias da escola (G1, 2020).

A palavra *bullying* não tem uma tradução específica na língua portuguesa, mas pode ser conceituada como um conjunto de atitudes agressivas, intencionais e repetitivas, que ocorrem sem motivação evidente, adotadas por um ou mais alunos contra outro(s), causando dor, angústia, sofrimento, executadas dentro de uma relação desigual de poder (LINS, 2020).

Em 2016, as consequências nefastas sobre o *bullying* se confirmaram por meio dos estudos realizados pela *Faculdade Latino-Americana de Ciências Sociais* – FLACSO, em parceria com o **MEC e a Organização dos Estados Interamericanos** – **OEI**, que revelaram tipos de violências que vitimizaram os jovens, como agressões, roubos e discriminações (FLACSO BRASIL, 2020).

A pesquisa foi realizada entre janeiro e novembro de 2015 e ouviu **6.709 estudantes, de 12 a 29 anos,** em sete capitais brasileiras: Maceió, Fortaleza, Vitória, Salvador, São Luís, Belém e Belo Horizonte. Todas elas apresentaram, segundo o ***Mapa da Violência de 2014***, taxas de homicídio entre jovens maiores que a média nacional (82,7 homicídios por 100 mil jovens) (ABRAMOVAY *et al.*,

2016).

De acordo com **70% dos alunos,** houve algum tipo de violência na escola em que estudam no último ano. Entre os violentados, **65% apontaram** um colega como agressor. Mais de **15%** alegaram que a agressão **partiu dos próprios professores**. Entre os tipos de violência praticada, o ***cyberbullying,*** que engloba intimidações na *internet* e em aplicativos de conversa, representa **28% dos casos. Roubo e furto representam 25% dos casos** e ameaças, 21% (ABRAMOVAY *et al.*, 2016).

Para a coordenadora da pesquisa, um dos dados mais chocantes é sobre o local onde mais ocorrem os episódios violentos. É na sala de aula, que deveria ser um lugar protegido, que acontecem **25% das ocorrências,** o mesmo percentual dos pátios. Em segundo lugar, estão os corredores, **com 22%. Ela também destaca,** como um fato positivo, os jovens tendem a considerar suas escolas boas ou regulares, em que pesem marcarem diversas ocorrências de violências nesse espaço, principalmente entre os próprios jovens, como brigas, ameaças e *cyberbullying* (ABRAMOVAY *et al.,* 2016, p. 46).

Por fim, o *bullying apresenta sérios problemas individuais e sociais, e quando vinculado* ao ambiente escolar, surge como um espaço ainda pouco explorado, principalmente com relação ao comportamento agressivo existente entre os próprios estudantes. A violência nas escolas é um problema social grave e complexo e, provavelmente, o tipo mais frequente e visível da violência juvenil (LOPES NETO, 2005).


## Considerações Finais

A escola é de primordial importância no desenvolvimento das crianças e adolescentes e não se destaca somente pela transmissão de conhecimento formal e acadêmico e sim, pelo desenvolvimento integral no processo civilizatório da pessoa humana no exercício da cidadania.

O *bullying* é um fenômeno que se manifesta nas relações interpessoais nos vários contextos onde estas se dão, quando ocorre na escola, envolve o contexto escolar numa atmosfera de desrespeito, tensão e medo.

É preocupante assinalar que na escola ocorre o maior número de episódios de *bullying*, considerando que a escola é o principal microssistema onde se dão as interações entre pares de idade. Na obra *O Ateneu*, Sérgio retrata que a prática do *bullying* tem o seu alicerce na forma preconceituosa de pensar e agir.

Cabe salientar que a educação abrange os processos formativos que se desenvolvem na vida familiar, na convivência humana, no trabalho, nas instituições de ensino e pesquisa, nos movimentos sociais e organizações da sociedade civil e nas manifestações culturais.

Dessa forma, o debate e o combate do fenômeno de *bullying* e da violência na escola é dever de todos: da família, do Estado, das escolas e da sociedade em geral e deve ser inspirado nos princípios de liberdade e nos ideais de solidariedade humana, de respeito as diversidades e no acolhimento fraterno.

## Referências


ABRAMOVAY, M. *et al.* **Diagnóstico participativo das violências nas escolas**: falam os jovens. Rio de Janeiro: FLACSO Brasil; OEI; MEC, 2016.

AGÊNCIA ESTADO. **Atacada em 2011, escola de Realengo mudou desde recepção até as aulas**. Disponível em <https://www.correiobraziliense.com.br/app/noticia/brasil/201 9/03/15/inter na-brasil,743133/atacada-em-2011-escola-de-realengo-mudou-desde-recepcao-ate-as-aulas.shtml>. Acesso: 23 jun. 2020.

ALBINO, P. L.; TERÊNCIO, M. G. Considerações críticas sobre o fenômeno do *bulling*: do conceito ao combate e à prevenção. **Revista Eletrônica do CEAF**, Porto Alegre, v. 1, n. 2, p. 1-21, fev./maio 2012.

ARAÚJO, R. L. **Raul Pompeia**: jornalismo e prosa poética. 2006. 216 f. Tese (Doutorado em Letras) – Faculdade de Filosofia, Letras e Ciência Humanas, Universidade de São Paulo, São Paulo, 2006.

BENTO, C. A. O espaço na literatura e o espaço da literatura. **Caligrama: Revista de Estudos Românicos**, Belo Horizonte, v. 17, n. 1, p. 7-22, 2012.

BRASIL. **Constituição da República Federativa do Brasil de 1988**. Disponível em <http://www.planalto.gov.br/ccivil_03/constituicao/constituica

o.htm>. Acesso: 26 maio 2020.

BRASIL. **Lei n. 8.069, de 13 de julho de 1990**: dispõe sobre o Estatuto da Criança e do Adolescente e dá outras providências. Disponível em <http://www.planalto.gov.br/ccivil_03/leis/l8069.htm>. Acesso em 27 jun. 2020.

BRASIL. **Lei n. 13.185, de 6 de novembro de 2015**: institui o programa de combate à intimidação sistemática (*bullying*). Disponível em: <http://www.planalto.gov.br/ccivil_03/_ato2015-2018/2015/lei/l13185.htm>. Acesso: 25 maio 2020.

BRASIL. **Lei n. 13.277, de 29 de abril de 2016**: institui o dia 7 de abril como o Dia Nacional de Combate ao *Bullying* e à Violência na Escola. Disponível em <http://www.planalto.gov.br/ccivil_03/_ato2015-2018/2016/lei/L13277.htm#:~:text=LEI%20N%C2%BA%2013.277%2C%20DE%2029,e%20%C3%A0%20Viol%C3%AAncia%20na%20Escola.>. Acesso: 25 maio 2020.

BRASIL. **Lei n. 13.663, de 14 de maio de 2018**: altera o art. 12 da Lei n. 9.394, de 20 de dezembro de 1996, para incluir a promoção de medidas de conscientização, de prevenção e de combate a todos os tipos de violência e a promoção da cultura de paz entre as incumbências dos estabelecimentos de ensino. Disponível em <http://www.planalto.gov.br/ccivil_03/_Ato2015-2018/2018/Lei/L13663.htm#:~:text=LEI%20N%C2%BA%2013.663%2C%20DE%2014,incumb%C3%AAncias%20dos%20estabelecimentos%20de%20ensino.>. Acesso: 25 maio 2020.

CORINGA, S. M. G.; MOREIRA, S. A. S.; GOMES, E. A. F. O Ateneu: um território marcado pelo bullying. **Rev. Quipus**, Mossoró, v. II, n. 1, p. 47-53, dez. 2012.

FERRARI, M. **Lev Vygotsky, o teórico do ensino como processo social.** Disponível em <https://novaescola.org.br/conteudo/382/lev-vygotsky-o-teorico-do-ensino-como-processo-so cial>. Acesso em 27 jun. 2020.

FLACSO BRASIL. **Violência atinge 42% dos alunos da rede pública.** Disponível em <http://flacso.org.br/?p=14965>.

Acesso: 28 maio 2020.

G1. **Dupla ataca escola em Suzano, mata oito pessoas e se suicida**. Disponível em <https://g1.globo.com/sp/mogi-das-cruzes-suzano/noticia/2019/03/13/tiros-deixam-feridos-em-escola-de-suzano.ghtml>. Acesso em 27 jun. 2020.

LINS, C. P. D. **Unidos no combate da prática do** *bullying*: jornal, literatura, comunidade e cidadania, uma grande parceria. Anais dos Workshops do Congresso Brasileiro de Informática na Educação. Disponível em: <https://www.br-ie.org/pub/index.php/wcbie/article/view/ 1935>. Acesso: 22 maio 2020.

LOPES NETO, A. A. *Bullying:* comportamento agressivo entre estudantes. **Jornal de Pediatria**, v. 81, n. 5 (supl), p. 164-72, 2005.

MAKARON, S. *Bullying***: como enfrentá-lo? Disponível em:** <http://www.jornaljovem. com.br/edicao11/convidado11.php>. Acesso: 27 maio 2020.

MATOS, M. G.; GONÇALVES, S. M. P. *Bullying* nas escolas: comportamentos e percepções. **Rev. Psicologia, Saúde & Doenças**, v. 10, n. 1, p. 3-15, 2009.

MARTINS, R. A. F. O Ateneu: representações da memória e do homoerotismo. **Revista Litteris**, Rio de Janeiro, n. 7, mar. 2011.

MEC – MINISTÉRIO DA EDUCAÇÃO. **Unidos no combate da prática do** *bullying*: jornal, literatura, comunidade e cidadania: uma grande parceria! Disponível em <http://premioprofessores dobrasil.mec.gov.br/images/pdf/relatos_2009/2009_ppb_cristin a_lins.pdf>. Acesso: 18 maio 2020.

POMPEIA, R. **O Ateneu.** Disponível em <http://www.nilc.icmc.usp.br/nilc/literatura/ oateneu1.htm>. Acesso: 29 maio 2020.

______. **O Ateneu.** São Paulo: Klick, 1997.

SILVA, M. L. **A biblioteca de Sérgio: representação do irrepresentável.** Tese de Doutorado. Universidade Federal do Rio Grande do Sul, Instituto de Letras. Programa de Pós-Graduação em Letras. Porto Alegre: 2013.

TEIXEIRA, G. **Manual** *antibullying*: para alunos, pais e

professores. Rio de Janeiro: Bestseller, 2011.

TUNDISI, A. **Sérgios e Aristarcos: apropriações de "O Ateneu" no campo educacional brasileiro.** Dissertação de Mestrado. Programa de Pós-Graduação em Educação da Universidade de São Paulo. São Paulo, 2013.

# 14

# DAS MARCAS DA VIOLÊNCIA ESCOLAR REAL E DAS MARCAS DA VIOLÊNCIA ESCOLAR REPRESENTADA NA LITERATURA BRASILEIRA[1]

CLEIRY DE OLIVEIRA CARVALHO

## Introdução

No ano de 1989 veio a público um documento intitulado *História da educação brasileira* (INEP, 2020). Esse documento, com 45 páginas, apresenta mais de 500 títulos de obras que nos permite conhecer a história da educação brasileira. Estranhamente, em nenhum dos títulos das obras indicadas, existe referência a violência escolar, opressão ou *bullying*[2]. Se nesse vasto rol bibliográfico a temática foi tratada ela não mereceu destaque nos títulos das obras.

Cinco anos antes do documento sobre a história da educação brasileira, ou seja, em 1984, Guimarães já havia publicado sua dissertação intitulada *Escola e violência: relações entre vigilância, punição e depredação escolar*. Em 1990 Guimarães aprofunda o tema em sua tese de doutoramento *A depredação escolar e a dinâmica da violência*. Moura, outra estudiosa que aborda a violência na escola, ainda em 1988,

---

[1] O capítulo que ora apresento é uma versão modificada e ampliada do artigo *Dos caminhos da violência na escola representada na literatura brasileira* (CARVALHO, 2019b). O capítulo é resultado da minha pesquisa desenvolvida no doutorado na UnB, sob a orientação da Profª Anna Heron More, e intitulada *O lugar e a função da escola na estrutura social brasileira representada nas obras: O desertor, O seminarista, São Bernardo e Alegres memórias de um cadáver* (CARVALHO, 2019a).

[2] "No Brasil, a PeNSE indicou que 7,4% de estudantes sofreram *bullying* na maior parte do tempo ou sempre, nos 30 dias anteriores à pesquisa e 19,8% afirmaram já ter praticado *bullying* nos 30 dias anteriores à pesquisa. Dentre os que se sentiram humilhados pelas provocações, os principais motivos foram a aparência do corpo (15,6%) e a aparência do rosto (10,9%)." (UNICEF, 2019, p. 22)

defendeu sua dissertação intitulada *Violência da escola*. Tanto a dissertação de Guimarães em 1984, quanto a dissertação de Morua em 1988, poderiam constar no livro divulgado pelo governo em 1989, mas tudo indica que ainda não parecia ser a hora de falar de violência na escola. É relativamente fácil encontrar trabalhos acadêmicos que tratam da dupla *escola-violência*, principalmente nos últimos 40 anos. A questão da violência também foi abordada pela UNESCO, destaco três fragmentos:

> Gerador de exclusão, *o insucesso escolar* está, pois, em muitos casos, na origem de certas formas de *violência* e de desvios individuais. Estes processos que destroem o tecido social fazem com que *a escola* seja acusada de ser fator de exclusão social e, ao mesmo tempo, seja fortemente solicitada como instituição-chave para a integração ou reintegração. (1998, p. 56 – destaque meu)

> *A educação* para o pluralismo é, não só, uma barreira contra a *violência*, mas um princípio ativo de enriquecimento cultural e cívico das sociedades contemporâneas. Entre o universalismo abstrato e redutor e o relativismo, para o qual nada mais existe para além do horizonte da cultura particular de cada um, há que afirmar ao mesmo tempo o direito à diferença, e a abertura ao universal. (1998, p. 58 – destaque meu)

> *Os alunos* devem poder adquirir *na escola* instrumentos que os habilitem, quer a dominar as novas tecnologias, quer a enfrentar os conflitos e a *violência*. É preciso cultivar neles a criatividade e a empatia de que terão necessidade para serem, na sociedade de amanhã, cidadãos ao mesmo tempo atores e criadores. (1998, p. 136 – destaque meu)

Nos excertos acima a escola e a violência aparecem juntas, mas a escola está inserida para ser uma porta de mudança no cenário da violência.

No ano de 2001 Sposito publica o artigo um breve balanço da pesquisa sobre violência escolar no Brasil. Nesse estudo a autora afirma:

> Apesar do intenso debate público em torno da violência e de sua relação com os segmentos juvenis quer como protagonistas, quer como vítimas, as equipes de pesquisadores demoram a assimilar no conjunto de seus interesses o tema das relações entre violência e escola. Verifica-se, também, nesses últimos vinte anos, a inexistência de um programa nacional de investigações sobre violência escolar proposto pelo Poder Público através de suas agências de fomento à

pesquisa3. (2001, p. 89)

> Durante a década de 1980 e início dos anos 1990 o tema da segurança passa a predominar no debate público. Os eixos fortes que articulavam a discussão da escola pública em torno de uma desejada abertura democrática se arrefecem. (2001, p. 91)

Tudo leva a crer que de fato o apagamento do tema violência escolar foi uma medida também política. Chama atenção o primeiro estudo apontado por Sposito ser sobre alunos universitários, público costumeiramente mais ligado às classes média e alta (2001).

A violência escolar é um tema comum e existe apesar de não figurar em muitas obras que tratam da educação. Esse apagamento de uma situação real e que vigora nas escolas brasileiras desde o nascimento da instituição escolar merece atenção. Caniato contribui com a seguinte assertiva:

> A escola é sem dúvida a 'caixa de ressonância do que ocorre na sociedade e não seria de esperar que a violência que reina na vida cotidiana isolasse professores e alunos de seus efeitos nefastos'. As crianças e adolescentes não têm mais a admiração pelos professores que possa continuar fazendo destes seu ponto de referência (ideal de ego) para o investimento libidinoso na integração egoica. São outros os seus ídolos atuais... Se os professores não representam mais uma autoridade para os alunos, eles também 'não conseguem impor-lhes disciplina e limites'. A permanência na escola virou, para os alunos e professores, um 'momento de grande enfado' porque os alunos não conseguem ver sentido nos apelos do professor para outros valores e não mais identificam a importância do processo ensino-aprendizagem em suas vidas. A escola virou de fato um espaço de 'muito sofrimento' para esses dois personagens. (2017, p. 129 – destaque da autora)

A autora indica que a violência está incorporada na sociedade, portanto presente na escola. E o espaço escolar é violento para todos que lá estão, mas em graus diferentes e com motivação diferente para cada um dos seus atores.

Diante dessas questões, convém observar que não existe forma abstratamente pura e também não há empiria positiva sem mediação social. Assim, a função literária é diretamente social ao mesmo tempo em que também inclui como elemento fundamental a

---

[3] Estudos de natureza histórica sobre o tema da violência e indisciplina nas escolas ainda são necessários. O trabalho de Mattoso examina as práticas violentas de trote aos ingressantes no ensino superior, no Brasil, ainda no século XIX (1985).

imaginação4. Conforme Anjos:

> Compreendemos que a literatura abrange também uma significação
> extraliterária, ou seja, aceitamos que o esforço literário não se
> destina apenas a "dizer bem", mas a "dizer alguma coisa" ao leitor,
> e esta mensagem pode ser observada, descrita e analisada, visando a
> uma reconstituição de relações sociais nela descrita. (ANJOS, 1979,
> p. 1)

Qualquer mensagem, como qualquer discurso, é produto da
interpretação. Ou seja, na perspectiva de que todas as esferas sobre
as quais a elaboração ficcional se lança, o universo literário está
incorporado, em especial e no seu todo, na esfera da cultura,
convertida em personagens, atmosferas, ambientes, situações,
conflitos, sendo o universo literário o do discurso literário, que é
diferente do universo em si porque o imita positiva ou
negativamente.

Sendo assim, é cabível propor a investigação, a partir da
representação literária da escola, pois a escola, como elemento de
estrutura interno da obra literária, reverbera ou problematiza o
significado social extraliterário da escola.

Finalmente, procuro, em alguns momentos das análises das obras
literárias, fazer algumas confrontações com a conjuntura atual por
entender que

> A verdadeira imagem do passado passa por nós de forma fugidia. O
> passado só pode ser apreendido como imagem irrecuperável e
> subitamente iluminada no momento do seu reconhecimento. "A
> verdade não nos foge": essa fórmula de Gottfriel Keller assinala, na
> concepção da história própria do historicismo, precisamente o
> ponto em que essa concepção é destruída pelo materialismo
> histórico. Porque é irrecuperável toda a imagem do passado que
> ameaça desaparecer com todo o presente que não se reconheceu
> como presente intencionado nela. (BENJAMIN, 2016, p. 11)

> O historicismo se contenta em estabelecer um nexo causal entre
> vários momentos da história. Mas nenhum fato, meramente por ser
> causa, é só por isso um fato histórico. Ele se transforma em fato
> histórico postumamente, graças a acontecimentos que podem estar
> dele separados por milênios. O historiador consciente disso
> renuncia a desfiar entre os dedos os acontecimentos, como as contas
> de um rosário. Ele capta a configuração em que sua própria época
> entrou em contato com uma época anterior, perfeitamente

---

4 Adoto a perspectiva de Candido (2012, p. 83-4).

determinada. (BENJAMIN, 1994, p. 232)

Antecipo que as obras literárias que analiso estabelecem entre si vínculos que ultrapassam a linha do tempo. Como simples continuidade – apontam para uma configuração da experiência humana, situada, no âmbito da educação formal, mas também da educação informal.

## 1 A escola representada na literatura brasileira

No Brasil a temática escola está presente na literatura e é possível reunir um bom número de textos literários que abordam o universo da formação escolar: contos, crônicas, cenas de dramaturgia, poemas, capítulos de livros e livros. Entendo que a temática escola ocupa lugar central em algumas obras, mas aparece como motivo secundário em muitas outras. Considero que ocupar o lugar central na obra significa conter os seguintes elementos: a escola (ou parte dela) como ambiente (físico ou não) de referência, a educação como processo formador (ou instrução ou formação ou ambos) e os agentes desse processo (principalmente aluno e professor). Os destinadores da ação (estado, religião, orientação política) e seus instrumentos de ação-coerção, podem comparecer, mas não são essenciais.

Ao propor esse estudo que estabelece intersecções temáticas procurei equacionar dialeticamente questões que aparecem em diversas obras brasileiras e as inserir em um contexto que as relacionasse entre si e pudesse permitir uma correspondência com o tempo em que foram escritas e o tempo em que ainda podem ser lidas. Para esse percurso, o conteúdo, pelo seu apelo histórico, social e político, precisava ser analisado. Qual o sentido de a escola ser representada como um mecanismo violento de educação formal em muitas obras literárias?

O conceito de violência é muito amplo e há formas de violência que persistem no tempo e se estendem pelas diferentes formações sociais que nossa história conheceu. A violência é um fato humano e social, é histórica. E está na escola – autoritarismo, submissão e resistência, conflitos entre educador e educando etc. E são tantas formas de violência (inclusive violência sexual) quanto é possível vê-las representadas, nessas obras, nas falas de alunos, no dia a dia de professores e demais trabalhadores da educação. Além da violência é preciso destacar *os desajustes* (entre estudantes e escolas, entre práticas educativas e propósitos, entre políticas de Estado e realidades efetivas etc.). A própria ideia de formação, quando essa formação precisa ser adequada a uma padronização, torna-se um elemento para surgir a violência.

O conteúdo comum que unifica as obras é este: uma vez atendida a classe que precisa ter acesso à educação – quase só a ponta da pirâmide –, reduz-se o ensino destinado à base, mesmo quando a ela é concedido apenas o ensino primário. Fosse o processo invertido e teríamos um outro Brasil, com mais condições de suprir o mínimo para democratizar o acesso a outros estágios: ensino secundário e ensino superior.

A temática da instituição escolarizada pode ser lida em diversas obras brasileiras ao longo dos séculos. Antes de *O Ateneu*, obra de Pompéia, a violência na instituição escolar já tinha figurado em outras obras ([1888] 1996).

Destaco uma crítica ao sistema educacional anterior a elabora por Pompéia e que aparece em *Conto de escola* (ASSIS, [1884] 1996). No conto em questão a situação escolar narrada se passa em 1840 e a personagem Pilar tem a seu desfavor o fato de se permitir ser comprado para ensinar o filho do mestre, o pouco inteligente Raimundo. O fragmento abordado pela ótica de Pilar contribui para pensar a escola como um lugar que aniquila a liberdade. Em outras obras a alusão a prisão será retomada.

> Com franqueza, estava arrependido de ter vindo. *Agora que ficava preso, ardia por andar lá fora*, e recapitulava o campo e o morro, pensava nos outros meninos vadios, o Chico Telha, o Américo, o Carlos das Escadinhas, a fina flor do bairro e do gênero humano. *Para cúmulo de desespero*, vi através das vidraças da escola, no claro azul do céu, por cima do morro do Livramento, um papagaio de papel, alto e largo, preso de uma corda imensa, que bojava no ar, uma cousa soberba. *E eu na escola, sentado, pernas unidas, com o livro de leitura e a gramática nos joelhos*. (ASSIS, [1884] 1996, p. 112-3 – destaque meu)

Pilar era um dos alunos mais adiantados da escola, não apenas da sua classe. Suas tarefas estavam prontas antes de os demais colegas encerrarem as suas lições. E ele ardia por estar junto com os meninos vadios, soltando pipa no céu azul. O ambiente escolar vai ensinar a ele um dura lição, a de não cobrar para ensinar o conteúdo escolar ao pobre Raimundo. Após sofrer delação e ser descoberto pelo mestre é vítima da palmatória: "Estendi-lhe a mão direita, depois a esquerda, e fui recebendo os bolos uns por cima dos outros, até completar doze, que me deixaram as palmas vermelhas e inchadas. Chegou a vez do filho, e foi a mesma cousa; não lhe poupou nada, dois, quatro, oito, doze bolos" (ASSIS, [1884] 1996, p. 117).

Sobre *Conto de escola*, destaco o artigo de Gusmão-Garcia e Silva (1999). Nele os autores pontuam a formação do caráter, a violência e a educação. As duas últimas demarcam a primeira. São entranhas de um mesmo processo, tanto na escola quanto na vida fora dela. Não se trata, no entanto, de concluir que Machado de Assis credite as primeiras violências à escola primaria, mas, segundo os autores:

> Pode-se, sim, afirmar que nosso maior escritor deixa transparecer que as ações violentas deitam raízes na estrutura da sociedade. Quanto mais o poder constituído se fundar na autoridade privilegiada de uma classe, ou seja, quanto mais a manutenção do poder depender da manutenção de privilégios, mais o princípio de autoridade coercitiva se impõe, transformando as instituições sociais em instrumentos dessa imposição. Machado de Assis, no conto, nada mais faz do que explicitar, esteticamente, essa instrumentação e as consequências no processo de aprendizagem e na formação do caráter. Na sociedade do tempo, construída sobre a exploração dos vencedores sobre os vencidos, mantida pelo sistema de produção fundado no trabalho escravo, garantida na hegemonia política da classe senhorial, a violência, como ação contrária à ordem moral ou à ordem da natureza, constituía um imperativo categórico. (1999, p. 48-9)

De uma maneira ou outra o processo se repete na formação e na reprodução dos mecanismos de vigilância que estão impostos na e pela sociedade. A relevância desse diálogo com outras obras[5] encontra evidência na sintonia entre elas. A inadequação do ambiente escolar aparece de algum modo – ainda sobre *Conto de escola* eis a leitura de Paixão:

> Em suas últimas linhas o conto diz: "E contudo a pratinha era bonita e foram eles, Raimundo e Curvelo, que me deram o primeiro conhecimento, um da corrupção, outro da delação; mas o diabo do tambor...". Essas duas histórias podem ser tomadas sob muitos ângulos, mas o que interessa aqui é fazer uma breve reflexão em torno do que podemos chamar de a perda da inocência. Tanto num caso como noutro o que está em jogo é o indivíduo despertar para uma determinada consciência crítica frente à sociedade e suas relações. Cada um de nós teve vivências mais ou menos marcantes,

---

[5] Refiro-me a Carvalho (2019a).

> mas a trajetória se repete no sentido de que a idílica infância teve de
> ser abandonada em nome da razão, do conhecimento, do mundo
> do trabalho, em nome, enfim, das experiências novas que o correr
> da idade foi produzindo. (1992, p. 206)

A corrupção e a delação são formas de violência. Paixão interpreta que houve perda da inocência, mas também é possível interpretar a descoberta da força do ódio para com o colega de classe delator, o Curvelo.

Seja na visão de Pilar, de Carlos ou de Sérgio, revolver o passado escolar pelo olhar do adulto nos dá outras histórias. Histórias ficcionais, é certo, mas demarcadas por violências representativas de outras que são verdadeiras.

Volto ao *O Ateneu* por ser uma narrativa em que vigora a crítica social e política dos padrões de seu tempo. Publicado em 1888, tem como cerne as recordações das experiências do jovem Sérgio na condição de interno no colégio Ateneu. Pompéia, ao ocupar-se do internato na condição de microcosmo representativo de toda a estrutura degradada e corrompida da sociedade da época do Brasil Império, em um momento da crise da monarquia no Brasil, materializa uma crítica ao modelo educacional autoritário, perverso e viciado, presente na sociedade da época narrada na obra. Parece-me, no entanto, que o internato é um fragmento da sociedade completo em si mesmo, narrado por si mesmo e, ao mesmo tempo, capaz de dizer esse todo. A crítica à sociedade burguesa brasileira resulta disso. O colégio é uma instituição alicerçada na arbitrariedade e corrupção, sendo o diretor Aristarco o principal causador dos infortúnios dos alunos.

*O Ateneu* contém matéria política, histórica, social. Realço duas situações emblemáticas da obra. A primeira se dá pela crítica dos mecanismos mercadológicos utilizados, pelo diretor, para vender a ideia de que o internato é o grande colégio da época. Para isso a aparência cuidada era importante e por isso o internato recebia tintas novas e vistosos anúncios: "pintando-o jeitosamente de novidade, como os negociantes que liquidam para recomeçar com artigos de última remessa" (POMPEIA, [1888] 1996, p. 12). A segunda é vender o internato como uma extensão da família. Diz o diretor: "o meu colégio é apenas maior que o lar doméstico. O amor não é precisamente o mesmo, mas os cuidados de vigilância são mais ativos" (POMPEIA, [1888] 1996, p. 21). O mercantilismo do sistema educacional se dá nas duas vias: o de cumprir o papel do Estado e o de cumprir o papel da família. Ao vender qualidade para garantir a educação[6] Aristarco consegue errar de forma perceptível até pelos jovens aprendizes: "Lá ficou a contragosto o Cruzeiro estampado no hemisfério da estrela polar". (POMPEIA, [1888] 1996, p. 42).

Sérgio, que ouvira do pai, à porta do Ateneu, que iria "encontrar o mundo" (POMPEIA, [1888] 1996, p. 11) não esperava que esse mundo fosse despi-lo de todas as suas ilusões a respeito do que encontraria no internato: tensão nas relações homossexuais (Bento Alves, Egbert, Sanches e o narrador), violência física, violência sexual, violência emocional, violência psicológica, violência social. Além do uso da palmatória existia um espaço (*cafua*) para castigar os alunos e o diretor usava, todas as manhãs, o livro de notas para execrar, publicamente, as faltas dos alunos.

O jovem Franco, um dos alunos, dono de notas ruins, estava sempre de castigo. O pai, desembargador desterrado no Mato Grosso, tinha oito filhos. Era com dificuldade que o pai fazia planos de ir à corte visitar o filho. Este nunca saía do internato, enquanto os outros alunos usufruíam do direito de a cada quinzena irem visitar suas famílias, um castigo extra lhe era acrescentado. Após ser vítima de vários tipos de castigos, depois de passar um tempo na *cafua*, Franco ficou doente. Teve febre e investiu no sereno para que sua doença causasse remorso, enquanto isso ocultava seu sofrimento.

> Perguntei ao Franco como passava. Ele agitou devagar as pálpebras e sorriu-se. Nunca lhe conheci tão belo sorriso, sorriso de criança à morte. Oito horas da noite. O gás atenuado produzia eflúvios contristadores de claridade. Retirei-me sem aprofundar a vista pelos outros dormitórios, em cujas vidraças espelhantes devia passar sucessivamente a minha sombra. Procurei o diretor e comuniquei-lhe os meus terrores.
>
> No dia seguinte, um domingo alegre, Franco estava morto...
>
> Pouco tempo depois, o Ateneu em festa. (POMPEIA, [1888] 1996, p. 133).

A doença de Franco no colégio *maior que o lar doméstico* não foi suficiente para que a promessa da *vigilância ativa* fosse concretizada. O domingo alegre não foi dissipado diante da saída de um caixão. A promessa da continuidade do amor doméstico é enterrada junto com Franco. Consta que Aristarco chorou no enterro. Mas logo tratou de

---

[6] As disciplinas no colégio Ateneu: geografia, gramática, a história pátria, a história santa e matemática.

iniciar os preparativos para "a solenidade da distribuição bienal dos prêmios" (POMPEIA, [1888] 1997, p. 133).

Adulto, Sérgio questiona:

> Onde meter a máquina dos meus ideais naquele mundo de brutalidades, que me intimidava com os obscuros detalhes e as perspectivas informes, escapando à investigação da minha inexperiência? Qual o meu destino, naquela sociedade que o Rebelo [companheiro de classe] descrevera horrorizado, com as meias frases de mistério, suscitando temores indefinidos, recomendando energia, como se coleguismo fosse hostilidade? (POMPEIA, [1888] 1997, p. 30)

Ao olhar o passado com esse tanto de agruras, Sérgio parece revelar que o presente não se despiu do passado. O destino que era futuro já não é enquanto o narrador verte em gotas sufocantes as opressões sofridas, as violências que deveriam tê-lo tornado um homem forte. Mas, a formação de Sérgio não o entregou pronto para a sociedade.

Pompeia foi duramente acusado pelo escritor e crítico Mário de Andrade, em que esse avalia a vida do autor e a vida da personagem Sérgio.

> E aqui entramos num dos traços conceptivos mais absurdos e mais trágicos deste livro: a insensibilidade de Raul Pompéia ante a idade da adolescência e o sentimento da amizade.
>
> É curioso observar que fazendo da vida colegial do protagonista Sérgio uma tragédia sem remanso, Raul Pompéia não tenha sequer um momento de revolta contra o pai que o encafuou lá. (ANDRADE, 2002, p. 194)

Tudo indica que Andrade leu a obra de Pompéia distanciando-a da ficção literária apesar de afirmar ser um livro de ficção. Estudos posteriores ao de Andrade (2002) interpretam a relação do pai de Raul e Aristarco na mesma chave de leitura7. O crítico, porém, compara a atitude revoltosa da personagem Carlos no romance Doidinho em relação ao Zé Paulino (REGO, [1933] 2013) e segue afirmando que Pompeia poupa o próprio pai e julga ser O Ateneu uma obra de vingança:

---

7 "É que Aristarco, por uma transferência psicológica ou descolamento, encarnava, em tôda essa trama edípica, a figura do próprio pai de Pompéia, o responsável involuntário de seu sofrimento e de sua revolta, despregando-o do regaço materno para um ambiente que lhe era hostil e insuportável." (TORRES, 1972, p. 21)

> Não é possível negar, as provas são fortes, que neste livro de ficção o escritor vazou a sua vingança contra o seu internamento no colégio de Abílio... o romancista se vinga. Atira-se com um verdadeiro furor destrutivo contra tudo e todos do colégio, numa incompreensão, numa insensibilidade às vezes absurda e mesmo odiosa dos elementos que formam a difícil máquina da vida. Raul Pompéia se vinga. Se vinga do colégio com uma generalização tão abusiva e sentimental que chega à ingenuidade. (ANDRADE, 2002, p. 193).

A atribuição da ingenuidade na idade adulta de Pompeia é praticamente uma acusação de o autor não ter se tornado homem o bastante para superar o que muitos outros alunos superam após saírem dos bancos escolares. Essa crítica que o autor recebeu de Andrade me parece sinal de conformidade e consenso. Nesse caso, nem na ficção Pompeia poderia se libertar de seus traumas, era preciso fazer com que Sérgio engolisse o choro e deixasse o passado no passado. Mesclo Pompeia e Sérgio? Caí no engodo do subtítulo do romance – *O Ateneu?* Como ter saudade de uma passado tão violento? Mesmo a ironia não permite apagar o que foi ano a ano sedimentando-se no *produto* que a escola entregou.

O fato é que não é possível ignorar tantas formas de violência escancaradas em obras que tematizam a passagem de crianças, adolescentes e até jovens *adultos* pela instituição escolar. Questionar se seria o mal da idade, não superado por eles? Autores jovens, desesperados com a realidade corrupta e corruptível? A escrita busca por uma compreensão enquanto se faz denúncia ou a escrita é o grito antes da asfixia? No caso de Pompéia, nem mesmo a escrita o libertou do suicídio.

Zilberman faz-me pensar em outras possibilidades de leitura do contexto e da avaliação de Pompeia a respeito do papel do Barão de Macaúbas[8]. Um dos fatos apontados por ela nesse artigo é o contraponto do olhar lançado ao pedagogo pelo poeta Castro Alves. Caso Andrade tivesse julgado Alves ingênuo ao compor seus poemas dedicados ao Barão de Macaúbas seria factível e provavelmente não seria possível interpelá-lo, isso devido ao fato de que os poemas de Alves transbordam um olhar fascinado diante de um pedagogo que amedrontava muitos, mas certamente não aqueles que o idolatravam

---

[8] "Pedagogo e médico brasileiro nascido no município baiano de Rio de Contas, antigo Minas do Rio de Contas, um dos precursores do livro didático brasileiro." (BRASIL ESCOLA, 2020).

(2012).

É relevante situar a opinião de Ramos, presente em *Infância*, no capítulo *O Barão de Macaúbas*:

> Esses dois contos me intrigaram com o Barão de Macaúbas. Examinei-lhe o retrato e assaltaram-me presságios funestos. Um tipo de barbas espessas, como as do mestre rural visto anos atrás. Carrancudo, cabeludo. E perverso...
>
> Temi o Barão de Macaúbas, considerei-o um sábio enorme, confundi a ciência dele com o enigma apresentado no catecismo...
>
> De quem seria o defeito, do Barão de Macaúbas ou meu? Devia ser meu. Um homem coberto de responsabilidades com certeza escrevia direito. Não havia desordem na composição. Só eu me atrapalhava nela...
>
> Foi por esse tempo que me infligiram Camões, no manuscrito. Sim senhor: Camões, em medonhos caracteres borrados – e manuscritos. Aos sete anos, no interior do Nordeste, ignorante da minha língua, fui compelido a adivinhar, em língua estranha, as filhas do Mondego, a linda Inês, as armas e os barões assinalados. Um desses barões era provavelmente o de Macaúbas, o dos passarinhos, da mosca, da teia de aranha, da pontuação. Deus me perdoe. Abominei Camões. E ao Barão de Macaúbas associei Vasco da Gama, Afonso de Albuquerque, o gigante Adamastor, barão também, decerto. (RAMOS, 1976, p.124-7)

Entregar *Os Lusíadas* para alunos com 7 anos de idade esperando que esses dele tirem, sozinhos, o que o professor quer, é uma violência; outra violência é a fragmentação do texto de Camões, o expurgo das passagens *não apropriadas*, para tornar a obra *apropriada* para os estudantes ainda crianças. Decerto que o senhor Abílio era um pedagogo aterrorizante. Era também um bom vendedor da ideia de escola (privada) para formação adequada dos alunos. Segundo Ramos, "o que ele intentava era elevar as crianças, os insetos e os pássaros ao nível de professores" (RAMOS, 1976, p. 124).

No artigo de Zilberman é possível ter acesso a outras referências sobre o Barão. Por exemplo, na ocasião da morte de Abílio, Pompeia escreveu:

> ... Cheio de entusiasmo *pelas reformas liberais do ensino* o Diretor do afamado Colégio Baiano e do Colégio Abílio *foi um propagandista ardente e eficacíssimo do melhoramento das condições do ensino primário e secundário*; e os consideráveis estabelecimentos que por longos anos, sob a direção dos seus ativos e zelosos cuidados distribuíram

educação e ensino a um sem-número de rapazes, poderão em todo o tempo ser admirados como modelos e os mais perfeitos *que na melindrosa espécie pedagógica dos internatos se conseguiria instituir...* (POMPEIA, 1983, p. 168-9 *apud* ZILBEMAN, 2012, p. 44 – destaques meu)

Ora, essa manifestação diante da morte não desdiz a crítica elaborada em sua obra. Pelo contrário. O autor reforça a crítica ao pontuar *reformas liberais*, ao usar *propagandista*, ao tratar a situação pedagógica como *melindrosa*. Creio que reconhecer que o Barão de Macaúbas teve méritos na educação é salutar, mas esse fato não apaga outros, tais como o apresentado por Ramos e, ainda, tudo o que se tem na obra *O Ateneu*.

Parece-me claro que a versão de Ramos e a versão de Pompeia caminham na mesma direção. "Vais encontrar o mundo, disse-me meu pai, à porta do Ateneu. Coragem para a luta." (POMPEIA, [1888] 1996, p. 11). O colégio Ateneu é ruína tal qual a promessa de que Pompéia (Sérgio) encontraria o mundo. A importância dessa obra marca a narrativa sobre a escola e dialoga com o que vem depois. Sigamos.

## 2 A persistência da violência como forma educativa

Quase meio século após *O ateneu* surge *Doidinho*, de José Lins do Rego ([1933] 2013). O internato também é cenário nessa obra e tão hostil quanto em *O Ateneu*. Amizade, traição, abuso sexual, injustiças, severidade estão presentes no internato que recebe os filhos das famílias abastadas e tradicionais. Onde o corpo físico é moldado conforme a necessidade de *cura*. Maciel

> Gostava de botar os outros para a frente. Os seus processos, porém, seriam cirúrgicos demais. Amputava tudo com dor, embora às vezes a amputação fosse um crime. Os anestésicos não existiam para esse flagelador de meninos. A palmatória era a sua vara de condão; com ela movia o seu mundo. Pensava corrigir e iluminar com pedaço de pau os que lhe chegavam às mãos para serem moldados a seu jeito. (REGO, [1933] 2013, p. 93)

Os pais encaminhavam os filhos para voltarem *homens*. Maciel estava lá para incentivá-los a esse *crescimento*. Nessa época os professores eram a autoridade da qual Caniato trata e nenhum pai questionava suas ações, nem mesmo quando deveria questionar (2017). O professor Maciel é um violento exemplo da categoria que sentia prazer em aplicar a palmatória. O fato de ser proibido era corrompido porque

> ... ele gostava mesmo de dar, porque os menores pretextos lhe serviam para as corrigendas de bolo. Talvez que fossem as exigências de seu método, as regras de ensinar de sua escola.

> Na Paraíba era proibido dar de palmatória, e isto mesmo porque o governo não sabia. Não havia governo para o professor Maciel. Quando lhe botavam os meninos no colégio, prevenia os pais: – Castigo os alunos. (REGO, [1933] 2013, p. 102)

As leituras impostas pelos professores e os jejuns obrigatórios eram ferramentas punitivas usadas com mais fervor quando a criança não tinha uma origem de muito destaque na sociedade. Pais que não conseguiam manter as mensalidades do filho em ordem, por exemplo, estavam impingindo mais sofrimento aos filhos. Os castigos vinham em todos os âmbitos: corporais, impositivos e restritivos. "O colégio de Itabaiana criara fama pelo seu rigorismo. Era uma espécie de último recurso para meninos sem jeito" (REGO, [1933] 2013, p. 16). Por isso era *natural* o uso da palmatória, era natural "a mão azul de bolo" (REGO, [1933] 2013, p. 17).

Assim como em *O Ateneu* em *Doidinho* a morte também se manifesta. O aluno, órfão de mãe, sempre doente e abandonado no internato, até recebeu *cuidados* do sr. Coelho, sogro do diretor, mas foram insuficientes e ineficazes para salvá-lo. Em *O Ateneu* o diretor não demonstra preocupação, mas em *Doidinho* o diretor está mais preocupado do que o pai do jovem falecido.

O diretor avisou a família com antecedência, mas o pai só apareceu após a morte do filho. E ainda fez crítica ao filho morto quando exibiu o outro filho: "– Para o ano tenho um aluno para o senhor. Mas este o senhor vai ver: é um meninão!" (REGO, [1933] 2013, p. 188). Mas, aqui, é o diretor do internato quem faz a crítica: "– Só tem conversa. Matuto besta... E ruim! Deixou o filho morrer, e ainda vem com pabulagens e desculpas de papa-ceia... Tive vontade de dizer umas verdades. Bicho sem coração" (REGO, [1933] 2013, p. 188).

O fato é que no colégio de Maciel as leis são feitas por ele e quem não se adéqua está fora: é expulso do colégio. Foi o que aconteceu com Elias do Riachão. "Elias era um dos nossos que se insurgia. Um que saía do rebanho para atacar o pastor. O pastor nos queria dentro do apertado círculo da sua vontade" (REGO, [1933] 2013, p. 109).

Mesmo quando o narrador confessa que Elias fez o que todos eles gostariam de fazer é com o *pastor* (Maciel) que o rebanho se identifica. Não ser capaz de submeter-se deu a Elias o veredicto de selvagem. O rebelar-se é o contraditório e por isso aqueles que se submetem são incapazes de reconhecer a sabedoria do ato.

Para fechar a abordagem da expulsão de Elias chamo a atenção para o que profere d. Emília sobre a atitude dele "– Com um bicho daquele só a cadeia" (REGO, [1933] 2013, p. 109) e o sentimento de Carlos (o doidinho). Para d. Emília o aluno expulso do colégio só seria *consertado* na cadeia. Carlos, após terminar suas férias com a família, compara o colégio a uma prisão: "Agora já sabia o que era a cadeia. E este conhecimento mais me atormentava. Não ignorava nada do que me reservavam os cinco meses de sentença a tirar" (REGO, [1933] 2013, p. 166). E para libertar-se dela fugiu.

Dona Emília considera o rigor do colégio um divisor de conduta. Se o colégio não foi eficiente com sua proposta para torná-lo homem (Elias) a cadeia será o local mais propicio para enquadrá-lo. Mas a cadeia é lugar de *bicho*. O colégio é lugar de *homem*. Na concepção dela, no momento em que Elias não aceita o processo de *humanização* do colégio só resta a ele o lugar não humanizado, o lugar destinado ao bicho, a prisão.

A combinação colégio e cadeia, no intuito da formação de um homem, ronda os pensamentos de Carlos. Para ele a liberdade está fora da escola e fora da cadeia. O sistema prisional julgado por d. Emília como a única possibilidade para domar o *bicho* Elias é característica para expressar a falta de *salvação* para alunos indomáveis que possam existir nos âmbitos do colégio.

O que fica marcado é que a única chance de se *salvar* desse colégio é pela expulsão ou pela fuga. Carlos não precisou de muito tempo na escola para saber que se tratava de uma prisão. Fora da fuga ou sendo expulso, para os que ficam, tudo o mais será rendição, será submissão. E Carlos libertou-se dessas tesouras quando fugiu a pé do internato.

Se nesses dois casos (*O Ateneu* e *Doidinho*) as famílias confiavam cegamente na educação que seus filhos receberiam no internato na situação narrada em *Inventário do primeiro dia*, conto de Autran Dourado ([1957] 2009), o papel desempenhado pela família pode fazer um contraponto. Nos dois romances a versão que temos é a do internato vendendo a ideia de uma continuação do amor familiar. No conto é possível ponderar sobre a relação do aluno com o internato e sua *mudança* de menino para homem em um único dia. Na narrativa pode-se frisar a repetição de situações como a enfrentada por Sérgio e Carlos, mas em um contexto familiar que permite sentir e demonstrar os afetos. Porém também os afetos familiares serão abafados em busca de uma educação formal distante dos pais.

No conto de Dourado, o *menino caipira* acorda de madrugada, sem precisar ser despertado pela mãe, para viajar de Duas Pontes para São Mateus, lugar em que ficará recluso para estudar. Narrado na terceira pessoa o conto apresenta a dor da mãe e a do filho na última manhã em que ele está em casa antes de partir para o internato. Os olhos da mãe estão tomados pelas lágrimas mas o filho, ouvindo-a dizer que por ela ele não ia para o internato por ser ainda muito pequeno, argumenta: "– Ara, mãe, não sou mais um menininho" (DOURADO, [1957] 2009, P. 122). Na verdade é, mas a decisão já estava tomada. Despedir-se da mãe foi a primeira empreitada difícil. A segunda foi com a jovem Antonieta Almeida. Aluna secundária de um outro internato na cidade e que viajou com eles para São Mateus. "A despedida da menina foi para o João o mesmo que a despedida da mãe, em escala um pouco menor. Os olhos úmidos, uma lágrima suspensa. Já estava acostumado com ela, vencera a antipatia das primeiras horas de viagem" (DOURADO, [1957] 2009, p. 126).

O menino viaja com o pai, sem chorar, mas com saudade até da broa que a mãe costumava preparar para ele. Do horário em que se levanta, na casa dos pais, ao horário em que vai dormir, no internato, *o menino caipira* despede-se do passado e passa a ser João da Fonseca Nogueira (DOURADO, [1957] 2009, p. 125). Chorar é um sinal de fraqueza que ele não pode ter. Ser tirado do convívio familiar e ser privado da amizade recém-feita é vivência para ir se calejando. A última despedida o encontra pronto para derramar:

> Foi levar o pai até à porta do colégio. Não teve mais nenhum receio de parecer maricas, chorou muito no ombro do pai. Que é isto, meu filho, seja homem, disse-lhe o pai com a voz presa.

> Antes de ir, o pai abriu a carteira, tirou uma nota grande e enfio-a no bolso do filho. Adeus, pai, disse finalmente.

> E um grande vazio se formou em torno de João da Fonseca Nogueira. (DOURADO, [1957] 2009, p. 127)

A voz presa do pai denuncia sua comoção. Mas o pai cobra a hombridade do filho e entrega a ele uma nota grande. A declaração de que se trata de nota grande reforça a ideia de que o pai do jovem menino o quer homem suficiente para lidar com dinheiro, talvez pelo fato de homens com dinheiro não chorarem, apenas ficam com sua voz presa. Ou o pai quis comprar a valentia do filho. Mas o fato é que o pai não ampara o filho mesmo sentido a dor do menino, mesmo compartilhando da dor dele. E é esse menino que precisa de altivez a qualquer preço que estabelecerá um código de honra:

> ... Agora era ele só. O coração de novo do tamanho de uma avelã. Não devia chorar na presença de estranhos, era agora seu novo código de honra. Não devia chorar na presença de estranhos. Precisava ser homem. Os meninos riam dele. Sai da saia de seu Gomes, gritou um de cabelo arrepiado. (DOURADO, [1957] 2009, p. 127)

Os acontecimentos do dia no internato serviram a ele para afirmar que "era homem, não choraria diante de estranhos. Na presença de estranhos choraste? Tu cobarde meu filho não é. Dona Felícia lhe ensinara recitar isso numa festa para os missionários. Ele não seria nunca um covarde" ([1957] 2009, p. 128) Foi chamado de *mulherzinha*, levou bola de papel no rosto, levou bola de miolo de pão, ouviu risinhos. Acreditou que ao apagar das luzes, na cama protegido pela escuridão ao mesmo tempo em que se sentia confortável no pijama feito por sua mãe, poderia respirar e "encheu o peito de ar" ([1957] 2009, p. 128).

No entanto, para os colegas do internato, o apagar das luzes encobre suas violências. É deitado que o jovem calouro João da Fonseca Nogueira, usando o pijama bordado pela mãe, recebe um banho de tinta vermelha. O medo que sente é tão aterrorizador que não delata os agentes causadores do batismo de tinta, esconde-se embaixo do cobertor e chora copiosamente.

## 3 Da incompetência e do abuso de poder

Em 1937, ainda nos tempos dos coronéis, Cyro Martins[9] escreveu *Sem rumo*. Momento marcante da escola pode ser lido no capítulo XIII. A obra de Martins permite um olhar para o papel desempenhado pelos coronéis na hora de investir na educação enquanto representantes de uma região que tem demandas políticas de levar a escola onde estão os alunos. E, apesar de atenderem à

---

[9] Destaco do autor duas obras que poderiam compor esse estudo: *Um menino vai para o colégio* (novela) – 1942, e *O professor* (romance) – 1988.

demanda, ela é só uma aparência. Efetivamente apenas tira as crianças de suas casas e as prende em algum lugar com um professor escolhido a dedo para não surtir nenhuma eficiência no ensino ([1937] 1977). Ressalto o convite do coronel Dutra para atender à demanda de ter um professor na zona rural:

> Numa palavra, como lá diz, você é desses homens que sabem onde têm o nariz! E agora, como é pobre – tem mulher, tem filhos, precisa, portanto, ganhar a vida honradamente – se vê reduzido à condição de chacareiro para sobreviver, justamente porque você não quis proceder como tanta gente sem-vergonha e vagabunda que prefere roubar e pedir a trabalhar. Isto, por si só, atesta que você é um homem de caráter. Pois bem, resumindo, nós precisamos aqui, nesta zona, que é importantíssima pela quantidade de crianças que tem, de uma escola, e você é homem talhado pra ser o professor rural aqui. Isto não só será uma ocupação digna da sua pessoa, como também um melhoramento extraordinário para o distrito. E mais, a sua nomeação, pelo acertado da escolha, prestigiará, nestas redondezas, o chefe do Partido Republicano e a pessoa do senhor intendente municipal. (MARTINS, [1937] 1977, p. 67)

Nesse caso, Manuel Garcia (atualmente chacareiro, mas antes fora reservista do exército e bancário), ao receber a oferta do emprego do coronel Dutra recebe também a condição para assumi-lo: "o que lhe exigimos? Veja o nosso desprendimento – nada! Apenas o seu voto e a sua cabala nas redondezas para o dr. Borges de Medeiros, o maior rio-grandense vivo!" (MARTINS, [1937] 1977, p. 68).

Chama atenção nessa obra a política oportunista que apenas enxerga na construção de uma escola o cumprimento formal de uma exigência pautada na Lei centenária que torna obrigatório o ensino das primeiras letras, desde 15 de outubro de 1827. O professor, escolhido a dedo pelo coronel Dutra, não possui formação para exercer a profissão e também não recebe nenhuma preparação para assumir a sala de aula. Maria, a esposa de Maneco, estava incrédula com a proposta de trabalho que o marido recebeu do Coronel:

> – O que é que tu tem, meu Deus do céu? O que foi que te disse o coronel?

> – Ah, aí é que são elas! Ele veio me abri os olhos. Me disse o que ninguém ainda tinha me dito. Que eu não sou qualquer um. Sou um homem inducado, competente, que é uma lástima estar metido num serviço bruto destes. E é mesmo.

> – Tão te bobeando, home! Isso são lorotas...

> – Lorotas por quê? O que o coronel diz, se diz, é porque é de respeito. (MARTINS, [1937] 1997, p. 69)

Certamente o Coronel o escolheu por ter convicção de que era Maneco e não Maria quem tomaria a decisão de abandonar a lavoura de milho, dar cabo dos bois nomeados Laranja e Andorinha, e assumir a nova função. Na concepção do Coronel o Maneco era um *songa-monga* e estava *no papo* (MARTINS, [1937] 1997, p. 68).

Não é de estranhar que ao ter atribuída para si tal função ele incorpore a ideia de tal forma que abandone o *Maneco* para se tornar o *Manuel Garcia*. A nova função e o material de trabalho do qual fará uso (palmatória) impõe um distanciamento doutrinal:

> – Eu sou agora o professor rural do distrito, mulher! Amanhã mesmo já vou providenciá nas palmatória. De hoje em diante, nesta redondeza toda, não tem ninguém mais importante do que eu. Agora, sou pessoa influente... na política!

> Manuel, naquele momento, daria um dente pra convencer-se a si mesmo que ele era, de fato, um homem "inducado" e importante ali nos pagos. Seria mesmo "inducado" ou "educado"? O "im" do importante o atrapalhava. Melhor deixar pra depois. Ia a passo calmo e medido, porém meio tonto. Pensamento galopeando pra frente. Professor, a visita do dr. Clóvis, a gurizada na palmatória, ele respeitado e temido. (MARTINS, [1937] 1977, p. 69)

Se por um lado Manuel enxerga com prestígio a função do professor por outro ele não percebe a contradição visível: como pode ser uma função importante se ele pode exercê-la? Manuel também não possui inteligência suficiente para perceber que fazer uso da palmatória será apenas uma das violências na qual ele incorrerá. Porém, diante da visita do dr. Clóvis, o que se torna óbvio para ele é que a partir de agora ele estará na política. A narrativa esclarece que para ele estar na política é votar no candidato do coronel, ser professor é possuir uma palmatória:

> De repente, a porta abriu-se. De olhos inchados de tanto dormir, a cara por lavar, o professor berrou, estrugiu como um raio, esparramando a gurizada vagabunda, sem-vergonha, perdida, que bem estas foram as suas palavras.

> Eram dez horas.

> Manuel Garcia, compenetrado, procurando impor-se, fez os alunos

> entrarem para a aula. Completavam uma dúzia. Chamou seis.
> Enfileirou-os na sua frente. Tirou da gaveta a palmatória de cinco
> furos. E puxou, com ganas, meia dúzia de bolos em cada um.
> Depois repetiu o mesmo ensinamento para a segunda turma.
>
> – E agora, estudem, seus vagabundos, malcriados! (MARTINS,
> [1937] 1977, p. 72)

O professor Manuel está convencido de que fazer uso da
palmatória na metade dos alunos fará com que 100% deles se sintam
motivados a estudar.

> Marcou a lição energicamente: estudar o alfabeto manuscrito do "a"
> até o "p" de diante pra trás e de trás pra diante!
>
> Deixou-os ali no "estudo" e foi pra cozinha tomar mate com a
> mulher.
>
> Às onze e meia reapareceu, lavado, penteado, paletó preto,
> bombacha estreita, lenço branco no pescoço. Sim, de lenço branco!
> Não podia dispensar o lenço branco - distintivo do Partido.
>
> Tomou a lição. Ninguém soube a lição. Nova descompostura e
> soltou os alunos com a ameaça de que, se no outro dia não
> soubessem ainda, repetiria o mesmo castigo, com mais energia.
> (MARTINS, [1937] 1977, p. 72)

A tarefa "estudar o alfabeto manuscrito do 'a' até o 'p' de diante
pra trás e de trás pra diante" é mais absurda ainda quando o
professor se desespera por não saber o que será dele quando as
crianças aprenderem o ABC.

> Manuel Garcia ficou parado na porta, bestificado diante do
> espetáculo. O que seria dele, do seu colégio, da sua vida, depois que
> os alunos aprendesse o ABC? Quem o mandara ser tão estúpido a
> ponto de vender baratinho o "laranja" e o "andorinha"? além do
> ABC tudo era uma cerração para ele. Mas não, não havia perigo,
> aquela gurizada baguala nunca passaria do ABC. Além disso, o seu
> voto no dr. Borges seria uma garantia incondicional. (MARTINS,
> [1937] 1997, p. 72).

Após o reconhecimento de sua estupidez cometida ao ter se
desfeito dos animais surge a esperteza de Manuel Garcia ao não
colocar em risco o seu posto de professor rural. Para isso basta
alimentar o desconhecimento dos seus doze alunos para que ele
mantenha sua fonte de renda.

O indício de que seu posto está garantido pode ser lido no passo seguinte dado pelos alunos após serem liberados da aula com a advertência de que se no outro dia não soubessem a lição apanhariam novamente. O narrador, ao escolher o verbo tourear, apresenta o seu julgamento: "A gurizada saiu a galope, às gargalhadas, toureando-se uns aos outros" (MARTINS, [1937] 1997, p. 72).

Quando o professor se considera professor por fazer uso da palmatória e o aluno de hoje não faz ideia do que é isso senão pela história das escolas muitas vezes lidas nos livros literários, pode ser que esse aluno de hoje não relacione a violência física aos demais modos de violência ainda presentes nas escolas. Sejam elas escolas-modelos, militares, religiosas, públicas ou privadas. Seja o ensino que for, o processo de aprendizagem gera dor. Os alunos do professor Manoel Garcia sofrem para aprender ou decorar as lições, sofrem por não conseguirem estudar sozinhos. Em *Enigmalião* o jovem português sofre por não saber cantar.

O fragmento que segue é da novela *Enigmalião*, de Dinorath do Valle e dele faço uso para apontar um outro tipo de violência que não era nomeada nos anos da *ditadura militar*: o *bullying*.

> O pai sai horrorizado. O filho tão quieto, tão pacato, tão obediente, recusa-se a aprender o Hino Nacional! Quem sabe não anda com subversivos? Vai acabar na cadeia. Seu Gonçalves é português, sente-se parte da Pátria-Mãe, o filho é um ingrato. Ingrato cem vezes... Dona Clementina tem birra desde o dia em que ele cantou (o Hino) aviolado no meio da turma e o filho dela ouviu. Nunca mais vai perdoar... O Pai quer arranjar professor particular, Manoel diz que não existe professor particular de Hino, que é melhor a transferência de escola... Manoel Antonio Gonçalves Filho se sente expulso pelo Hino Nacional. Paciência. (VALLE, 1980, p. 64)

Quem mais prática o *bullying* na novela de Valle é a professora Clementina. Mas a professora não faz só essa violência. Manoel Antonio não é compreendido na sua fase de mudar a voz e sofre na pele as acusações da professora, dos colegas de classe e ainda é responsabilizado pelo que o pai passa a sofrer por achar que o filho pode estar se relacionando com alguma companhia subversiva e que poderá até acabar na cadeia por não saber fazer parte da *Pátria Mãe* (1980, p. 64). No colégio em que a professora Clementina trabalha outros tipos de violência são cometidos no dia a dia. Um deles é o racismo.

No dia em que a recém-chegada Luiza, professora de Biologia, vai ao colégio para tomar posse do concurso e é surpreendida por uma nova maneira de ser vista na sociedade: do porteiro ao servente de limpeza, passando pela administração do colégio e chegando a sala dos professores, todos a olham de um jeito surpreso.

> Todos olham. De novo aquele espaço entre o ver e o falar. Luiza sorri, fica esperando que o espaço seja disfarçado com a inevitável efusão compensatória. Ela tem experiência de ser negra desde que nasceu. Só há dois anos porém, soube o que é ser *negra professora*. Sabe mais: isso vai acontecer durante toda a vida, em toda escola, em toda classe, em todo lugar, em todo o tempo. Luiza sabe bastante mas não sabe tudo. Outras coisas virão. Aos poucos, devagarinho, como a cultura que adquiriu com tanto sacrifício.
>
> Passa displicente, olhando para dentro da sala pela porta aberta, Seu Gusmão o servente preto. Ele quer ver.
>
> Vê e se sente esquisito. (VALLE, 1980, p. 64 – destaque da autora)

Se no exemplo anterior ao tratar do julgamento do narrador de *Sem Rumo* era possível concluir que o professor Manuel Garcia teria seu emprego mantido, com o fragmento acima é possível entender que o narrador defende a possibilidade de que no futuro o racismo caia por terra e, assim como Luiza conseguiu ser professora, outros negros possam ter acesso a outras profissões que não a exercida por seu Gusmão. A própria esquisitice sentida por seu Gusmão ao se deparar com uma professora negra, aprovada em concurso público, nesse futuro que Luiza não sabe, o narrador antevê.

O racismo sentido por Luiza é uma representação significativa da violência real que toma os espaços escolares ainda em 2020. É possível ler a afirmativa do narrador de que *outras coisas virão* de duas maneiras: 1) existe uma luz lá no futuro e lá Luiza não sofrerá *em todo o lugar, em todo o tempo*; 2) a vida de Luiza ficará ainda pior do que já é e ela não faz ideia. Se a primeira previsão do narrador de *Enigmalião* ainda não se confirmou em 2020, ou seja, 40 anos após a obra ter sido publicada, ainda há muita gente no Brasil que não estranha a falta de negros nas instituições públicas, seja na condição de aluno, seja na condição de professor, possivelmente o cenário é mesmo o segundo.

Na escola e em toda a sociedade os negros continuam sendo maioria nos serviços representados pelo seu Gusmão. A vida dos professores negros não está fácil. Os noticiários dão conta de que alguns são chamados de *macacos* e chegam a ser esfaqueados por serem negros. Os negros são excluídos e sofrem diferentes tipos de violência por racismo. Essa exclusão por raça pode ser observada na tabela que reproduzo abaixo:

| Cor/Raça | CES 2014 | | | CES 2014 + Enem 1, 2 e 3 | | |
|---|---|---|---|---|---|---|
| | Quantidade | Percentual | Percentual válido | Quantidade | Percentual | Percentual válido |
| Branca | 103.575 | 29,8% | 45,3% | 154.731 | 44,6% | 47,1% |
| Preta | 22.901 | 6,6% | 10,0% | 32.350 | 9,3% | 9,9% |
| Parda | 97.228 | 28,0% | 42,5% | 133.485 | 38,5% | 40,7% |
| Amarela | 3.451 | 1,0% | 1,5% | 5.652 | 1,6% | 1,7% |
| Indígena | 1.642 | 0,5% | 0,7% | 2.105 | 0,6% | 0,6% |
| Não declaração (total) | 118.194 | 34,1% | - | 18.668 | 5,4% | - |
| Total | 346.991 | 100.0% | 100.0% | 346.991 | 100.0% | 100.0% |

**Tabela 1**: Perfil racial das matrículas dos ingressantes dos cursos de graduação em IES públicas federais, de acordo com a complementação de dados via Enem – Brasil – 2014.
**Fonte**: SENKEVICS, 2017, p. 37.

A tabela acima foi produzida por Senkevics (2017) e aqui está apresentada na íntegra. Os dados presentes nela servem para demonstrar apenas uma das portas de acesso à universidade, a federal. Mas os 9,9% de pretos, quando comparados aos 47,1% de brancos, sendo que dados recentes do IBGE demonstram que negros correspondem a 54% da população brasileira, já deixariam o narrador de Enigmalião menos esperançoso se essa fosse a natureza da afirmação "outras coisas virão" (VALLE, 1980, p. 64). Na segunda década do século XXI ainda são poucas as Luizas, bem poucas10.

---

10 Sobre a presença do negro na docência, destaco a pesquisa de Arboleya; Ciello e Meucci (2015).

## 4 Caminho que se repete

No tópico anterior o salto da década de 1930 para a década de 1980 foi em defesa da temática abordada. Mesmo quando deixados de lado aspectos da violência aos alunos de *Sem rumo* ou poucos anos antes, diante da doutrinação cristã presente em *Doidinho*, as narrativas deixam a ver aspectos de bajulação aos filhos verdadeiramente ricos que frequentam, por exemplo, o colégio de Itabaiana. Voltemos à rendição, voltemos à capacidade de submeter-se para a sobrevivência antes da fuga do colégio, da expulsão ou da palmatória do Maneco.

Nesse artigo as obras abordadas tratavam da educação de meninos. Anjos (1979) analisou narrativas que contemplavam a vida escolar em internatos e em seu estudo tem-se outras obras que tratam ainda da presença de meninas em internatos. A pesquisadora lançou seu olhar para as seguintes obras: *O Ateneu* (1888), *Doidinho* (1934), *Balão Cativo* (1973) e *Chão de Ferro* (1976), de Pedro Nava, e *A Rede* (1976), de Martha Antiero.

> No internato as características da vida escolar são simplificadas e levadas ao extremo por suas relações sociais estarem restritas às paredes de uma "instituição total". Separada do convívio com a sociedade e a família, a escola interna, categorizada por Erving Goffman como uma "instituição fechada", ou "total", é caracterizada pela barreira à relação social com o mundo externo sob a forma de proibições à saída, simbolizadas por muros altos e portões fechados. Dentro dos muros do internato surge, como nas demais instituições totais, uma divisão básica entre um grande grupo controlado - o grupo dos colegiais, e uma equipe pedagógica, encarregada do trabalho de preparação do aluno para o desempenho na vida social. Convivendo vinte e quatro horas por dia com a equipe pedagógica dentro dos muros escolares, os alunos internos, a nosso ver, são os melhores "informantes" das relações sociais estabelecidas pela instituição escolar. (ANJOS, 1979, p. 4)

Ao tratar do internato em outros romances, Anjos também analisa a vivência de meninas em espaços similares. No romance *A rede* (1976), de Martha Antiero, a pesquisadora aponta:

> Ao ingressar no Internato a aluna era, portanto, submetida a mudanças de comportamento pela nova interação social, quando as relações familiares eram trocadas por atitudes de formal subserviência à equipe dirigente. Por exemplo, era obrigada a apresentar atos verbais de deferência, chamando professoras de

"madame..." e as freiras de "mamère...". Outra mudança de comportamento imposta era a submissão a regulamento para a satisfação de necessidades físicas, como a ida a banheiros. (ANJOS, 1979, p. 103)

Em *Balão Cativo*, de Pedro Nava, o internato já permite que meninos e meninas tenham acesso aos seus muros. Anjos conclui:

Conforme relata o autor de *Balão Cativo*, o prestígio do colégio se dava não só pelo conforto de suas instalações, mas pelo fato de ser administrado por Sadler e Jones, masters of arts da Universidade de Oxford que, por deterem este título, também eram designados escudeiros de Sua Majestade Britânica. Investidos em autoridade numa das nações que exercia papel de dominação econômica e cultural sobre as demais, os diretores do "Anglo" adquiriam elevado status na sociedade brasileira e, intimamente ligados à classe dirigente, seguiam diretrizes educacionais de características aristocráticas. O caráter elitista da escola se revelava pela sua inacessibilidade às camadas sociais menos favorecidas, em virtude das elevadas mensalidades e do dispendioso enxoval que exigia de seus alunos. Servindo à camada social dominante brasileira, o colégio assimilava seus preconceitos de origem escravagista e, relutantemente, admitia, por necessidade financeira, negros ou mulatos. (1979, p. 74)

Ou seja, existem critérios para ser cliente nesse colégio, mas se a clientela esperada não é suficiente para que o comércio de conhecimento sobreviva, os critérios podem ser ajustados. Para fechar os muros do internato, Anjos formula:

As sanções e as regras, mecanismos de repressão e controle da instituição escolar, levam os "veteranos" dos internatos a adquirir atitudes entediadas, que refletem o conformismo diante da submissão de seus impulsos a dominação das leis coletivas. O interno, ao sair, leva consigo não só uma bagagem de conhecimentos abstratos e habilidades para o trabalho, mas atitudes disciplinadas pela escola para o convívio social. Ele conhece, e está apto para acatar, as leis e os deveres que a sociedade impõe no desempenho das atividades do "mundo da rua". A sociabilidade desenvolve-se, portanto, por extensão dos laços e relacionamentos familiares, no internato, que, criado em um espaço especial, separado do ambiente social geral, desenvolve trabalhos didáticos ideais, os quais, muitas vezes, não imitam as atividades reais da vida, mas refletem e preparam para a vida social "extra-muros". (1979, p. 123)

A sociabilidade destacada por Anjos (1979) se presente nas obras por mim analisadas apontariam para um outro processo formativo, talvez menos violento.

Nesse artigo não teremos os olhares literários lançados para produções do século XXI, mas o que até aqui foi possível já permite pensar em diálogo com Benjamin de que é preciso olhar o passado e ver junto o presente (2016). Pontuo que na atualidade deste estudo, colégios com a mesma política de clientela recebem alunos e alunas oriundos de famílias com poder aquisitivo alto e ficam com eles durante dois turnos. Para o regime de internato só faltam as camas. Também faço uso da citação de Anjos para adiantar que a questão do consenso e da conformidade sempre esteve na realidade da maioria das escolas (1979). Para essas escolas é preciso que a criança entenda de uma hora para outra que ficar sentada, quieta e educada é o princípio da formação para o mundo lá fora.

Essas são algumas das facetas da violência nas obras que analisei. Porém, uma outra face da violência é não ter o direito de ter acesso real à escola. Lima Barreto, sobre o colégio primário, em *A frequência escolar*, crônica datada de 30 de outubro de 1920, denuncia:

> Os jornais se assanham em considerações por que se verifica uma diminuição na frequência das escolas públicas municipais desta cidade...

> A municipalidade não dá mais livros, nem lápis, nem cadernos – não dá nada! Como é que os pobres pais pobres, ganhando o que mal dá para comer e morar, poderão arcar com as pequenas despesas da mantença de seus filhos e filhas no colégio primário? Não podem.

> A municipalidade não pode ir em auxílio dos pais nesse caso que é de benefício geral; mas pode votar verbas para bobagens de festanças venezianas que não interessam senão a meia dúzia de cabotinos e a outros paspalhões. (2004, p. 225)

Quando Barreto denuncia a impossibilidade de as crianças pobres frequentarem as escolas públicas por não possuírem nem sequer o material escolar enquanto o governo do Rio de Janeiro está investindo na festa de Carnaval, fica explícito que a educação de crianças pobres não constitui investimento atrativo nem para a iniciativa privada, nem para o Estado. E as máscaras carnavalescas são usadas para esconder do povo o seu direito à educação supostamente assegurado pelo Estado. E a própria gente cresce sabendo o seu lugar. A crônica de Barreto completa 100 anos esse ano, mas a história ainda não mudou muito nesse último século.

## Conclusões

Concluo que a situação geral das obras analisadas demonstra uma persistência do uso da violência. Essa acontece de diferentes formas: física, moral, emocional entre outras. Na representação da escola, a escola em si tem uma carga opressora. As relações observadas a partir das obras demonstram, nas entrelinhas das narrativas, que há continuidade no caráter opressivo das instituições de ensino, que se perpetua; há também uma esperança de que a crise deixe de ser crise e a educação brasileira alcance outros patamares, mas essa esperança habita o difuso plano utópico das narrativas.

Retomando o complexo quadro da educação, não são estranhos nem no nosso tempo nem na nossa história os elementos que procurei discutir a partir das análises das obras aqui estudadas, dos quais quero recuperar alguns que considero importantes: violência (contra professor e contra aluno), repressividade, desumanização da relação pedagógica, metodologia inadequada, subordinação dos processos educativos a interesses alheios à própria educação, tolhimento de potencialidades dos educandos, desconsideração das inclinações próprias dos educandos, insuficiência de mediação entre as experiências escolar e familiar, professores despreparados ou desmotivados e desvalorização do trabalho do professor. Esses diferentes traços se relacionam de maneira complexa e se combinam de diferentes modos, seja ao longo do tempo, seja, num dado momento, em diferentes contextos.

Ao servir-me dessas obras sobre o tema da violência escolar presente nas obras literárias que em algum momento representaram a escola, fundamenta a minha abordagem e amplia a discussão sobre o sentido e o significado histórico das inúmeras vivências e experiências de violência representadas e que em alguns casos foram recompostas e reconstruídas apenas *a posteriori* por seu autor e, de acordo com a constituição desse olhar lançando para o passado, essas narrativas foram capazes de compor uma imagem clara e distinta do momento passado, outrora presente e, de colocar essa mesma imagem ao lado de outras que a história da educação tornou legíveis ou visíveis.

Por fim e, por último, quero destacar o ***olhar crítico dos autores das narrativas***. Graças ao uso da ironia, da sátira e do sarcasmo eles nos legam uma literatura que põe a história a contrapelo e possibilita esse despertar. Existe uma trajetória de *esmagamento* da educação no Brasil e é possível distanciar-se dela e afirmar que independente do sistema de governo, de políticos, da economia e das engrenagens que são movidas em cada tempo, a esperança de que educação possibilite um resultado emancipatório não figura enquanto projeto. Nas obras estudadas se mantém em todas às narrativas uma denúncia das falácias escolares, mas não um louvor ao que a escola pode possibilitar.

Efetivamente, vivemos num mundo cindido pela estrutura de classes, o que repercute na relação político-econômica, na produção cultural; do que resulta o tráfico de influências que enviesa a ação do Estado ao tratar da educação, da saúde, da condição de existência daquele que depende do Estado no seu processo de formação. Com efeito, a mesma fratura social que reproduz a escola para o controle social produz também a luta de classes, graças à qual a escola, como outros espaços, segue em disputa. As seguidas derrotas não devem servir de pretexto para abandonarmos o campo de batalha.

# Referências

ARBOLEYA, A.; CIELLO, F.; MEUCCI, S. Educação para uma vida melhor: trajetórias sociais de docentes negros. **Cadernos de Pesquisa**, v. 45, n. 158, p. 882-914, 2015.

ANDRADE, M. O Ateneu. *In*: ANDRADE, M. **Aspectos da literatura brasileira**. 6. ed. Belo Horizonte: Itatiaia, 2002. p. 193-206.

ANJOS, M. C. T. **Descrição da vida escolar em romances brasileiros**. Dissertação (Mestrado em Educação). 136 f. Fundação Getúlio Vargas – Instituto de Estudos Avançados em Educação/Departamento de Filosofia da Educação. Rio de Janeiro, 1979.

ASSIS, M. Conto de escola. *In*: ASSIS, M. **Contos consagrados de Machado de Assis**. 12 ed. Rio de Janeiro: Ediouro, [1884] 1996. p. 111-9.

BARRETO, A. H. L. A frequência escolar (1920). *In*: BARRETO, A. H. L. **Toda crônica**. Rio de Janeiro: Agir, 2004. v. 2. p. 225.

BENJAMIN, W. Sobre o conceito da história. *In*: BENJAMIN, W. **Magia e técnica, arte e política**: ensaios sobre literatura e história da cultura. Trad. Sérgio P. Rouanet. 7 ed. São Paulo: Brasiliense, 1994. (Obras escolhidas; v. I). p. 222-232.

BENJAMIN, W. Sobre o conceito da história. *In*: BENJAMIN, W. **O anjo da história**. Trad. João Barrento. 2. ed. Belo Horizonte: Autêntica, 2016. p. 9-20.

CANDIDO, A. A literatura e a formação do homem. *In*: DANTAS, V. (org.). **Textos de intervenção**. São Paulo: Duas Cidades; Ed. 34, 2012. p. 77-92.

CANIATO, A. M. P. A militarização da sociedade. *In*: CANIATO, A. M. P. (org.). **Violências, Indústria cultural e subjetividade**: os impactos nas identidades individuais. s/l: ALFEPSI Editorial, 2017. p 114-31.

CARVALHO, C. O. **O lugar e a função da escola na estrutura social brasileira representada nas obras: O desertor, O seminarista, São Bernardo e Alegres memórias de um cadáver**. 270 p. Tese (Doutorado em Literatura e Práticas Sociais). Orientadora Anna Heron More. Universidade de Brasília, Brasília, 2019a.

______. Dos caminhos da violência na escola representada na literatura brasileira. **Rev. Itinerarius Reflectionis**, v. 15, n. 4, p. 1-25, 2019b.

DOURADO, A. Inventário do primeiro dia. *In*: DOURADO, A. **A escola e a letra**. São Paulo: Boitempo Editorial, 2009. p. 122-9.

GUIMARÃES, A. M. **Escola e violência**: relações entre vigilância, punição e depredação escolar. 183 f. Dissertação (Mestrado em Educação). Pontifícia Universidade Católica de Campinas, Campinas-SP: 1984.

GUIMARÃES, A. M. **A depredação escolar e a dinâmica da violência**. 471 f. Tese (Doutorado em Educação). Universidade Estadual de Campinas, Faculdade de Educação, Campinas-SP, 1990.

GUSMÃO-GARCIA, S. C.; SILVA, A. M. S. Violência nas primeiras letras: a escola num conto de Machado de Assis. **Interface – Comunicação, Saúde, Educação**, v. 3, n. 5, p. 41-50, 1999.

INEP – INSTITUTO NACIONAL DE ESTUDOS E

PESQUISAS EDUCACIONAIS. **História da educação brasileira**. Disponível em: <http://www.dominiopublico.gov.br/download/texto/me001628.pdf>. Acesso em 1 maio 2020.

MARTINS, C. **Sem rumo**. 6. ed. Porto Alegre; Movimento, [1937] 1997.

MATTOSO, G. *Calvário dos carecas*: história do trote estudantil. São Paulo: EMW Ediotres, 1985.

MOURA, E. R. **Violência da escola**. 82 f. Dissertação (Mestrado em Educação). Faculdade de Educação da UNIMEP. Piracicaba: 1988.

PAIXÃO, F. **A leitura como educação dos sentidos**. *In*: Associação de Leitura do Brasil. 8º Congresso de Leitura do Brasil. Anais. Campinas-SP: FE/Unicamp; ALB. 1992. p. 205-210.

POMPEIA, R. *O Ateneu*: crônica de saudades. 16. ed. São Paulo: Ática, [1888] 1996.

RAMOS, G. *Infância*. 11. ed. São Paulo: Record, 1976.

REGO, J. L. **Doidinho**. 49. ed. Rio de Janeiro: José Olympio, [1933] 2013.

SENKEVICS, A. S. **Cor ou raça nas instituições federais de ensino superior**: explorando propostas para o monitoramento da Lei de Cotas. Brasília: INEPE, 2017.

SPOSITO, M. P. Um breve balanço da pesquisa sobre violência escolar no Brasil. **Educação e Pesquisa**, São Paulo, v. 27, n. 1, p. 87-103, jan./jun. 2001.

TORRES, A. A. **Raul Pompeia**: estudo psicoestilístico. 2. ed. Rio de Janeiro: Livraria São José, 1972.

UNESCO – ORGANIZAÇÃO DAS NAÇÕES UNIDAS PARA A EDUCAÇÃO, A CIÊNCIA E A CULTURA. **Educação um tesouro a descobrir**: relatório para a UNESCO da Comissão Internacional sobre Educação para o século XXI. São Paulo-SP: Cortez Ed.; UNESCO; MEC, 1998.

UNICEF – FUNDO DAS NAÇÕES UNIDAS PARA A INFÂNCIA. **A educação que protege contra a violência**. Brasília-DF: UNICEF, 2019.

VALLE, D. **Enigmalião**. São Paulo: Hucitec, 1980.

ZILBERMAN, R. Raul Pompéia, Abílio César Borges e a escola brasileira no século XIX. **Revista Criação & Crítica**, v. 9, p. 38-51, nov. 2012.